加拿大
物理奥林匹克
第2版

黄 晶／俞 超／邱为钢 编著

中国科学技术大学出版社

内 容 简 介

本书是作者在长期进行奥林匹克中学物理竞赛指导、教学实践以及学习研究加拿大物理竞赛的基础上编写而成的,内容包括力学、电磁学、热学、光学、原子物理与相对论,有序、科学、完整地对学生进行物理思维的训练.区别于国内现有的物理竞赛用书,本书的特点是更注重选题的新颖、独创、实用、现代.大部分试题难度介于国内预赛和复赛之间,为国内首发.目的是有效地帮助学生加深对物理概念的领悟,开拓视野,启发物理思维,培养科学素养.

本书可以作为中学物理综合学习和素质提高的辅导书,适合有志于参加国内外各级物理竞赛和各大名校强基计划选拔的广大中学生使用,同时也为高考选考物理的学生提供了思维训练的机会.

图书在版编目(CIP)数据

加拿大物理奥林匹克/黄晶,俞超,邱为钢编著. —2版. —合肥:中国科学技术大学出版社,2022.7

ISBN 978-7-312-02957-8

Ⅰ.加… Ⅱ.①黄…②俞…③邱… Ⅲ.中学物理课—竞赛题 Ⅳ.G634.75

中国版本图书馆 CIP 数据核字(2022)第 081794 号

加拿大物理奥林匹克
JIANADA WULI AOLINPIKE

出版	中国科学技术大学出版社
	安徽省合肥市金寨路 96 号,230026
	http://press.ustc.edu.cn
	https://zgkxjsdxcbs.tmall.com
印刷	安徽联众印刷有限公司
发行	中国科学技术大学出版社
开本	787 mm×1092 mm 1/16
印张	17.5
字数	377 千
版次	2017 年 3 月第 1 版 2022 年 7 月第 2 版
印次	2022 年 7 月第 2 次印刷
定价	58.00 元

第2版前言

  中学生物理奥林匹克,从全世界(全球)范围看,是选拔物理苗子有效、可靠的手段.全世界的物理教育工作者,基于自己的教育经历和理念,专业背景和研究方向,以及不同的物理风格,源源不断地贡献、创造出了大量的物理奥林匹克题目.出题者互相学习,相互借鉴.其中加拿大物理奥林匹克的题目,重基础,对数学要求不高,对大部分想参与物理竞赛的中学生非常友好,"难"的是想清楚题目中的物理过程,因而容易跨越.本书第2版修改了第1版中的若干错误,各模块在第1版基础上增加了部分试题.希望这次再版,对国内参加各类物理竞赛的学生和从事物理竞赛培训工作的老师有所帮助.

黄　晶
2022年3月

前　言

加拿大高中物理竞赛有着久远的历史,多伦多大学物理系每年为参加国际物理奥林匹克竞赛的选手举行一次物理奥林匹克竞赛培训,培训的风格类似于国际物理奥林匹克竞赛.加拿大所有的高中生都可以通过网络向多伦多大学免费申请参加集训.为了选拔优秀的学生,多伦多大学物理系每年以开卷的形式向全国发布有关力、电、光、热、原子物理、相对论6份试卷,学生在规定的时间里以电子邮件方式将答案邮寄给组委会,组委会评选出优秀的学生前往多伦多大学参加理论与实验两方面的培训.

他山之石,可以攻玉.十多年来,作者一直潜心收集加拿大高中物理竞赛方面的试题,关注竞赛动态.本书正是作者在长期进行奥林匹克中学物理竞赛指导、教学实践以及学习研究加拿大物理竞赛的基础上,系统地整理归类,分析研究,精心编译而成的.本书依据全国中学生物理竞赛的内容提要,划分为力学、电磁学、热学、光学、原子物理与相对论5个部分,有序、科学、完整地对学生进行物理思维的训练.区别于国内现有的物理竞赛用书,本书更注重选题的新颖、独创、实用、现代.大部分试题难度介于国内预赛和复赛之间,为国内首发.目的是有效地帮助学生加深对物理概念的领悟,开拓视野,启发物理思维,培养科学素养.本书的编写起意于2008年,陆续参加过编写和讨论工作的人员有:汪飞、俞超、何东妹、朱杏英、邢云开、姚宝乐、郑其丰、马建江、矫健、孙佳琪.

"问渠哪得清如许,为有源头活水来",知识需要不断更新.作者也本着开放、学习的原则,认识到在编写本书的过程中,由于受到语言翻译障碍的困扰,加之

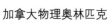

国外有些物理术语和国内表述存在差异,书中难免有不足或疏漏之处,诚恳地希望读者批评指正(作者邮箱:huangjing96@163.com,QQ 群:376274832),以便再版时订正.

群名称:加拿大物理竞赛
群　号:376274832

黄　晶
初稿于剡溪畔
2017 年 1 月 6 日终稿于钱塘江岸

目 录

第 2 版前言 ·· i

前言 ··· iii

第 1 模块　力学 ·· 1

第 2 模块　电磁学 ·· 68

第 3 模块　热学 ·· 140

第 4 模块　光学 ·· 203

第 5 模块　原子物理与相对论 ·· 243

参考文献 ·· 269

第1模块 力　　学

例1 如图1.1所示(图中距离的单位:m),AE(阿尔伯特·爱因斯坦)在高台上抛出一个小球,水平方向和竖直方向的初速度分别是$(v_{x0},v_{y0})\approx(3.29,6.39)$ (m/s),小球与地面发生一次完全弹性碰撞(不损失能量)后到达 AM(阿尔伯特·迈克逊)处.求小球与地面碰撞点的位置.忽略空气阻力.

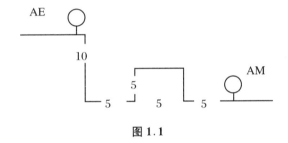

图1.1

解析 一维运动学方程为

$$x = x_0 + v_0 t + \frac{1}{2}at^2 \tag{1}$$

$$v^2 = v_0^2 + 2a(x - x_0) \tag{2}$$

其中,x_0 为初始位置坐标,t 为时间,a 为加速度,v_0 为初速度.

本例中小球在二维平面运动,球的初始位置为$(x_0,y_0)=(0,10)$,它在(x_1,y_1)处撞击地面,最后到达 AM $(x_2,y_2)=(15,0)$处.在(x_1,y_1)位置,有

$$x_1 = x_0 + v_{x0} t_1 + \frac{1}{2}a_x t_1^2 \tag{3}$$

$$y_1 = y_0 + v_{y0} t_1 + \frac{1}{2}a_y t_1^2 \tag{4}$$

x 方向的加速度为 $a_x=0$,y 方向的加速度为 $a_y=-g\approx-10$ m/s². 由式(3)可得 $t_1=\dfrac{x_1-x_0}{v_{x0}}$,代入式(4)可得

$$(y_0 - y_1)v_{x0}^2 + (x_1 - x_0)v_{y0} v_{x0} - \frac{1}{2}(x_1 - x_0)^2 g = 0 \tag{5}$$

类似地,可以得到关于 $x_1,y_1,x_2,y_2,v_{x1},v_{y1}$ 的关系式.

由于 $a_x=0$，$v_{x1}=v_{x0}$，根据 $v_{y1}^2=v_{y0}^2-2g(y_1-y_0)$，可计算得到 v_{y1}.
选择特殊的 x_1 与 y_1，然后计算 v_{x0} 与 v_{y0}.

代入初速度的数据 $(v_{x0},v_{y0})\approx(3.29,6.39)(\text{m/s})$，可得碰撞点的坐标为
$$(x_1,y_1)\approx(6,5)(\text{m})$$

例 2 如图 1.2 所示，两根不可伸长的绳子一端固定在天花板上，另一端固定在半径为 R 的匀质圆盘上，且绳子缠绕在圆盘周围.释放圆盘后，圆盘将向下滚动，绳子始终处于绷紧状态.某时刻，圆盘滚动的角速度为 ω，两绳间的夹角为 α，求此时圆盘质心的速度.

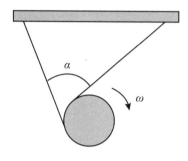

图 1.2

解析 本例是关于圆盘质心瞬时速度的问题，利用刚体转动的瞬时轴概念可以提供一种解法.关于瞬时轴的一个例子如图 1.3 所示，向右滚动的圆盘质心速度为 v_{CM}，圆盘与地面的接触点 P 就是此时的速度瞬心，通过 P 垂直于圆盘面的轴即为瞬时轴.

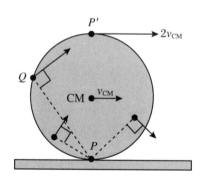

图 1.3

一般情况下，将刚体的运动看成随质心的平动和绕质心轴的转动的合运动.
为了简化对问题的分析，可以将圆盘的滚动视为绕瞬时轴以角速度 ω 的纯滚动，则
$$\omega=v_{\text{CM}}/R$$
其中，R 为圆盘的半径.利用这种观点可以快速地计算出圆盘上任意点的速度，例如对于圆盘上到通过点 P 的瞬时轴距离为 d 的点 Q 的速度为
$$v_Q=\omega\cdot d$$
v_Q 的方向垂直于 PQ，利用这个性质可以找到任何情况下刚体运动的瞬时轴.

为了解决本例,需要找到这样的瞬时轴:刚体上任意一点的速度方向均垂直于该点与瞬时轴的连线.如图1.4所示,由于绳子是不可伸长的,绳子与圆盘的接触点 A,B 处的速度沿绳子方向的分量为0,得到点 B 的速度方向垂直于 BB_1,点 A 的速度方向垂直于 AA_1,因此 BB_1 与 AA_1 的交点 O_1 就是此时的速度瞬心.

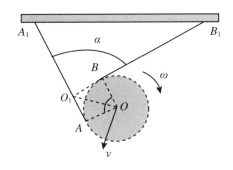

图1.4

半径 OA 与 OB 的夹角为 α,圆盘质心 O 与速度瞬心 O_1 的距离为

$$OO_1 = \frac{R}{\cos(\alpha/2)}$$

因此圆盘质心 O 的速度为

$$v = \frac{\omega R}{\cos(\alpha/2)}$$

例3 实验题.理论简介:

标准的金属丝在拉伸过程中遵循的胡克定律为

$$\frac{F}{A} = Y\frac{\Delta L}{L_i}$$

这里,F 为施加于金属丝上的外力,A 为金属丝的横截面积,Y 为金属丝的杨氏模量,ΔL 为在外力作用下金属丝的伸长量,L_i 为金属丝的初始长度.由于 F/A 称为应力,$\Delta L/L_i$ 称为金属丝长度的应变,应力与应变之比即为杨氏模量.

实验器材如下:

(1) 一根长约为 2 m、内径约为 1 mm 的钢丝或其他金属丝,杨氏模量可以查阅相关手册获得,例如钢丝的杨氏模量为 2.00×10^{11} Pa.

(2) 已知质量约为 200 g 的物体.

(3) 米尺.

(4) 直尺.

(5) 螺旋测微器.

实验步骤如下:

将金属丝沿水平方向拉直,并固定在2个稳定的支撑物上,其可以是竖直墙壁、天花板或者其他稳定的物体.

将已知质量的物体悬挂在金属丝的中点处并轻轻释放.

在确保金属丝两端固定点不发生变动的情况下,测量物体垂直于金属丝方向的侧移量.

计算:已知 L_i,Y,金属丝的直径 d,物体的质量 m,试从理论角度计算物体侧移量的值.

解析 图1.5为悬挂在金属丝上的物体的受力分析图,同时给出了金属丝拉伸前后的长度参数,我们将利用这些参数来计算物体的侧移量.由平衡方程得

$$mg = 2T\sin\alpha = 2T\frac{\Delta y}{\sqrt{(\Delta y)^2 + \frac{L_i^2}{4}}} \tag{1}$$

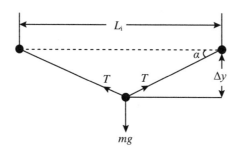

图 1.5

金属丝上的张力为

$$T = YA\frac{\frac{\Delta L}{2}}{\frac{L_i}{2}} = Y\frac{\pi d^2}{4}\frac{\sqrt{(\Delta y)^2 + \frac{L_i^2}{4}} - \frac{L_i}{2}}{\frac{L_i}{2}} \tag{2}$$

联立式(1)、式(2)得

$$\Delta y = L_i \sqrt[3]{\frac{mg}{2\pi d^2 Y}}$$

例4 几年前,一位女士开车时把咖啡杯夹在大腿之间,咖啡洒出致使她被烫伤.她后来把麦当劳公司告上法院.这位女士最终胜诉,从此麦当劳公司在咖啡杯上打印了警示语以提醒大家杯子里的咖啡很烫.

所以,当某个马克杯制造公司最近推出一个新杯子模型时,我们建议他们通过Deepee-Deetee咨询公司进行评估.几个学物理的华侨学生作为顾问评估了一个放在汽车仪表板上的马克杯的稳定性.

他们认为马克杯的稳定性与杯内咖啡的量有关.请确定马克杯最不可能翻倒时杯内咖啡的高度.已知马克杯高为20 cm,底面半径为6 cm,质量为200 g(杯底占总质量的1/4).

解析 设马克杯的质量为 M,杯底半径为 R,杯高为 H.则杯底的质量为 $M/4$,装有咖啡的马克杯的重心高度($y_{c.m.}$)与咖啡密度 ρ(约为 1 g/cm^3)及咖啡高度 h 有关:

$$y_{\text{c.m.}} = \frac{\frac{3}{4} \cdot \frac{MH}{2} + \rho\pi R^2 \frac{h^2}{2}}{M + \rho\pi R^2 h}$$

定义常数 $a = \rho\pi R^2$，因此杯内咖啡的质量为

$$m = \rho\pi R^2 h \equiv ah$$

所以

$$y_{\text{c.m.}} = \frac{\frac{3}{8}MH + \frac{ah^2}{2}}{M + ah}$$

马克杯达到最大的稳定度时，重心处于最低位置.

重心可以达到的最低位置为

$$\frac{\mathrm{d}y_{\text{c.m.}}}{\mathrm{d}h} = \frac{ah \cdot (M + ah) - a \cdot \left(\frac{3}{8}MH + \frac{ah^2}{2}\right)}{(M + ah)^2} = 0$$

所以

$$h(M + ah) = \frac{3}{8}MH + \frac{1}{2}ah^2$$

$$\frac{1}{2}ah^2 + Mh - \frac{3}{8}MH = 0$$

解得

$$h = \frac{1}{a}\left[-M \pm \left(M^2 + \frac{3}{4}MHa\right)^{\frac{1}{2}}\right]$$

舍去负值，得

$$h = \frac{1}{a}\left[-M + \left(M^2 + \frac{3}{4}MHa\right)^{\frac{1}{2}}\right]$$

由于

$$M = 200 \text{ g}, \quad H = 20 \text{ cm}, \quad a = \rho\pi R^2 = 36\pi \text{ g/cm}$$

解得

$$h = \frac{1}{36\pi}\left[-200 + \left(40000 + \frac{3}{4} \times 200 \times 20 \times 36\pi\right)^{\frac{1}{2}}\right] = 3.6(\text{cm})$$

即当杯子内咖啡高度 $h = 3.6$ cm 时，马克杯最稳定.

例 5 假设有三个容器，如图 1.6 所示，底面积均为 A，高度均为 H. 第一个容器为圆柱形，其他两个容器是圆台形. 这两个圆台的上表面面积分别为 $2A, A/2$.

图 1.6

(1) 在三个容器中装满水，容器底部水的压强为多少? 这个压强作用在容器底部，一共可以产生多大的作用力?

(2) 如果把盛满水的容器直接放在电子秤上测量，每个容器内水的重力是多少? 容器

壁很薄，质量不计，只有下底面接触电子秤．为什么测量出的重力与用"面积×压强（在(1)中计算得到的压强值）"得到的作用力的大小不一样？

解析 （1）三个容器底部的压强相等，均等于 $\rho g H$，其中 ρ 是水的密度．压强取决于水的高度．这个压强在容器底部产生的压力等于容器底部压强与底面积的乘积，三个容器均如此．

（2）电子秤测量得到三个不同体积的容器装满水时质量各不相同．非圆柱形容器的总重力大小不等于水的压强乘以底面积．在圆柱形容器中，水对侧壁的压强朝向侧面各个方向，对其重力没有贡献．而另外两个容器却不是这样的．

在圆台形容器内部，不仅底面上方的水对底面产生压力，容器侧面也受到力．上表面较大的圆台，侧面受到的力（斜）向下，作用在底面上的力大于水的压强与底面积的乘积．上表面较小的圆台，侧面受到的力（斜）向上，作用在底面上的力小于水的压强与底面积的乘积．

最简单的解决方法是：假设有一个由台阶构成的斜面（利用极限思想，将斜面看成由无数多个又细又窄的台阶组成），每个台阶都有一个水平面与竖直面．竖直面就像一个小型圆柱体，作用在它上面的压强由各个方向向外产生一个压力，这些径向的力的合力为0．水平面就像小圆柱底部的挡板，作用在它上面的压强产生一个向下的压力．所以侧面上的压力之和恰好等于压在侧面上的水的重力．合力即为台阶所有水平面的压力之和，每级水平台阶实际上是一个环——半径为 r 到 $r+\mathrm{d}r$ 的平面圆环．

斜面与竖直面的夹角为 θ，距离容器底部竖直高度为 z 的地方半径 r 为
$$r = r_0 + z\tan\theta$$
则 $\mathrm{d}r$（r 的微分）为
$$\mathrm{d}r = \mathrm{d}z \cdot \tan\theta$$
环形面积为
$$A = 2\pi r \cdot \mathrm{d}r = 2\pi r \cdot \mathrm{d}z \cdot \tan\theta$$
$$= 2\pi(r_0 + z\tan\theta) \cdot \mathrm{d}z \cdot \tan\theta$$
小环上向下的力为
$$\mathrm{d}F_y = p(z) \cdot A$$
其中，$p(z)$ 表示压强，它是一个关于深度 z 的函数．压强可以简单表示为单位面积上方水的重力，即
$$p(z) = \rho g(H - z)$$
因此
$$\mathrm{d}F_y = p(z) \cdot A = \rho g(H - z) \cdot 2\pi(r_0 + z\tan\theta) \cdot \mathrm{d}z \cdot \tan\theta$$
这些微小贡献之和就是向下压着侧面的合力，其中 z 的取值范围为 $0 \sim H$．积分（被积函数是一个多项式）得

$$\begin{aligned}
F_y &= \int_{z=0}^{z=H} \mathrm{d}F_y \\
&= \int_{z=0}^{z=H} \rho g(H-z) \cdot 2\pi(r_0 + z\tan\theta) \cdot \mathrm{d}z \cdot \tan\theta \\
&= 2\pi\rho g\tan\theta \int_{z=0}^{z=H} (H-z) \cdot (r_0 + z\tan\theta) \cdot \mathrm{d}z \\
&= 2\pi\rho g\tan\theta \int_{z=0}^{z=H} [Hr_0 + (H\tan\theta - r_0) \cdot z - \tan\theta \cdot z^2] \mathrm{d}z \\
&= 2\pi\rho g\tan\theta \left[Hr_0 z \big|_0^H + \frac{1}{2}(H\tan\theta - r_0) \cdot z^2 \big|_0^H - \frac{1}{3}\tan\theta \cdot z^3 \big|_0^H \right] \\
&= 2\pi\rho g\tan\theta \left(\frac{1}{2}H^2 r_0 + \frac{1}{6}H^3 \tan\theta \right)
\end{aligned}$$

自然,当 θ 为 0(即容器为圆柱体)时,竖直侧面受到的压力对下底面的贡献为 0.

显然,侧面受到的压力的竖直向下的分力等于圆柱体额外部分体积中水的重力,因此我们只需要把装在每一小级水平台阶内的水的重力简单相加即可得到压力.

例 6 准备一个矩形棱镜,棱镜高度至少是它的宽度和长度的若干倍.把棱镜竖直放置在桌面或其他任意水平面上.要求只利用尺子作为测量工具,测出棱镜与水平面之间的摩擦因数.除了测量工具,其他器材不限.本例可以通过理论解决,并通过实验验证.

解析 把一条线弯成一个线圈,如图 1.7 所示,将线圈套在棱镜上.

这个线圈位置越低,棱镜越容易滑动.把线圈放置在棱镜高 h_0 处,棱镜恰能无滑动地沿着一条棱翻转(如图 1.8 所示).此时,棱镜在水平方向上受到两个大小相等、方向相反的力:线的拉力和地面的摩擦力.根据一般物体的平衡条件可以写出两个等式:受力平衡等式与力矩平衡等式.

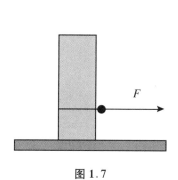

图 1.7

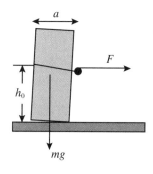

图 1.8

受力平衡:
$$F = \mu_s mg \tag{1}$$

右侧下沿的力矩平衡:
$$Fh_0 = mg\frac{a}{2} \tag{2}$$

其中，a 表示底部边沿长度.

联立式(1)、式(2)，得到静摩擦因数 μ_s 为

$$\mu_s = \frac{a}{2h_0}$$

用尺子测量出 a 与 h_0，我们就可以计算得到摩擦因数.

每一次具体的测量会得到不同的摩擦因数.然而，可以通过参考网络数据，估计出两种材料(棱镜与平面)间的摩擦因数的数值结果.

例7 用两根完全一样且长度相等的钢丝制成两根弹簧.第一根弹簧线圈直径为 d，第二根弹簧线圈直径为 $2d$.两根弹簧挂上质量相等的重物，第一根弹簧拉伸了原长的十分之一.求第二根弹簧形变量与原长的百分比.

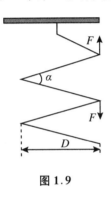

图 1.9

解析 题中只给了一个几何数据，也就是弹簧线圈的直径.我们尝试将弹簧形变量、弹簧圈数与弹簧直径建立起关系.首先需要将弹簧形变量作为一个相对于弹簧原长、线圈直径很小的量来考虑.只有在这样的情况下才能使用胡克定律，否则就需要知道每根弹簧变形时确切的特征属性.

图 1.9 展示了一根形变的弹簧.n 个直径为 D 的线圈总形变量为 Δl，遵循下式：

$$\Delta l = n \cdot 2D \cdot \sin\frac{\alpha}{2}$$

假定形变量相对而言很小，变化角度也很小，则

$$\Delta l = nD\alpha$$

重物拉伸弹簧使之产生形变，弹簧受力记作 F，角 α 与拉伸弹簧的力矩成正比：

$$\alpha = \text{const} \cdot FD$$

代入前式，则有

$$\Delta l = \text{const} \cdot FnD^2$$

形变率为 $\Delta l/l_0$，其中，l_0 表示弹簧原长.对于本例中两根不同的弹簧，系数 const 与 F 是相同的，第一根弹簧的线圈直径是第二根弹簧线圈直径的一半，它的线圈数是第二根弹簧的两倍，原长也是第二根弹簧的两倍.因此对于这两根弹簧，有

$$\frac{\Delta l_1}{l_{10}} = \frac{\text{const} \cdot Fn_1 d^2}{l_{10}} = \frac{1}{10}$$

$$\frac{\Delta l_2}{l_{20}} = \frac{\text{const} \cdot F(n_1/2)(2d)^2}{l_{10}/2} = \frac{1}{10} \times 4 = \frac{2}{5}$$

例8 如图 1.10 所示，一个装满水的弯曲弧形密封玻璃管里面有一个小气泡.为了测量加速度，让装有水和气泡的弯曲玻璃管做直线加速运动，你可以亲自制作该实验装备，

或者试着想象实验结果.

(1) 详细描述测量方法.

(2) 描述气泡的位置与玻璃管加速度的关系.

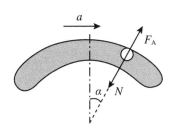

图 1.10

解析 首先我们必须明确玻璃管是放置在竖直平面内的,如果玻璃管以加速度 a 移动,气泡所受的浮力 F_A 方向与管壁的方向垂直(如图 1.10 所示).实际上,浮力 F_A 的方向是沿着玻璃管径向的. N 是玻璃管的支持力.由于气泡质量很小,因此可以忽略其重力,认为其近似受力平衡, $N = F_A$,故根据气泡位置可分析出浮力方向.

我们想象有一根完全相同的玻璃管,里面没有气泡,取与气泡相同体积和位置的水球研究,它受到的浮力大小和方向都不变,受力分析图如图 1.11 所示. 所以有

$$\tan\alpha = \frac{ma}{mg} = \frac{a}{g} \Rightarrow a = g\tan\alpha$$

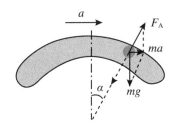

图 1.11

实际测量时,我们需要设置一个刻度在玻璃管的上端面,同时保持玻璃管竖直放置.由于加速度的值和角度的正切值成正比,和角度的关系是非线性的,所以随着加速度的增加,测量精确性将会下降.

例9 两个质量相等的重物用一根 1 m 长的绳子连接.开始时,一个重物放在光滑的桌面上,另一个重物如图 1.12 放置,细线的中点处放着一个光滑的轻质滑轮.

释放第二个重物,下面哪项将先发生?

A. 第一个重物开始滑动,与滑轮相撞;

B. 第二个重物开始摆动,与桌子边界相撞.

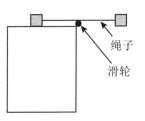

图 1.12

做这个实验,找到正确答案,再通过理论加以解释.为了尽可能做到没有摩擦以达到理想条件,请详细地说明你的实验操作方案.

👍 **解析** 1. 实验操作方案及实验结论

为了使第一个重物与桌子之间几乎没有摩擦力,可以试着用两辆儿童木质玩具车来代替两个重物,也可以利用学校里的气垫导轨与两个气垫导轨上专用的滑块.还有干冰在桌面上几乎是不受摩擦的,可以尝试在两个重物的一侧各自绑上一块干冰.无摩擦滑轮可以是任何轻质滑轮(没有惯性);或者在一根钉子上安装一个聚四氟乙烯管;也可以用涂有聚四氟乙烯涂层的电线连接两个重物,然后在桌角上就形成了一个几乎没有摩擦的光滑圆角.

实验现象表明:放在桌面上的重物先撞击滑轮,然后右边的重物才撞击桌子侧面.答案为 A 选项.

2. 理论分析与解释

尽管绳子拉力大小经过一段时间后可能会改变,但由于只存在一个拉力,因此两个重物受到的拉力大小始终相等.不同的是,左边重物受到的拉力方向总是沿着绳子指向滑轮,右边重物受到的拉力方向也沿绳子,但是随着绳子的角度变化而变化.

左边重物朝着滑轮做水平加速运动,加速度为
$$a_{左} = T/m$$
其中,m 为重物的质量,T 为绳子的张力.

右边重物在水平方向上向着墙壁做加速运动,其水平加速度为
$$a_{右} = T\cos\theta/m$$
其中,m 为重物的质量,T 为绳子的张力,θ 为绳子与水平面的夹角.

左边重物撞向滑轮的加速度大于右边重物撞向桌子侧面的加速度,因为一旦右边重物开始下落,则它与水平面的夹角 $\theta > 0$,所以 $a_{右} < a_{左}$.

据此可以判断出相同时间内左边重物的位移大于右边的水平位移,所以左边的重物先与滑轮发生撞击,与实验结果相符.

例 10 长度为 L 的均匀链条最初固定在一个半径为 R 的光滑半球的顶部,如图1.13所示.铁链长度为 $L = \pi R/3$.在某一时刻,释放铁链的上端.

(1) 求出链条在释放瞬间的加速度值.

(2) 在这一时刻,链条在哪一点的张力最大?

👍 **解析** (1) 设一小条铁链的长度为
$$\Delta L = R\Delta\varphi$$
质量为
$$\Delta m = \rho\Delta L = \rho R\Delta\varphi$$
其中,ρ 为铁链的线性密度.

如果 ΔL 为无穷小,则张力 $T(\varphi)$ 和 $T(\varphi+\Delta\varphi)$ 施加在相反的方向.

如图 1.13 所示,链条微元还受到轴向力 N 和重力 Δmg,可以很容易地分解出与圆弧相切的分力.

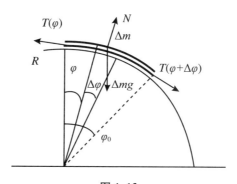

图 1.13

又由牛顿第二定律得出

$$\Delta m a_\tau = T(\varphi + \Delta\varphi) - T(\varphi) + \Delta mg\sin\varphi \quad (1)$$

将 $\Delta m = \rho\Delta L = \rho R\Delta\varphi$ 代入式(1)可得

$$\rho R a_\tau \Delta\varphi = T(\varphi + \Delta\varphi) - T(\varphi) + \rho Rg\sin\varphi\Delta\varphi \quad (2)$$

因为铁链由静止开始释放,释放瞬间的线速度为 0,故铁链所有部位的向心加速度为零.因此铁链的加速度即为切向加速度 a_τ,且对铁链的所有部位都相同.

对等式(2)左右两边求和,并考虑铁链内部的张力属于内力,初末两端的张力为 0,张力求和后为 0,得出如下等式:

$$\rho R a_\tau \sum \Delta\varphi = \rho Rg \sum \sin\varphi\Delta\varphi \quad (3)$$

将式(3)用积分形式表示为

$$a_\tau \int_0^{\varphi_0} \mathrm{d}\varphi = g \int_0^{\varphi_0} \sin\varphi \mathrm{d}\varphi \quad (4)$$

积分区间为 0 到 $\varphi_0 = L/R = \pi/3$,解得

$$a_\tau \varphi_0 = g(1 - \cos\varphi_0)$$

$$a_\tau \frac{L}{R} = g\left(1 - \cos\frac{L}{R}\right)$$

所以有

$$a_\tau = g\frac{R}{L}\left(1 - \cos\frac{L}{R}\right)$$
$$= g\frac{3R}{\pi R}\left(1 - \cos\frac{\pi R}{3R}\right)$$
$$= \frac{3g}{2\pi}$$

(2) 在铁链上张力最大的部位,应有极值条件

$$\frac{dT}{d\varphi} = \lim_{\Delta\varphi \to 0} \frac{\Delta T}{\Delta \varphi} = 0$$

成立.

令 $\Delta T = T(\varphi + \Delta\varphi) - T(\varphi)$,将其代入式(2)得

$$\Delta T = \rho R a_\tau \Delta\varphi - \rho R g \sin\varphi \Delta\varphi \tag{5}$$

对式(5)应用极值条件得

$$\lim_{\Delta\varphi \to 0} \frac{\Delta T}{\Delta \varphi} = \rho R (a_\tau - g\sin\varphi) = 0 \tag{6}$$

将 $a_\tau = \dfrac{3g}{2\pi}$ 代入式(6),解得铁链张力最大处的位置为

$$\sin\varphi = \frac{a_\tau}{g} = \frac{3}{2\pi}$$

$$\varphi = \arcsin\frac{3}{2\pi} = 28.5°$$

例 11 宇宙中有四个可看成质点的质量为 M 的恒星,它们稳定地组成了一个边长为 L 的正方形,求星体做匀速圆周运动的速度.

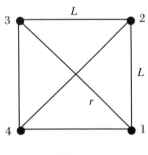

图 1.14

解析 如图 1.14 所示,设它们以速度 v 沿着半径为 r 的轨道做匀速圆周运动,则每个星体受到的向心力为

$$F_C = \frac{Mv^2}{r}$$

每个星球受到的万有引力的合力为

$$F_G = F_{12} + F_{14} + F_{13}$$
$$= 2\cos\frac{\pi}{4} \cdot \frac{GMM}{L^2} + \frac{GMM}{(2r)^2} = \frac{GM^2}{L^2}\left(\sqrt{2} + \frac{1}{2}\right)$$

其中,$(2r)^2 = L^2 + L^2$.

万有引力的合力提供向心力:

$$\frac{Mv^2}{\frac{L}{\sqrt{2}}} = \frac{GM^2}{L^2}\left(\sqrt{2} + \frac{1}{2}\right) \quad \Rightarrow \quad v = \sqrt{\frac{GM}{L}\left(1 + \frac{\sqrt{2}}{4}\right)}$$

例 12 地球上高度为 200 km 处大气层的密度为 1.6×10^{-10} kg/m³.一质量为 10 kg、横截面积为 0.5 m² 的小卫星在此高度运行,试估算小卫星受到的空气阻力.

解析 令 $h = 200$ km,$\rho = 1.6 \times 10^{-10}$ kg/m³,$A = 0.5$ m²,$m = 10$ kg,卫星运行速度为 v.

在微小时间 Δt 内,卫星与体积为 $Av\Delta t$ 内的大气分子发生碰撞,这部分体积内大气分

子的质量为 $\rho A v \Delta t$. 在此碰撞过程中，大气分子获得的动量为
$$\rho A v \Delta t v = \rho A v^2 \Delta t$$

动量的变化率等于卫星施加给大气分子的作用力，并根据牛顿第三定律得到卫星受到的空气阻力与大气分子受到的卫星的作用力等大反向，则

$$F = \rho A v^2 \tag{1}$$

需要求出卫星的运行速度. 卫星绕地球做圆周运动的半径 $R = R_E + h$（R_E 为地球半径），由万有引力提供向心力，则

$$G\frac{Mm}{R^2} = m\frac{v^2}{R}$$

其中，G 为万有引力常量，M 为地球质量. 得到

$$v^2 = G\frac{M}{R}$$

代入式(1)得

$$F = \frac{\rho AGM}{R_E + h} \tag{2}$$

将 $G = 6.67 \times 10^{-11}$ N·m^2/kg^2，$M = 5.98 \times 10^{24}$ kg，$R_E = 6.37 \times 10^6$ m 代入式(2)，计算得到

$$F = 4.86 \times 10^{-3} \text{ N}$$

例 13 一个质量为 M、半径为 R 的圆柱状物体从静止开始沿着斜面滚下，如图 1.15 所示. 求其运动过程中的加速度 a. 为保证圆柱只滚动不滑动，求出斜面的静摩擦因数 μ_s 的最小值.

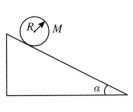

图 1.15

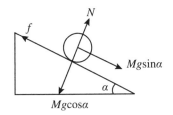

图 1.16

解析 受力分析如图 1.16 所示，圆柱沿着斜面下滑时的动力学方程为

$$Mg\sin\alpha - f = Ma \tag{1}$$

其中，a 为加速度，f 为所受摩擦力.

根据圆柱轴线的转动定律可得

$$fR = I\beta \tag{2}$$

其中，$I = \frac{1}{2}MR^2$ 为圆柱的转动惯量，$\beta = \frac{a}{R}$ 为角加速度.

解方程(2)可以得到

$$f = \frac{I\beta}{R} = \frac{Ia}{R^2} \tag{3}$$

将式(3)代入方程(1)可解出 a：

$$Ma = Mg\sin\alpha - \frac{Ia}{R^2}$$

$$\Rightarrow \quad a = \frac{Mg\sin\alpha}{M + \frac{I}{R^2}} = \frac{2}{3}g\sin\alpha$$

静摩擦因数为

$$\mu_s \geqslant \frac{f}{N} = \frac{\frac{1}{3}Mg\sin\alpha}{Mg\cos\alpha} = \frac{1}{3}\tan\alpha$$

其中，N 为支持力。所以最小的静摩擦因数为 $\frac{1}{3}\tan\alpha$.

例 14 苏库·马尔的皮卡车不小心撞上了消防栓，消防栓被撞离了地面，每秒有 150 kg 的水以 20 m/s 的速度不断向上喷出。苏库试着把附近的垃圾桶罩在水流上方，但是水速太大以至于自己和桶都被冲到了空中。

假设苏库质量为 60 kg，垃圾桶质量为 2.5 kg。当警察到达时，苏库在最高点向朋友们挥手，求最高点的高度。

解析 假设苏库在高度为 H 的地方。水到达这个高度，撞击垃圾桶前的速度满足

$$v^2 = v_0^2 - 2gH$$

其中，水的初速度为 $v_0 = 20$ m/s。由于水与任何平面的撞击都是完全非弹性碰撞，撞击垃圾桶之后，水停止运动。在撞击过程中水的动量发生变化，水对垃圾桶产生作用力，该作用力与垃圾桶和苏库的重力相平衡，正好举起两者：

$$F = \Delta m \cdot (v - 0)/\Delta t = 150 (\text{kg/s}) \cdot v$$

其中，Δm 为在一定时间内发生撞击的水的质量，Δt 为撞击时间。Δm，Δt 都无限小(趋近于 0)，但其比例等于水涌出的速率，即每秒冲出 150 kg。作用力等于垃圾桶与苏库的重力之和：

$$F = (60 + 2.5) \text{ kg} \times 9.8 \text{ m/s}^2$$
$$= 150 \text{ kg/s} \times \sqrt{(20 \text{ m/s})^2 - 2 \times 9.8 \text{ m/s}^2 \times H} (\text{N})$$

因此，能达到的高度 $H = 19.5$ m.

例 15 如图 1.17 所示，跨过定滑轮的绳子的一端在高为 h 的桌面上，另一端在地面上，释放绳子，绳子开始运动，求绳子稳定运动的速度大小。

图 1.17

解析 最简单的解法是用动量定理。在微小时间 Δt 内，绳子上新的微小长度部分 $\Delta l = v\Delta t$ 开始运动，质

量为
$$\Delta m = \mu \Delta l = \mu v \Delta t$$
μ 为绳子的线密度. 微小长度部分的绳子的动量为
$$\Delta m v = \mu v^2 \Delta t$$
它等于滑轮左、右两端绳子所受重力的合力的冲量,重力的合力等于 $\mu g h$. 由动量定理得
$$\mu g h \Delta t = \mu v^2 \Delta t$$
解得 $v = \sqrt{gh}$.

例 16 伊万杰琳是一位冬季奥林匹克运动会冬季两项比赛(越野滑雪和射击相结合的运动)项目的参赛运动员. 她的训练课程中有一个供水装置:在 10 m 高的水塔平台上设置的一个高为 10 m、直径为 3 m 的装满水的圆柱容器. 不幸的是,该容器下方管道的水都凝固了. 伊万杰琳滑雪的最后一圈,到达距离塔底 5 m 处,她用步枪在目标圆柱容器壁上射出一个小洞.

问:她应该在哪里射出一个洞,才能使她不移动站立位置就能喝到水?

解析 由于容器内水的压强,水会以一定的速度从小孔内水平射出,其水平初速度由小孔距离水平面的高度(即孔上方水的高度)决定. 水平位移由喷射速度与下落时间决定——下落时间只与下落高度有关(水经过的竖直位移一定). 如图 1.18 所示,设步枪射击出的小孔为纵轴的原点,即 0 位置,h 是小孔上方水面高度.

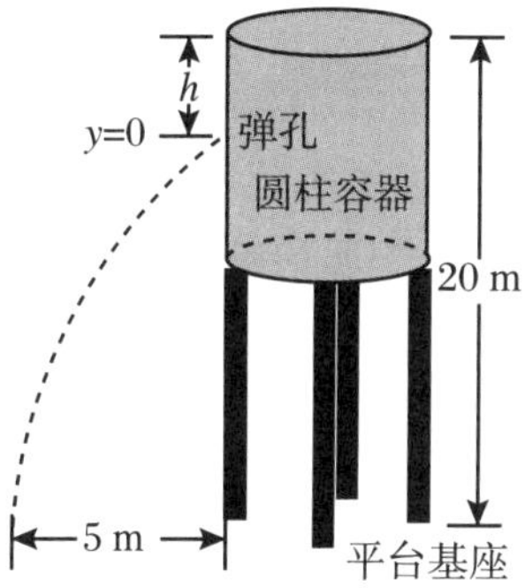

当水从小孔中流出时,小孔上方水的高度下降. 在 Δt 内,流出小孔的水的体积为
$$A_{水流} \times 水平流动距离 = A_{水流} \times (v_{水流} \times \Delta t)$$
其中,$A_{水流}$ 是小孔截面积,$v_{水流}$ 是从孔中流出的水速.

同时,容器中的水体积减少:
$$A_{容器} \times 水面下落距离 = A_{容器} \times (v_{容器} \times \Delta t)$$
联立两式,得
$$v_{容器} = v_{水流} \times (A_{水流}/A_{容器})$$

当水通过弹孔排出容器时,喷射出的水的动能等于容器内部弹孔上方的水减少的势能. 在极小的一段时间间隔 Δt 内,有
$$M_{水流} v_{水流}^2 / 2 = M_{容器} g h$$
$$[\rho A_{水流} (v_{水流} \Delta t)] v_{水流}^2 / 2 = (\rho A_{容器} h) g (v_{容器} \Delta t)$$
其中,ρ 为水的密度. 简化得水的水平初速度满足
$$v_{水流}^2 = 2gh$$

图 1.18

水在竖直方向做自由落体运动,下落时间满足
$$t^2 = 2 \times (20 - h)/g$$
水做平抛运动,经过这段时间,水平射程为 5 m:
$$v_{水流} t = 5 \text{ m}$$
因此有
$$4h \times (20 \text{ m} - h) = 25 \text{ m}^2$$
解得 $h_1 = 19.68$ m(不符合题意舍去),$h_2 = 0.32$ m.

可知该运动员必须在距离容器顶部 32 cm 的地方射出一个小孔,才能使水落到地面时正好到达 5 m 远的运动员位置.

例 17 两个完全相同的小球用不可伸长的轻绳连接,现将一个小球以初速度 v 向上抛出.求系统能够到达的最大高度.

解析 初始时刻,系统的动量为 mv,系统质心的初速度为
$$v_{C0} = \frac{mv}{2m} = \frac{v}{2}$$

系统的质心以此初速度做竖直上抛运动.在质心系中,两个小球组成的系统动量为 0,不考虑绳绷紧瞬间的能量损失,则在运动过程中,两个小球相对于质心的速度大小相等且始终为 $v/2$,方向相反.两个小球相对于质心做周期性运动:当绳绷紧后,两小球交换速度做彼此靠近的相向运动,然后碰撞再次交换速度做彼此远离的相向运动,直至绳再次绷紧.

由柯尼西定理可将系统的动能描述为质心的动能与小球相对于质心的动能之和.质心初动能为
$$E_{kC0} = \frac{1}{2} \cdot 2mv_{C0}^2 = \frac{1}{4}mv^2$$
两个小球相对于质心的动能为
$$E_{kr} = \frac{1}{4}mv^2$$
在运动过程中,相对动能 $E_{kr} = \frac{1}{4}mv^2$ 不变,质心的动能与重力势能相互转变:
$$E_{kC0} = \frac{1}{4}mv^2 = 2mgh$$
解得 $h = \frac{v^2}{8g}$.

例 18 一质量为 M、半径为 R 的实心圆柱体绕其对称轴以角速度 ω_0 转动,现小心地将转动的圆柱体的侧面放到水平地面上,圆柱体与水平地面间的动摩擦因数为 μ.求:

(1) 圆柱体在水平面上既发生滚动又相对于水平地面发生滑动过程的时间.
(2) 此过程中摩擦力做的功.

👍 **解析** （1）刚体转动方程为

$$I \frac{\Delta \omega}{\Delta t} = \tau \tag{1}$$

其中,I 为刚体的转动惯量,ω 为角速度,τ 为引起角速度变化的力矩.本例中实心圆柱体相对于对称轴的转动惯量为 $I = MR^2/2$,摩擦力的力矩为 μMgR.由式(1)得

$$\frac{MR^2}{2} \frac{\omega_f - \omega_0}{\Delta t} = -\mu MgR \tag{2}$$

负号说明摩擦力的力矩使圆柱体转动的角速度减小.由式(2)得

$$\omega_0 - \omega_f = \frac{2\mu g \Delta t}{R} \tag{3}$$

摩擦力的力矩将使圆柱体转动的角速度减小,同时摩擦力也将使质心的速度增加,当质心的速度满足 $v = \omega_f R$ 时,圆柱体将沿水平面做纯滚动,由动量定理得

$$M \frac{\Delta v}{\Delta t} = \mu M g$$

由于圆柱体质心的初始速度为 0,$\Delta v = v - 0 = v$,得到

$$v = \mu g \Delta t$$

线速度和角速度的关系为

$$\omega_f = \frac{\mu g \Delta t}{R} \tag{4}$$

联立式(3)、式(4)得

$$\Delta t = \frac{\omega_0 R}{3 \mu g}$$

$$\omega_f = \frac{\omega_0}{3}$$

（2）由动能定理可以求出摩擦力所做的功:

$$W = \frac{1}{2} I \omega_f^2 + \frac{1}{2} M v^2 - \frac{1}{2} I \omega_0^2$$
$$= \frac{1}{2} \cdot \frac{MR^2}{2} \left(\frac{\omega_0}{3}\right)^2 + \frac{1}{2} M \left(\frac{\omega_0 R}{3}\right)^2 - \frac{1}{2} \cdot \frac{MR^2}{2} \omega_0^2$$
$$= -\frac{MR^2 \omega_0^2}{6}$$

例 19 质量为 m_0 的飞船以恒定大小的速度 v_0 在太空中航行,为了改变飞船的飞行方向,开启飞船上的喷气发动机向外喷出燃料气体,燃料气体相对于飞船的速度始终为 u,且 v_0 与 u 始终垂直.经过一段时间飞船的质量变为 m.求这段时间内飞船运动方向改变的角度.

👍 **解析** 解法1:由动量守恒定律得

$$\Delta \boldsymbol{p}_{气体} + \Delta \boldsymbol{p}_{飞船} = \boldsymbol{0}$$

其中，$\Delta \boldsymbol{p}_{气体}$ 为消耗燃料释放出的气体的动量，$\Delta \boldsymbol{p}_{飞船}$ 为飞船的动量.

这里应用微元法. 极短时间 dt 内动量的微小改变量满足：

$$d\boldsymbol{p}_{气体} + d\boldsymbol{p}_{飞船} = \boldsymbol{0} \tag{1}$$

图 1.19 为极短时间 dt 内飞船动量变化的矢量图，在极短时间内飞船的质量改变很小，可以认为飞船瞬时平均质量为 m，飞船减少的质量等于消耗燃料释放气体的质量：

$$-dm = dm_{气体} \tag{2}$$

由于 dt 内飞船动量的方向变化的角度 $d\alpha$ 极小，可以认为飞船动量的微小变化量 mdv 的方向垂直于 mv_0 的方向.

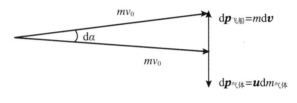

图 1.19

结合图 1.19，我们将式(1)改写为

$$\boldsymbol{u}dm_{气体} + md\boldsymbol{v} = \boldsymbol{0} \tag{3}$$

考虑到 $\boldsymbol{u}$ 和 $d\boldsymbol{v}$ 的方向相反以及式(2)中的质量变化关系，我们得到

$$udm = -mdv$$

微小角度 $d\alpha$ 内有 $dv = v_0 \cdot d\alpha$ 成立，得到

$$udm = -mv_0 \cdot d\alpha$$

变形得

$$\frac{1}{m}dm = -\frac{v_0}{u}d\alpha \tag{4}$$

对式(4)积分得

$$\ln \frac{m}{m_0} = -\frac{v_0}{u}\alpha$$

解得

$$\alpha = \frac{u}{v_0}\ln\frac{m_0}{m} \tag{5}$$

解法 2：这里我们基于式(1)、牛顿第三定律和力的定义给出第 2 种解法. 物理学中将力定义为动量的变化率：

$$\boldsymbol{F} = \frac{d\boldsymbol{p}}{dt} \tag{6}$$

本题以及火箭推动的变质量问题中将用到式(6). 这里同样用到解法 1 中的矢量图（图

1.19),作用于飞船的力与作用于气体的力方向相反,由式(6)可以得到

$$F = -\frac{u \cdot \mathrm{d}m_{\text{气体}}}{\mathrm{d}t} = \frac{u \cdot \mathrm{d}m}{\mathrm{d}t}$$

在数值上有下式成立:

$$F = -\frac{u \cdot \mathrm{d}m}{\mathrm{d}t} \tag{7}$$

$\mathrm{d}m/\mathrm{d}t$ 是飞船质量减小的速率,为负值.

力 F 时刻垂直于飞船的速度方向,为向心力,由向心力的表达式得出

$$F = mv_0\omega = mv_0\frac{\mathrm{d}\alpha}{\mathrm{d}t} \tag{8}$$

由式(7)和式(8)可得

$$-\frac{u \cdot \mathrm{d}m}{\mathrm{d}t} = mv_0\frac{\mathrm{d}\alpha}{\mathrm{d}t}$$

消去时间 $\mathrm{d}t$ 同样得出解法1中的式(4): $\frac{1}{m}\mathrm{d}m = -\frac{v_0}{u}\mathrm{d}\alpha$.

例20 请用下列器材设计一个测量重力加速度的实验:斜面、卷尺、计时器、圆柱状卷纸.如有必要可以适当添加器材.

请阐述实验原理,给出必要的理论推导.

解析 实验设计的核心依据是卷纸在斜面上做纯滚动过程中遵循的能量守恒定律.在实验过程中,需要测量卷纸的内径 R_1 和外径 R_2,斜面的高度 h,斜面的长度 L,卷纸在斜面上滚动的时间 t.

对于内径为 R_1、外径为 R_2 的圆柱状卷纸,转动惯量为

$$I = \frac{m(R_1^2 + R_2^2)}{2}$$

由能量守恒定律得

$$mgh = \frac{Iv^2}{2R_2^2} + \frac{1}{2}mv^2$$

其中,v 是卷纸到达斜面底端的速度.解得

$$g = \frac{v^2}{2h}\left(\frac{R_1^2 + R_2^2}{2R_2^2} + 1\right) \tag{1}$$

如果卷纸是实心圆柱体($R_1 = 0$),式(1)简化为

$$g = \frac{3v^2}{4h} \tag{2}$$

卷纸从斜面顶端由静止释放,质心做初速度为0的匀加速直线运动,得斜面长度 L 与卷纸运动时间 t 的关系为

$$L = \frac{vt}{2}$$

由此得到速度为
$$v = \frac{2L}{t}$$
将上式代入式(1)或式(2)便可计算出 g.

例21 一个质量为 m 的台球(动球)与另一个质量为 M、处于静止状态的台球(靶球)发生正面弹性碰撞,忽略一切摩擦.求在碰撞中动球的能量损失和球的质量比关系式.请应用以上讨论的结论来解决核反应堆的中子减速问题.

解析 首先,我们设相关的物理量如下:

v_0——动球碰撞前的初速度;

v——动球碰撞后的速度;

u——靶球碰撞后的速度;

$k = M/m$——两个球的质量比(可变);

ΔE——在碰撞过程中动球的能量损失.

所有碰撞问题都遵循以下两个守恒定律:线动量守恒和能量守恒.有些时候,当涉及旋转运动球碰撞问题时,还要遵循角动量守恒定律.本例两球发生的是正面碰撞,同时忽略台球之间的摩擦,忽略台球本身在桌面上的滚动,因此不涉及转动问题.做如上假设的原因是问题中没有给出足够的信息来得到精确的结果.因此,这两个台球的运动可被看成两个质点(大小可以忽略不计的小尺寸物体)的平动一维碰撞问题.

运用能量守恒定律前我们必须考虑碰撞类型.本例为完全弹性碰撞,碰撞前后系统的动能没有发生变化.故有
$$\frac{mv_0^2}{2} = \frac{Mu^2}{2} + \frac{mv^2}{2}$$
$$mv_0 = Mu + mv$$

根据上面两式可以解出速度 u 及动球的能量损失:
$$u = v_0 \frac{2}{k+1}$$
$$\Delta E = \frac{Mu^2}{2} = 4k \frac{mv_0^2}{2} \frac{1}{(k+1)^2} = 4E_0 \frac{k}{(k+1)^2} \quad (1)$$

式(1)给出了动球的动能损失 ΔE 和两球质量比 k 的关系.设 E_0 是一个参数,利用微积分知识研究这一函数.

当 $k \to 0$ 和 $k \to \infty$ 时,$\Delta E \to 0$.

函数式(1)连续且始终为正,因此在两个零值之间一定有一个最大值,为求出何时取到最大值,我们需要求出最大的质量比 $\dfrac{k}{(k+1)^2}$ 或者求出 $\dfrac{(k+1)^2}{k}$ 的最小值.

$$\left[\frac{(k+1)^2}{k}\right]_{\min} = \left(k + \frac{1}{k} + 2\right)_{\min} = \left(k + \frac{1}{k}\right)_{\min} + 2$$

方法1:对其求导可以得到最小值.

$$\left(k+\frac{1}{k}\right)'=1-\frac{1}{k^2}=0,\quad k=1$$

我们仅选择一个结果,因为质量的比率不能为负.详见图1.20.

方法2:利用算术平均值大于等于几何平均值求最小值.

$\dfrac{k+1/k}{2}$ 为算术平均值;$\sqrt{k\cdot\dfrac{1}{k}}=1$ 为几何平均值. 两者关系为

$$k+\frac{1}{k}\geqslant 2 \tag{3}$$

所以有 $\left(k+\dfrac{1}{k}\right)_{\min}=2$.

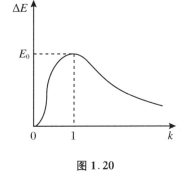

图1.20

当 $k=1$ 时,$\Delta E_{\max}=E_0$.这意味着当两球的质量相等时,动球损失的能量最大.

因为氢原子和中子几乎具有同样的质量,与其他原子相比,和氢原子碰撞中子损失的能量最大,这就是我们会选用含氢物质来当作核反应中的中子减速剂的原因.

例22 (1)一辆货运火车以初速度65 m/s运行,关闭发动机后,其沿着直线轨道经过8 km才停下.试计算火车的动摩擦因数.

(2)一个火车头拉着长度为15.0 m的装料车厢以恒定速度1.00 m/s运行.火车头和空装料车厢的总质量为75000 kg.如果这个火车头拉着空装料车厢沿着轨道运行,当它经过粮食分发器下方时,分发器以1000 kg/s的速率将粮食倒入装料车中.已知只有当装料车在粮食分发器下方时,分发器才会工作.问到装料车厢被填满时,车头做了多少功?假设动摩擦因数与(1)中相同.

解析 (1)假设减速过程中,火车的加速度恒定.

把已知物理量的单位转化为国际制单位,如表1.1所示.

表1.1

变量符号	描 述	数 值
$x(0)$	火车的初始位移	0.00 m
$x(t)$	火车的最终位移	8000 m
$v(0)$	火车的初速度	65.0 m/s
$v(t)$	火车的末速度	0.00 m/s

未知物理量如表 1.2 所示.

表 1.2

变量符号	描 述
μ	动摩擦因数

火车受到的动摩擦力(正比于正压力)方向与它的运动方向相反,有

$$F = -\mu m g$$

$$F = ma$$

$$ma = -\mu m g$$

$$\mu = -\frac{a}{g} \tag{1}$$

加速度恒定时,位移可表示为

$$x(t) = x(0) + v(0)t + \frac{1}{2}at^2$$

由于 $x(0) = 0.00$ m,故有

$$x(t) = v(0)t + \frac{1}{2}at^2 \tag{2}$$

加速度恒定时,速度表示为

$$v(t) = v(0) + at$$

由于 $v(t) = 0.00$ m/s,故

$$v(0) + at = 0$$

$$t = \frac{-v(0)}{a} \tag{3}$$

把方程(3)代入方程(2),计算火车的恒定加速度:

$$x(t) = -\frac{v(0)^2}{a} + \frac{v(0)^2}{2a}$$

$$2ax(t) = v(0)^2 - 2v(0)^2$$

$$a = -\frac{v(0)^2}{2x(t)} \tag{4}$$

把方程(4)代入方程(1)中,计算滚动摩擦因数:

$$\mu = \frac{v(0)^2}{2gx(t)} = \frac{65.0^2}{2 \times 9.81 \times 8000} \approx 0.0269$$

(2) 尽管动摩擦力产生的加速度 μg 是一个定值,但是由于 $F = \mu m g$,动摩擦力会随火车质量的变化而变化,即 $F = \mu g m(t)$.

已知物理量如表 1.3 所示.

表 1.3

变量符号	描 述	数 值
v	火车的恒定速度	1.00 m/s
m	火车与装料车的初始质量	75000 kg
l	装料车的长度	15.0 m
r	粮食分发器的分发速率	1000 kg/s
μ	动摩擦因数	0.0269

未知物理量如表 1.4 所示.

表 1.4

变量符号	描 述
$m(t)$	火车与装料车的质量关于时间的函数
$m(x)$	火车与装料车的质量关于位移的函数
W	火车所做的功

火车与装料车的质量是关于时间的函数：

$$m(t) = m + rt$$

根据 $t = \dfrac{x}{v}$，把 $m(t)$ 转化为 $m(x)$：

$$m(x) = m + r\dfrac{x}{v}$$

为了维持恒定的速度，火车必须提供额外的力来平衡增加的动摩擦力，有

$$\sum F = F_{摩擦} + F_{火车} = 0$$

$$F_{火车} = -F_{摩擦} = -(-\mu mg) = \mu mg$$

m 是一个关于位移的函数：

$$F(x) = F_{火车} = \mu g m(x) = \mu g \left(m + r\dfrac{x}{v}\right)$$

需要利用积分才能求出所做的功：

$$\begin{aligned}
W &= \int_0^l F(x)\,\mathrm{d}x \\
&= \mu g \int_0^l m(x)\,\mathrm{d}x = \mu g \int_0^l \left(m + r\dfrac{x}{v}\right)\mathrm{d}x \\
&= \mu g \left(mx + r\dfrac{x^2}{2v}\right)\bigg|_0^l = \mu g \left(ml + r\dfrac{l^2}{2v}\right) \\
&= 0.0269 \times 9.81 \times \left(75000 \times 15.0 + 1000 \times \dfrac{15.0^2}{2 \times 1.00}\right)
\end{aligned}$$

$$= 3.27 \times 10^5 (\text{J})$$

例23 当小球与墙壁发生完全弹性碰撞时将以原速率反弹.现有一个速度为 v 的小球撞击以速度 u 向球靠近的墙壁(例如乒乓球板).

(1) 求与墙壁碰撞反弹后的球速.

(2) 如果球的质量为 m,求球的动能变化量.

(3) 尝试证明(2)中的结果与墙对球做的功相等.

(提示:假设撞击时间为 ΔT,寻找作用在球上的力与该力经过的位移.)

解析 (1) 乒乓球板比乒乓球重得多.因此,我们可以假设乒乓球板的质量远大于乒乓球.已知在球墙(或者乒乓球板)碰撞模型中,球撞击墙壁前、后速度大小相等,方向相反.而在本情景中,球相对于墙的速度为 $v+u$,撞击后返回的相对速度也为 $v+u$.因此,球相对于地面的速度为 $v+2u$.

(2) 动能变化为

$$\Delta E_k = E_{kf} - E_{ki} = \frac{1}{2}m(v+2u)^2 - \frac{1}{2}mv^2 = 2mu(u+v)$$

其中,m 表示小球的质量,E_k 表示动能.

(3) 小球的线性动量变化为

$$\Delta p = p_f - p_i = m(v+2u) - (-mv) = 2m(v+u)$$

假设撞击时间为 ΔT,则力为

$$F = \frac{\Delta p}{\Delta T} = \frac{2m(u+v)}{\Delta T}$$

撞击过程中,小球经过的位移等于墙壁经过的位移 $u\Delta T$.因此,墙壁对小球做的功为

$$W = Fu\Delta T = 2mu(u+v)$$

它等于小球的动能变化.

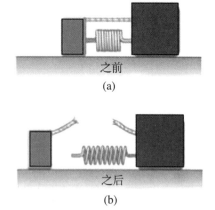

图 1.21

例24 如图 1.21 所示,劲度系数为 3.85 N/m 的轻质弹簧被左、右两个物块压缩了 8.00 cm,其中左边物块质量为 0.250 kg,右边物块质量为 0.500 kg.两个物块在水平面上处于静止状态.当细绳被剪断时,两个物块同时释放,被弹簧推向两边.计算每个物块所能达到的最大速度,设每个物块和水平面之间的动摩擦因数是 0.100,静摩擦因数是 0.120.

解析 由于摩擦力的存在,两个物块和弹簧组成的系统不是孤立的,系统机械能和线动量都不

守恒.

首先,我们必须明确在静摩擦力存在时,弹簧能否推动两个物块.

弹簧施加给每个物块的推力大小为
$$F = kx = 3.85 \text{ N/m} \times 0.08 \text{ m} = 0.308 \text{ N}$$
将此值与每个物块受到的静摩擦力进行比较.

左侧较轻的物块所受静摩擦力为
$$f_l = \mu_s N = \mu_s m_l g = 0.12 \times 0.250 \text{ kg} \times 9.80 \text{ m/s}^2 = 0.294 \text{ N}$$
此物块可以被弹簧推开.

右侧较重的物块所受静摩擦力为
$$f_r = \mu_s N = \mu_s m_r g = 0.12 \times 0.500 \text{ kg} \times 9.80 \text{ m/s}^2 = 0.588 \text{ N}$$
这个物块受到的静摩擦力大于弹簧的弹力,因此右侧物块将保持不动.

只要弹簧的作用力大于动摩擦力,较轻物块的速度就会越来越大;当二力平衡时,速度最大.

设此时弹簧的压缩量为 x_f,则
$$0.1 \times 0.250 \text{ kg} \times 9.80 \text{ m/s}^2 = x_f \times 3.85 \text{ N/m}$$
解得
$$x_f = 0.0636 \text{ m}$$
当物块的速度最大时,其速度大小可以从下式得出:
$$E_{k1} + E_{p1} - f_{lb}d = E_{k2} + E_{p2}$$
$$0 + \frac{1}{2} \times (3.85 \times 0.08^2) \text{ J} - (0.1 \times 0.250 \times 9.80) \text{ N} \times (0.08 - 0.0636) \text{ m}$$
$$= \frac{1}{2} \times (0.250 \text{ kg} \times v_{max}^2) + \frac{1}{2} \times (3.85 \text{ N/m} \times 0.0636^2 \text{ m}^2)$$
解得
$$v_{max} = 0.0642 \text{ m/s}$$
因此,左侧物块的最大速度为 0.0642 m/s,右侧物块始终静止.

例25 多伦多物理奥林匹克竞赛团队为去年在 POPTOR 周末表现优秀的学生铺设了一条红地毯.比赛结束后他们决定把地毯卷起来放在储藏室.在卷地毯的过程中,他们注意到了一个完美的物理问题.

假设有一条很长的地毯,厚度 t 非常小,已知其宽度 W、长度 L 和密度 ρ,有一部分已经卷成半径为 r 的圆柱体.由于厚度很小,已经卷起的地毯可以看作完美的圆柱体.我们希望只通过踢一下圆柱部分的地毯,使它获得大小为 v 的初始速度,就可以把整个地毯卷起来(如图 1.22 所示).求所需要的最小初始速度 v.

解析 地毯的动能为

图 1.22

$$E_k = \frac{M_1 v^2}{2} = \frac{1}{2}(\pi r^2 W \rho) v^2 \qquad (1)$$

其中,$M_1 = \pi r^2 W\rho$ 是已经卷起来部分的地毯的质量. 而全部地毯的质量为 $M = LWt\rho$.
在卷地毯的过程中地毯势能增加,其重心将不断地升高.

当地毯全部卷起后,半径将变为

$$r_f = \sqrt{\frac{Lt}{\pi}}$$

重心升高了

$$\Delta h = r_f - r$$

势能改变量为

$$\Delta E_p = U_f - U_i = Mgr_f - M_1 gr$$
$$= LWt\rho g\sqrt{\frac{Lt}{\pi}} - \pi r^2 W\rho gr = W\rho g\left(\sqrt{\frac{(Lt)^3}{\pi}} - \pi r^3\right) \qquad (2)$$

动能全部转化为地毯重心上升而增加的势能,联立两式可求得速度 v:

$$v = \left[\frac{2g}{\pi r^2}\left(\sqrt{\frac{(Lt)^3}{\pi}} - \pi r^3\right)\right]^{1/2} = \left[2gr\left(\sqrt{\left(\frac{Lt}{\pi r^2}\right)^3} - 1\right)\right]^{1/2}$$

例 26 如图 1.23 所示,两个质量为 m 的小球用一根长为 L 的轻杆连在一起形成了一个"哑铃","哑铃"以速度 v 向右运动. 另有一个质量为 $2m$ 的小球以向左的速度 v 与"哑铃"的下球发生弹性碰撞,问碰撞后两物体将如何运动?

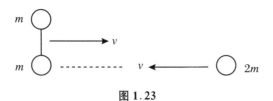

图 1.23

解析 根据线动量守恒,碰撞前、后系统质心动量都为零.
根据系统机械能守恒,可得

$$2 \times \frac{1}{2}(2m)v^2 = 2 \times \frac{1}{2}(2m)v_t^2 + \frac{1}{2}I\omega^2 \Rightarrow v^2 = v_t^2 + \frac{1}{8}L^2\omega^2 \tag{1}$$

其中,v 和 v_t 分别表示碰撞前、后的速度,$I = m\left(\frac{1}{2}L\right)^2 + m\left(\frac{1}{2}L\right)^2 = \frac{1}{2}mL^2$ 是"哑铃"对中心轴的转动惯量,ω 为"哑铃"绕质心的角速度.

物体系角动量守恒,所以有

$$\frac{L}{2}2mv = \frac{L}{2}2mv_t + I\omega = mLv_t + \frac{1}{2}mL^2\omega \tag{2}$$

解得

$$v_t = v - \frac{1}{2}L\omega \tag{3}$$

将式(3)代入式(1)可以得到

$$v^2 = \left(v - \frac{1}{2}L\omega\right)^2 + \frac{1}{8}L^2\omega^2$$

整理可得

$$-vL\omega + \frac{3}{8}L^2\omega^2 = 0$$

上述方程其中一组解为 $\omega = 0$,$v_t = v$,这意味着物体没有碰撞地通过.

另一组解为 $\omega = \frac{8v}{3L}$,$v_t = -\frac{1}{3}v$,碰撞后物体相互反弹,它们质心的速度减小,"哑铃"绕其质心旋转.

例 27 转动的刚体可以用转动动力学处理. 我们可以用类似于描述直线运动的方式,引入相应的物理量来方便地描述转动. 例如,用角度取代位置坐标,用角速度取代线速度,用角动量取代线动量等.

我们使用绕轴转动的转动惯量而不再是质量来表征物体的转动惯性,牛顿第二定律揭示的是力和平动加速度的关系,而转动定律揭示的是力矩和角加速度的关系,两者形式十分类似. 转动定律为

$$I\alpha = M_{合}$$

其中,I 为刚体绕旋转轴线的转动惯量,$M_{合}$ 为施加在转体上的合力矩,α 为角加速度,与平动加速度 a 的关系为

$$a = \alpha R$$

其中,R 为旋转半径.

角动量守恒定律可以用于解决刚体转动问题. 转动惯量取决于刚体相对转轴的质量分布. 对于一个质量为 m 的点,其距离轴线为 r,转动惯量为

$$I_{pm} = mr^2$$

质量为 m 的矩形板,以矩形一条边为轴线的转动惯量由下式给出:

$$I_r = \frac{1}{3}ml^2$$

其中,l 为矩形另一边到转轴的距离.

基于上述规律,仅需要将物体平动的物理量换成转动的物理量,就可以得到刚体的转动动能表达式.

一家店门口的上方竖直悬挂着一块薄且均匀的长方形标志牌.标志被沿其顶边铰接到一个固定的水平杆上.标志的质量为 2.40 kg,其竖直边长为 50.0 cm.该标志可无摩擦摆动,并成为手持雪球的儿童的目标.标志的最大竖直偏转角是 25.0°.某时刻,标志牌从最大偏转角摆动到竖直位置并继续向左摆动时,一个质量为 400 g、速度大小为 160 cm/s 的雪球水平向右运动,刚好垂直地撞到了标志牌的下边沿,并黏住.

(1) 画出标志牌与雪球碰撞之前的系统草图.
(2) 计算在碰撞的前一瞬间标志牌的角速度.
(3) 计算标志牌在碰撞后的一瞬间的角速度.
(4) 计算碰撞后与雪球黏在一起的标志牌能达到的最大角度.

解析 在处理问题的过程中,我们需要定义质心.为简单起见,从一维问题出发,系统由两个质量分别为 m_1 和 m_2、位置坐标分别为 x_1 和 x_2 的物体组成,在此系统中质心的位置坐标由下式给出:

$$x_{CM} = \frac{m_1 x_1 + m_2 x_2}{m_1 + m_2}$$

(1) 如图 1.24 所示,一个好的草图是非常有帮助的.

(2) 首先我们求出碰撞前标志牌的角速度.假设 ω 为标志牌在其竖直时的角速度.以最低点为零势能点,由能量守恒定律可得

$$U_i + K_i = U_f + K_f$$

$$Mgh + 0 = 0 + \frac{I\omega^2}{2}$$

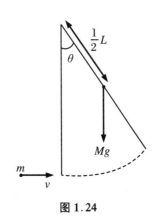

图 1.24

其中,$h = \frac{1}{2}L - \frac{1}{2}L\cos\theta = \frac{1}{2}L(1-\cos\theta)$.

根据平行轴定理:

$$I = I_{CM} + M\left(\frac{L}{2}\right)^2 = \frac{ML^2}{12} + \frac{ML^2}{4} = \frac{ML^2}{3}.$$

故有

$$\frac{1}{2}MgL(1-\cos\theta) = \frac{1}{2}\frac{ML^2}{3}\omega^2$$

解得

$$\omega = \sqrt{\frac{3g(1-\cos\theta)}{L}} = 2.35 \text{ rad/s}$$

(3) 为了得到碰撞后的角动量,我们对球与标志牌运用角动量守恒定律.考虑到角动量的矢量性:

$$I_f \omega_f = I_i \omega_i - mvL$$

即

$$\left(\frac{ML^2}{3} + mL^2\right)\omega_f = \frac{ML^2}{3}\omega_i - mvL$$

解得

$$\omega_f = \frac{\frac{1}{3}ML\omega_i - mv}{\left(\frac{1}{3}M + m\right)L} = 0.498 \text{ rad/s}$$

(4) 令 h_{CM} 为系统质心到转动轴的距离,利用上面质心定义式得

$$h_{CM} = \frac{2.40 \times 0.250 + 0.400 \times 0.500}{2.40 + 0.400} \text{ m} = 0.286 \text{ m}$$

利用机械能守恒定律得

$$(M+m)gh_{CM}(1-\cos\theta) = \frac{1}{2}\left(\frac{ML^2}{3} + mL^2\right)\omega_f^2$$

解得

$$\theta = \arccos\left[1 - \frac{\left(\frac{M}{3} + m\right)L^2\omega_f^2}{2(M+m)gh_{CM}}\right] = 0.0975 \text{ rad} = 5.58°$$

例 28 用一根轻绳系着一个质量为 m 的小球.细绳的最大张力为 T.

(1) 如果你把细绳的一端提到距离地面高度为 h 的位置,施力使小球绕着你做圆周运动,请问:绳子的最大长度是多少?(提示:小球不能撞击地面,绳子不能断裂.)

(2) 如果你过于用力地转动绳子,绳子将断裂.问绳子多长时,小球落地之前经过的水平位移最大?

解析

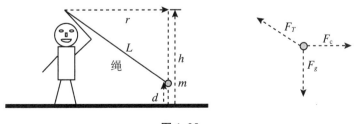

图 1.25

取旋转转动参考系对小球进行受力分析,如图 1.25 所示,其中 F_c 为惯性离心力.

你越快地转动小球,它能达到的高度将越高,但是,施加在绳子上的力也越大. 如图 1.25 所示,我们可以发现:

$$\frac{h-d}{r} = \frac{F_g}{F_c} = \frac{mg}{m\omega^2 r} \Rightarrow d = h - \frac{g}{\omega^2}$$

与绳子的长度无关,我们可以直观地发现:当 $\omega \to \infty$ 时,$d \to h$. 然而,绳上的张力与绳长成正比:

$$\frac{L}{h-d} = \frac{F_T}{F_g} = \frac{F_T}{mg} \Rightarrow F_T = \frac{mgL}{h-d} = m\omega^2 L$$

(1) 由上式得绳子长度为

$$L = \frac{F_T(h-d)}{mg}$$

因此,当 F_T 取最大值、d 取最小值时,L 最大. 则 $F_T = T$,$d = 0$ 时,有

$$L_{\max} = \frac{Th}{mg}$$

(2) 如图 1.26 所示,球飞过的距离等于它的水平速度($v = r\omega$)乘以落地所需时间 t. 当它离地高度为 d 时,落地需要的时间为

$$d = \frac{1}{2}gt^2 \Rightarrow t = \sqrt{\frac{2d}{g}}$$

下面我们找出水平位移 s 和绳子长度 L 之间的关系:

$$s = vt = r\omega\sqrt{\frac{2d}{g}} = \sqrt{r^2\omega^2 \frac{2d}{g}}$$

张力最大时,位移最大,$F_T = T$,在几何上:

$$r^2 = L^2 - (h-d)^2$$

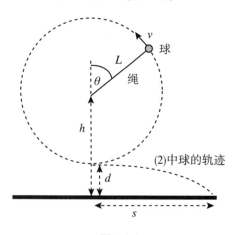

图 1.26

根据之前的结论:

$$\omega^2 = \frac{F_T}{mL} = \frac{T}{mL}$$

$$d = h - \frac{g}{\omega^2} = h - \frac{g}{\frac{F_T}{mL}} = h - \frac{mgL}{T}$$

由此可得

$$s = \sqrt{\left\{L^2 - \left[h - \left(h - \frac{mgL}{T}\right)\right]^2\right\}\left(\frac{T}{mL}\right)\frac{2(h - mgL/T)}{g}}$$

$$= \sqrt{2L\left[1 - \left(\frac{mg}{T}\right)^2\right]\left(\frac{hT}{mg} - L\right)}$$

由此可见,当 $L\left(\frac{hT}{mg} - L\right)$ 最大即 $L = \frac{Th}{2mg}$ 时,水平位移最大.

最大水平位移为

$$s_{\max} = \frac{h}{\sqrt{2}}\sqrt{\frac{T^2}{m^2g^2} - 1}$$

讨论:一些人假设球在竖直面内运动,而不是水平面.实际上并不能做到在竖直面内"让球绕着你转动".当然我们也可以详细地分析在竖直面内小球转动的物理情景.

(a) 小球必须转动得足够快,这才能够使得它旋转到最高点绳子不松弛,临界状态为最高点离心力等于重力,因此球在顶端时的速度必须满足 $\frac{v^2}{L} > g$.

(b) 如果绳子断了,它必定是在轨迹的最低点断裂,因为此时张力一定为最大值,等于重力与离心力之和.

假设小球旋转起来后,不再对其施加更多的能量.设圆心处(离地面高度为 h 的地方)重力势能为 0.根据机械能守恒:

$$E_总 = E_p + E_k = mgL\cos\theta + \frac{1}{2}mv^2$$

在绕行轨迹中,小球速度满足:

$$v^2 = 2\frac{E_总 - mgL\cos\theta}{m}$$

显然,小球在轨迹最低点时速度最大($\theta = 180°$).

绳上张力等于离心力与重力的分力之差:

$$F_T = m\frac{v^2}{L} - mg\cos\theta$$

$$= \frac{2(E_总 - mgL\cos\theta)}{L} - mg\cos\theta$$

$$= \frac{2E_总}{L} - 3mg\cos\theta$$

正如所料.这表明:张力在轨迹最低点时最大,在最高点时最小;而且当张力最小时 $E_总$ 也最小.最高点($\theta=0°$)的张力不能小于0,否则绳子不再绷紧,小球将会掉落.因此,有

$$E_总 = \frac{3}{2}mgL$$

所以

$$F_T = 3mg - 3mg\cos\theta = 3mg(1-\cos\theta)$$

最低点的拉力必须小于绳子的最大张力 T,因此

$$T > 6mg$$

这与绳子长度无关.但绳长最大值应满足:你拎着绳子一端时,绳子应该在地面之上,即

$$L_{\max} = h$$

当拎着这根绳子在水平面内转动小球做圆锥摆动时,我们得到:

$$L_{\max} = (T/mg)h = (6mg/mg)h = 6h$$

相比于竖直面旋转,水平面上转动(即小球做圆锥摆动时)绳子有多长都可以,只要绳子张力可以承受小球的重力,即如果在水平面内转动,$T > mg$,$L_{\max} > h$.

最后,我们来验证一下,当小球在竖直面内旋转,绳子断时小球可以飞多远.因为在最低点张力最大,小球将从圆轨迹的最低点水平飞出,直至落到地上时经过的时间为

$$t = \sqrt{\frac{2d}{g}} = \sqrt{\frac{2(h-L)}{g}}$$

水平最大位移为

$$s = vt = \sqrt{2\frac{E_总 - mgL\cos 180°}{m}}\sqrt{\frac{2(h-L)}{g}}$$

$$= \sqrt{4\frac{\frac{3}{2}mgL + mgL}{m}\frac{h-L}{g}}$$

$$= \sqrt{10L(h-L)}$$

当 $L = h/2$ 时可得飞出后最大的水平位移为

$$s_{\max} = \sqrt{\frac{5}{2}}h$$

与水平面内的圆锥摆转动相比,可以看出,小球在竖直面内转动,当绳子能承受的拉力的最小值足够大时(如 $T_{\min} > 6mg$),绳断之后,小球的水平位移可以与水平面内转动时小球的水平位移相等.但是,在竖直面内转动时,水平位移的最大值与绳子拉力的最大值无关;在水平面内转动时,绳子最大拉力不受限制的情况下,水平位移的最大值将随绳子最大拉力的增加而变大(不考虑空气阻力和地球表面大小的影响).

例29 将质量分别为 m_1 和 m_2 的小球连接在劲度系数为 k 的弹簧两端,并放置于光滑的水平面上,现使两个小球相互靠近压缩弹簧,然后同时释放两个小球.

求两个小球做简谐运动的周期.已知弹簧振子的周期公式为

$$T = 2\pi\sqrt{\frac{m}{k}}$$

解析 由于两个小球和弹簧组成的系统的质心是静止的,故两个小球相对于质心做相位相反、周期相同的简谐运动.由两个小球相对于质心的位移得到的弹簧的弹力必定是相等的,有

$$k_1 x_1 = k_2 x_2 \tag{1}$$

k_1 和 k_2 分别是长度为 l_1 和 l_2 的两部分弹簧的劲度系数,x_1 和 x_2 分别是两个小球相对于各自平衡位置的形变量.同时,l_1 和 l_2 分别是弹簧原长时两个小球到质心的距离,则有

$$m_1 l_1 = m_2 l_2$$
$$l_1 + l_2 = l \tag{2}$$

解得

$$l_1 = \frac{m_2 l}{m_1 + m_2}, \quad l_2 = \frac{m_1 l}{m_1 + m_2} \tag{3}$$

对于任意实数 q,弹簧上 $1/q$ 部分的形变量是整个弹簧形变量的 $1/q$,故 $1/q$ 部分的弹簧的劲度系数是这个弹簧劲度系数的 q 倍.由此可得

$$k_1 = \frac{m_1 + m_2}{m_2} k, \quad k_2 = \frac{m_1 + m_2}{m_1} k$$

由于 $T_1 = T_2$,$T_1 = 2\pi\sqrt{\frac{m_1}{k_1}}$,则系统的振动周期为

$$T = 2\pi\sqrt{\frac{m_1 m_2}{(m_1 + m_2)k}}$$

例30 如图1.27所示,质量为 M 的平板放置在两个转动的轮子上处于平衡状态,两个转轮的角速度大小相同,转动方向相反,转轮轴心间的距离为 l.平板与转轮间的动摩擦因数为 μ.

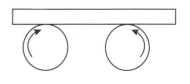

图 1.27

(1) 证明:若将处于平衡状态的平板沿水平方向移动稍许偏离平衡位置,则平板将做简谐运动.

(2) 求出简谐运动的频率.

(3) 若将两个转轮的转动方向变为与原来的转动方向相反,结果又将如何?

解析 (1) 简谐运动的主要性质为:物体受到的合力与物体的位移成正比,合力的方向与位移的方向相反.

如图1.28所示,为平板移动到平衡位置右边时的受力情形,平衡位置位于两个转轮轴心连线的中垂线上,移动距离为 x.

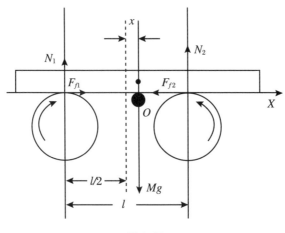

图 1.28

偏离平衡位置后,平板受到的转轮的支持力 N_1 和 N_2 不相等,因此平板受到的两个转轮的摩擦力也不再相等,水平方向上的合力将产生水平方向的加速度.支持力可以通过如下方程组求得:

$$N_1 + N_2 - Mg = 0 \quad \text{(竖直方向上的加速度为0)}$$

$$N_1\left(\frac{l}{2} + x\right) - N_2\left(\frac{l}{2} - x\right) = 0 \quad \text{(平板受到的力矩为0)}$$

解得

$$N_1 = Mg\left(\frac{1}{2} - \frac{x}{l}\right), \quad N_2 = Mg\left(\frac{1}{2} + \frac{x}{l}\right)$$

水平方向上的合力为

$$F = F_{f1} - F_{f2} = \mu(N_1 - N_2) = -\frac{2\mu Mg}{l}x$$

得出水平方向上的合力大小正比于位移且与位移方向相反,平板将做简谐运动.

(2) 由简谐运动的动力学方程 $F = -kx$ 及 $\omega = \sqrt{\frac{k}{M}}$ 得出平板做简谐运动的频率:

$$\omega = \sqrt{\frac{2\mu g}{l}}$$

(3) 若两个转轮的转动方向均与原来的转动方向相反,平板受到的水平方向的合力也将改变方向,木板将不再做简谐运动,将在水平合力的作用下沿着木板移动的方向加速离开平衡位置.

例31 一个边长为 $L = 1$ m 的立方体冰块静止平衡放在水中,浮出水面少许.使冰块沿竖直方向稍微偏离平衡位置后释放,忽略摩擦,证明冰块上下浮动是简谐运动.在振动过程中,求水波的频率.已知 $\rho_{\text{水}} = 1000 \text{ kg/m}^3$,$\rho_{\text{冰}} = 900 \text{ kg/m}^3$.

解析 在平衡中,冰块的合力可以表示为

$$F_{合} = -G + F_{浮} = 0 \Rightarrow G = F_{浮} \Rightarrow \rho_{冰} V_{冰} g = \rho_{水} V_{水} g \tag{1}$$

其中,G 为冰块受到的重力,$F_{浮}$ 为冰块受到的浮力. $V_{冰} = L^3$ 为冰块的体积,$V_{水}$ 为排开水的体积,g 为重力加速度. 当冰块上升一个很小的距离 x 时,其合力为

$$F_{合} = -G + F'_{浮}$$
$$Ma = -\rho_{冰} V_{冰} g + \rho_{水}(V_{水} - L^2 x) g = -\rho_{水} L^2 g x \tag{2}$$

其中,$M = \rho_{冰} V_{冰}$ 为冰块的质量,$a = \dfrac{\mathrm{d}^2 x}{\mathrm{d} t^2}$ 为冰块的加速度.

联立式(1)、式(2),可以得到

$$\frac{\mathrm{d}^2 x}{\mathrm{d} t^2} + \frac{\rho_{水}}{\rho_{冰}} \frac{L^2 g}{L^3} x = \frac{\mathrm{d}^2 x}{\mathrm{d} t^2} + \omega^2 x = 0 \tag{3}$$

式(3)为简谐运动的微分方程,所以冰块上下浮动是简谐运动.

角频率为

$$\omega = \sqrt{\frac{\rho_{水}}{\rho_{冰}} \frac{g}{L}} \approx 3.3 \text{ s}^{-1}$$

频率为

$$f = \frac{\omega}{2\pi} \approx 0.53 \text{ s}^{-1}$$

例 32 将细沙洒在水平膜上,使水平膜在竖直方向做频率 $f = 500$ Hz 的振动. 在此情况下,沙粒脱离薄膜弹起高度超出平衡位置 3 mm. 求水平膜振动的振幅.

解析 设薄膜的振幅为 A,角频率为 ω. 在竖直方向上,薄膜的简谐运动方程为

$$y = A\sin(\omega t) \tag{1}$$

速度 v、加速度 a 可以表示如下:

$$v = A\omega\cos(\omega t), \quad a = -A\omega^2 \sin(\omega t) \tag{2}$$

根据瞬时速度和瞬时加速度的定义,我们可以得到如下表达:

$$v = y', \quad a = v'$$

我们当然也可以不用求导的方法得到速度和加速度. 该系统是一个简谐运动模型,当 $t = 0$ 时(此时开始计时),沙粒处于该系统的平衡位置,在该位置速度一般是最大的,速度是关于时间的余弦函数. 为了获得速度的单位 m/s,我们可以通过式(2)将所设参数联系起来. 根据胡克定律,力和加速度的大小和位移成正比,它们的方向和位移相反,通过分析物理量单位之间的联系可以确定相应的系数.

沙粒受到重力和薄膜的弹力,两力均沿 y 轴方向;根据牛顿第二定律,方程可表示如下:

$$ma = N - mg \tag{3}$$

设 t_0 时刻沙粒脱离薄膜,此时 $N = 0$, $a = -g$. 由式(2)可得

$$-g = -A\omega^2 \sin(\omega t_0), \quad \sin(\omega t_0) = \frac{g}{A\omega^2}$$

此时沙粒的位置和速度为
$$y_0 = A\sin(\omega t_0) = \frac{g}{\omega^2}, \quad v_0 = A\omega\cos(\omega t_0)$$

此后在沙粒上升过程中只需要克服重力做功，根据能量守恒定律可得
$$mg\Delta y = \frac{mv_0^2}{2}$$
$$\Delta y = \frac{v_0^2}{2g}$$

沙粒在最高位置处的位移为 $h = y_0 + \Delta y$，故
$$h = \frac{g}{\omega^2} + \frac{\omega^2 A^2 \cos^2(\omega t_0)}{2g} = \frac{g}{\omega^2} + \frac{\omega^2 A^2 [1-\sin^2(\omega t_0)]}{2g} = \frac{g}{2\omega^2} + \frac{A^2\omega^2}{2g}$$

因此振幅为
$$A = \frac{\sqrt{2gh\omega^2 - g^2}}{\omega^2} = \frac{\sqrt{2gh(2\pi f)^2 - g^2}}{(2\pi f)^2}$$
$$= 7.72 \times 10^{-5} \text{ m} = 0.0772 \text{ mm}$$

例 33 几年来，我一直在期待我最喜欢的电视节目《Fraggle 摇滚》可以在多伦多再次上演．最近我了解到该节目在二频道(57 MHz)上演而非在多伦多电台．虽然电台距离我 50 km 远，但是很幸运的是我的房子在一座山上，借助一个好的天线可以直线接收到电台的信号．

某天，节目看了一半的时候我注意到信号一会儿强，一会儿弱，每分钟强弱交替出现 8 次．不久后，我从电台上得知一个研究大气物理的同事失去了对一个巨大气球的控制，它刚刚好在我住的地方和电台中间．气球在 20 km 高的空中以一个恒定的速度上升，而我所接收的信号是直线传输的信号加上反射信号的总和，求气球上升的速度．

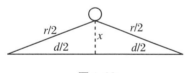

图 1.29

解析 我和 TV 发射台之间的距离是恒定的，干扰表明信号路径长度每分钟增加 8 个波长．如图 1.29 所示，反射信号的路径长度可以表示为
$$r = 2\sqrt{x^2 + (d/2)^2} = \sqrt{4x^2 + d^2} = \sqrt{4(vt+x_0)^2 + d^2}$$

其中，$t = 0$ 时气球位于高度 $x_0 = 20$ km 处．气球上升的速度恒定，可以表示为 $v = \dfrac{dx}{dt}$，所以有
$$\frac{dr}{dt} = \frac{d}{dt}\sqrt{4(vt+x_0)^2 + d^2} = \frac{4(vt+x_0)v}{\sqrt{4(vt+x_0)^2 + d^2}}$$

当 $t = 0$ 时，长度随时间的改变可以表示为

$$\left.\frac{\mathrm{d}r}{\mathrm{d}t}\right|_{t=0} = \frac{2v}{\sqrt{1 + (d/2x_0)^2}}$$

信号的波长可以表示为

$$\lambda = \frac{c}{f} = \frac{3 \times 10^8 \text{ m} \cdot \text{s}^{-1}}{57 \times 10^6 \text{ s}^{-1}} = \frac{100}{19} \text{ m}$$

所以气球上升的速度为

$$v = \frac{1}{2} \left.\frac{\mathrm{d}r}{\mathrm{d}t}\right|_{t=0} \sqrt{1 + [d/(2x_0)]^2} = \frac{1}{2} \times \frac{8\lambda}{60 \text{ s}} \times \sqrt{1 + [50 \text{ km}/(2 \times 20 \text{ km})]^2}$$

$$= \frac{1}{15 \text{ s}} \times \left(\frac{100}{19} \text{ m}\right) \sqrt{1 + \frac{25}{16}} = 0.56 \text{ m/s}$$

例 34 两把小提琴的声音比一把要响多少？假设每把小提琴产生的独立声波为 $f(t) = A\sin(2\pi\nu t + \varphi)$，其中 A 为恒定的振幅，ν 为频率，φ 为初相位，每个乐器产生的初相位都会随时间随机变化. 你需要考虑多种情况.

解析 两把小提琴的声波叠加时

$$F(t) = f_1(t) + f_2(t) = A\sin(2\pi\nu t + \varphi_1) + A\sin(2\pi\nu t + \varphi_2) \quad (1)$$

声波的响度（或强度）与它的波动方程的平方成正比. 其中一把小提琴的强度为

$$\text{强度} = Cf_1^2(t) = CA^2\sin^2(2\pi\nu t + \varphi_1) \quad (2)$$

其中，C 是一个常数. 对于两把小提琴来说，

$$\text{强度} = C(f_1(t) + f_2(t))^2$$
$$= CA^2[\sin^2(2\pi\nu t + \varphi_1) + \sin^2(2\pi\nu t + \varphi_2)$$
$$+ 2\sin(2\pi\nu t + \varphi_1)\sin(2\pi\nu t + \varphi_2)] \quad (3)$$

考虑两种情况：如果相位不随机变化，并且当 $\varphi_1 = \varphi_2$ 时，在某一时刻强度达到 $I = 4CA^2$，即为一把小提琴响度的 4 倍. 如果相位随机变化，(3) 式最后一项平均值为 0，平均响度 $I = 2CA^2$，即为一把小提琴的响度的 2 倍.

例 35 一个点声波源 S 以速度 v 移动，它的输出功率为 P，问在波源 S 前方距离为 r 处的波强度为多少？已知声波速度为 v_s.

解析 当 $t = 0$ 时，波源 S 发出的球面波的半径可以表示为 $R = v_s t$. 我们需要研究的是在距离波源 S 为 $r = R - vt$ 处进入到探测器 D 中的波的强度. 时间 T 内通过面积 A 的能量为 $E_A = \frac{PT}{A}$，其中 T 是声波的周期.

当波源 S 向 D 靠近时，由于多普勒频移，接收到的声波周期 T' 表示为 $\frac{1}{T'} = \frac{1}{T} \cdot \frac{v_s}{v_s - v}$，上述方程可以表示为

$$r = R - vt = v_s t - vt$$

即
$$t = \frac{r}{v_s - v}$$

解得
$$R = \frac{v_s}{v_s - v} r$$

所以
$$E_A = \frac{PT}{4\pi R^2} = \frac{PT(v_s - v)^2}{4\pi v_s^2 r^2}$$

在单位时间通过探测器 D 单位面积上的能量即能流密度（或者叫作强度）可以表示为
$$I = \frac{1}{T'} \cdot E_A = \frac{P}{4\pi r^2} \cdot \frac{v_s - v}{v_s}$$

例 36 一个驾驶着小汽车的物理学家因为闯红灯被交警拦下.物理学家解释说由于多普勒效应红灯显示为黄灯（红光和黄光的波长分别为 690 nm, 600 nm），请问物理学家需要付罚单吗？

解析 如果是相对论的情况，很明显警察需要开罚单.故可以仅使用非相对论情况下频率 f 和波长 λ 的多普勒公式：
$$\frac{f'}{f} = 1 + \frac{v}{c} \quad \text{或者} \quad \frac{\lambda}{\lambda'} = 1 + \frac{v}{c}$$

所以
$$\frac{690 \text{ nm}}{600 \text{ nm}} - 1 = \frac{v}{c}$$
$$v = 0.15c = 4.5 \times 10^7 \text{ m/s} = 1.6 \times 10^8 \text{ km/h}$$

所以物理学家闯红灯需要被开罚单，精确的相对论频移仅相差一个 $\sqrt{1-(v/c)^2} = 0.99$ 的因子.

例 37 两个小女孩在水上公园度过了几乎整个暑假.琪琪喜欢从一个倾角很小的斜坡 LW 上滑下，而矫矫则喜欢从圆弧 AW 上滑下（图 1.30）.她们起滑点 L 和 A 在同一个高度，圆弧末端水平线刚好与水面相切于 W.两女孩同时由静止开始下滑，计算说明在不计摩擦的情况下谁先到达水池.

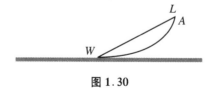

图 1.30

解析 为了解决问题，我们经常采用突出问题的主要方面，忽略其次要因素，建立理想化的"物理模型"的方法,根据实际物体的尺寸比例,我们可以将两个小女孩看成质点. 所以我们的问题可以描述为:两个相同的质点从同一高度由静止释放,一个质点沿着倾角很小的光滑斜面 LW 下滑,另一个质点沿着光滑圆弧 AW 下滑,在最低点处圆弧与水平面相切于 W. 比较两个质点到达 W 处所用的时间.

如图 1.31 所示,O 点为圆弧 AW 的圆心,R 是其半径,h 是下滑时距离水平面的高度,α 是斜面 LW 的倾角. 根据机械能守恒可知两个质点到达 W 处的速度大小是相同的.

$$v_f = \sqrt{2gh}$$

沿着 LW 下滑的质点做一个加速度为

$$a = g\sin\alpha \tag{1}$$

的匀加速直线运动,其中 g 是重力加速度. 所用时间为

$$\Delta t_1 = \frac{v_f}{a} = \frac{1}{\sin\alpha}\sqrt{\frac{2h}{g}} \tag{2}$$

沿着圆弧下滑的质点做非匀变速运动,描述切向速度变化快慢的切向瞬时加速度可根据式(1)加以计算,切向瞬时加速度会随着圆弧的倾斜程度的减小而减小.

根据题意,我们可以简单地用单摆摆动来模拟质点沿着圆弧滑下的过程. 物理和数学中的"小角度"总是意味着我们可以作近似

$$\alpha \approx \sin\alpha \approx \tan\alpha \tag{3}$$

值得注意的是,在这种等式中角度的单位是弧度.

我们把题目中的问题转化为单摆小角度的摆动问题,质点和单摆的运动轨迹相同,圆弧的曲率半径可看作单摆的摆长,则下滑时间为 $\Delta t_2 = T/4$,T 是单摆摆动的周期,β 是振动的幅角,$\beta = 2\alpha$. 根据已知的单摆的周期公式可得

$$\Delta t_2 = \frac{1}{4} \times 2\pi\sqrt{\frac{R}{g}} \tag{4}$$

从图 1.31 中的几何关系可得

$$R = R\cos\beta + h = R\cos(2\alpha) + h$$

$$R[1 - \cos(2\alpha)] = h$$

$$R = \frac{h}{2\sin^2\alpha}$$

代入式(4)消去 R 可得

$$\Delta t_2 = \frac{\pi}{4\sin\alpha}\sqrt{\frac{2h}{g}} \tag{5}$$

因此,我们可以得到两种下滑时间的比例为 $\frac{\Delta t_2}{\Delta t_1} = \frac{\pi}{4} < 1$. 这意味着:尽管沿圆弧下滑通过的路径比较长,但所需的时间反而短.

以上讨论必须限制在 α,β 角度较小的时候,这是因为我们利用了单摆小幅度振动时的周期公式.如果 $\alpha < 10°$,得到的结果误差范围小于2%.如果要求误差范围小于1%,则要求角度限制为5°范围内.至此,我们基本可以认为问题已经得到解决.

下面继续讨论推广到任意角 α 的一般解,首先,我们需要明确斜面的角度 $\alpha \leqslant 45°$,这样 $\beta_{\max} = 90°$.为了解决这一问题,我们采用两种不同的方法.

(1) 在沿着圆弧下滑的问题中,我们依旧使用单摆的模型,然而在单摆大幅度摆动时要利用非简谐运动的周期公式(这在物理学手册里可以查到):

$$T = 2\pi\sqrt{\frac{l}{g}}\left[1 + \left(\frac{1}{2}\right)^2 \sin^2\frac{\beta}{2} + \left(\frac{1}{2}\times\frac{3}{4}\right)\sin^4\frac{\beta}{2}\right.$$
$$\left. + \left(\frac{1}{2}\times\frac{3}{4}\times\frac{5}{6}\right)\sin^6\frac{\beta}{2} + \cdots\right] \tag{6}$$

在括号中我们看到一系列的递减项,在一个小角度的单摆(例如 $\beta \leqslant 10°$ 时)中,与第一项相比,甚至第二项就可以忽略不计,后面几项就更小,所以它将只剩下第一项.这就是小幅度振动时单摆振动周期近似为 $T = 2\pi\sqrt{\frac{l}{g}}$ 的原因.

下面我们在 $\alpha = \frac{\beta}{2} = 45°$ 条件下估算下滑时间比值问题.计算式(6)各项,我们可以得到如表1.5所示的结果$\left(\text{其中 }t_n \text{ 以 } 2\pi\sqrt{\frac{l}{g}} \text{ 为单位}\right)$:

表 1.5

n	1	2	3	4	5
t_n	1	0.125	0.0350	0.0120	4.67×10^{-3}

第五项的结果小于1%,所以我们可以计算前五项之和为1.18,在这种情况下时间比值可以表示为

$$\frac{\Delta t_2}{\Delta t_1} = \frac{\pi}{4} \times 1.18 = 0.927 < 1 \tag{7}$$

即使在大角度倾斜问题中,我们也可以定性得到相同的结果.这是在圆弧开始下滑的前半段路程里具有较大加速度的缘故.

(2) 另一种方法为利用微积分来比较时间.在圆弧上不同位置都对应一个不同的切向瞬时速度,在很小的时间间隔内可以认为质点的速度大小是不变的.

为了强调时间和位移的极小性,可以在小量之前加符号"d".如此我们可以定义瞬时速度为

$$v = \frac{\mathrm{d}l}{\mathrm{d}t} \tag{8}$$

总的时间可以由对每小段时间

$$dt = \frac{dl}{v} \tag{9}$$

进行求和得到.

我们用积分公式进行求和,有

$$\Delta t_2 = \int \frac{dl}{v} \tag{10}$$

为了得到计算结果,我们必须通过一个变量将变量 dl 和 v 联系起来. h 和 α 已知,在大多数圆周运动中引入一个角度 φ 变量是十分有价值的,则

$$dl = -R \times d\varphi$$

$$R = \frac{h}{2\sin^2\alpha}, \quad v = \sqrt{2gz}$$

$$z = R\cos\varphi - R\cos(2\alpha) = \frac{h}{2\sin^2\alpha}[\cos\varphi - \cos(2\alpha)]$$

将上述量代入式(10)中可得

$$\Delta t_2 = \frac{1}{2\sin\alpha}\sqrt{\frac{h}{g}} \int_{2\alpha}^{0} \frac{-d\varphi}{\sqrt{\cos\varphi - \cos(2\alpha)}} \tag{11}$$

在需要的精度范围内可以利用数值逼近来计算式(11),你可以借助计算机,利用数学软件 MathCAD 或 Maple 来处理不同的 α,在我们的问题中限制倾角 $\alpha = 45° = \frac{\pi}{4}$.

在该角度下,圆弧所用的时间为

$$\Delta t_2 = \sqrt{\frac{h}{2g}} \int_0^{\frac{\pi}{2}} \frac{d\varphi}{\sqrt{\cos\varphi}} \tag{12}$$

利用软件可以解得积分值为 2.57.

所以下滑时间的比值为

$$\frac{\Delta t_2}{\Delta t_1} = 0.9 < 1$$

综上所述,我们可以得到结论:在角度范围 $0 \leqslant \alpha \leqslant \frac{\pi}{4}$ 内,沿圆弧下滑的时间总是比沿斜坡下滑的时间少.

例38 如图1.32所示,一个质量为 1 kg 的立方体被置于一个不光滑的桌面上,立方体与桌面的静摩擦因数 $\mu_0 = 1$,动摩擦因数 $\mu = 0.9$. 一根劲度系数为 $k = 1$ N/m 的弹簧固定在这个立方体上. 现在以 $v = 1$ m/s 水平地拉伸弹簧的自由端,试描述立方体此后的运动.

解析 立方体的运动有几个不同的阶段,我们将分别考虑.

(1)在刚开始的时候,立方体处于静止状态,但弹簧开始拉伸. 这一状态一直持续到某一时刻 t_1,也就是当弹簧的弹力($|kx|$)达到最大静摩擦力($\mu_0 mg$)的时刻,之后立方体就

开始运动了.

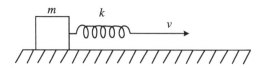

图 1.32

为了确定 t_1,我们记 $kx_1 = \mu_0 mg$,这里 $x_1 = vt_1$,因此有

$$t_1 = \mu_0 \frac{mg}{kv} \approx 10 \text{ s} \tag{1}$$

作为简化,让我们记 $\omega^2 = k/m$,所以 $t_1 = \mu_0 g/\omega^2 v$,从而有 t_1 时刻弹簧的伸长量为

$$x_1 = vt_1 = \mu_0 \frac{g}{\omega^2} \tag{2}$$

(2) 在 t_1 时刻后,立方体开始运动.设我们的参考系以恒定速度 v 运动.在此参考系下 t_1 时刻立方体的运动速度为 $-v$,坐标为 $x = 0$,弹簧伸长量为 $x_1 = vt_1$.在此运动参考系(下文中以 M 表示)中,t_1 时刻立方体的运动是由弹性力 $F_e = kx_1$ 以及滑动摩擦力 $F_f = \mu mg$ 的合力决定的.注意 F_f 的方向与速度 v 方向相反(因为我们设定立方体相对于桌子的运动方向为指向 M 系的正向).

立方体在弹性力和常力作用下做简谐运动.在 M 系中可以描述为

$$x_M = x_{M\max}\sin(\omega t + \varphi) + x_0 \tag{3}$$

其中,$\omega = \sqrt{k/m}$,x_0 是平衡位置,可以从 $k(x_1 - x_0) - \mu mg = 0$ 得到

$$x_0 = x_1 - \frac{\mu mg}{k} = x_1 - \mu\frac{g}{\omega^2} = \Delta\mu\frac{g}{\omega^2} \tag{4}$$

这里,我们记 $\Delta\mu = \mu_0 - \mu$.立方体在 M 系中的速度为

$$v_M = x_M' = x_{M\max}\omega\cos(\omega t + \varphi) \tag{5}$$

我们现在来求 $x_{M\max}$ 和 φ.用 t_1 替代式(3)和式(5)中的 t,利用 $x_M = x(t_1) = 0$ 和 $x'(t_1) = -v$,我们可以得到

$$0 = x_{M\max}\sin(\omega t_1 + \varphi) + \Delta\mu\frac{g}{\omega^2} \tag{6}$$

$$-v = x_{M\max}\omega\cos(\omega t_1 + \varphi) \tag{7}$$

上面的方程又可以改写成

$$x_{M\max}\sin(\omega t_1 + \varphi) = -\Delta\mu\frac{g}{\omega^2} \tag{8}$$

$$x_{M\max}\cos(\omega t_1 + \varphi) = -\frac{v}{\omega} \tag{9}$$

将式(8)和式(9)平方相加得到

$$x_{\text{Mmax}}^2 = \frac{(\Delta\mu)^2 g^2}{\omega^4} + \frac{v^2}{\omega^2} \approx 2 \text{ m} \quad \Rightarrow \quad x_{\text{Mmax}} \approx 1.4 \text{ m} \tag{10}$$

将式(8)和式(9)相除得到

$$\tan(\omega t_1 + \varphi) = \Delta\mu \frac{g}{\omega v} \tag{11}$$

式(8)和式(9)说明 $\sin(\omega t_1 + \varphi) < 0$,$\cos(\omega t_1 + \varphi) < 0$,因此有

$$\varphi = \pi + \arctan\frac{\Delta\mu g}{v\omega} - \omega t_1 \approx \frac{5}{4}\pi \tag{12}$$

现在我们改用静止坐标系来给出问题的解答.在开始时刻 t_1,运动参考系和静止参考系的位置是一致的,因此我们有

$$x = x_M + v(t - t_1) = x_{\text{Mmax}}\sin(\omega t + \varphi) + v(t - t_1) + \Delta\mu\frac{g}{\omega^2}$$

$$\approx 1.4\sin\left[(t-10) + \frac{5\pi}{4}\right] + (t-10) + 1 \text{(m)} \tag{13}$$

$$x' = x_{\text{Mmax}}\omega\cos(\omega t + \varphi) + v \approx 1.4\cos\left[(t-10) + \frac{5\pi}{4}\right] + 1 \text{ (m/s)} \tag{14}$$

上面两个方程描述了立方体从 $t = t_1$ 时刻到后面某一时刻 t_2 的运动状态,在 t_2 时刻立方体相对于桌面的速度为0,而且滑动摩擦力被静摩擦力取代.所以在 $t = t_2$ 时刻,我们有

$$x' = x_{\text{Mmax}}\omega\cos(\omega t_2 + \varphi) + v = 0 \tag{15}$$

这里,余弦函数的相位 $\theta_1 = \omega t_1 + \varphi$ 在 t_1 时刻位于第三象限中,因此速度是正的.随后当 $t > t_1$ 时,$\theta(t)$ 增加了,因此 $\cos\theta$ 也随之增大,所以速度也增大了;当 θ 位于第二象限时,$\cos\theta$ 为负值,当 $\cos\theta = \cos(\omega t_1 + \varphi)$ 时,立方体的速度又为0了.因此有

$$t_2 = t_1 + \frac{2}{\omega}\left(\pi - \arctan\frac{\Delta\mu h}{v\omega}\right) \approx 15 \text{ s}, \quad x(t_2) \approx 7 \text{ m} \tag{16}$$

此时我们发现在 t_1 时刻和 t_2 时刻,弹簧的弹性力有如下关系:

$$F(t_1) - \mu mg = -(F(t_2) - \mu mg) \quad \Rightarrow \quad F(t_2) = 2\mu mg - F(t_1) \tag{17}$$

但是 $F(t_1) = \mu_0 mg$,因此我们有

$$F(t_2) = mg(2\mu - \mu_0) < \mu_0 mg \tag{18}$$

所以在 t_2 时刻立方体将停止,此后处于静止状态.直到 t_3 时刻,当 $F(t_3)$ 等于静摩擦力 $\mu_0 mg$ 时,才再次开始运动.这个时间间隔为

$$t_3 - t_2 = \frac{F(t_3) - F(t_2)}{kv} = \frac{2(\mu_0 - \mu)g}{v\omega^2} \approx 2 \text{ s} \tag{19}$$

随后就是循环前面的过程,所以有 $t_4 - t_3 = t_3 - t_2$ 等.图1.33给出了 $x(t)$ 和 $x'(t)$ 的曲线图.

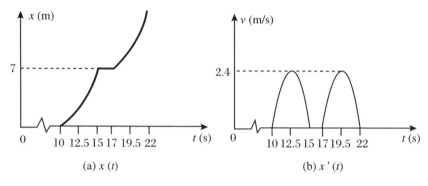

(a) $x(t)$　　　(b) $x'(t)$

图 1.33

例39 我们记录从井口释放一个小石头至听到石头撞击水面的声音的时间 t，根据 $s = \frac{1}{2}gt^2$ 来估算一口井的深度，请用一级近似分析下列两种因素对井深测量产生的误差：

(1) 声音在空气中传播的速度是有限的，$v_s = 340 \text{ m/s}$；

(2) 空气阻力.

对于井深 $s = 30 \text{ m}$，半径 $r = 2 \text{ cm}$、密度 $\rho_0 = 3 \times 10^3 \text{ kg/m}^3$ 的小石头，哪种影响因素产生的误差大？

注：球状物体受到的流体阻力的表达式与流体的无量纲雷诺数 $Re = \frac{\rho v d}{\eta}$ 有关，其中，d 为球状物体的直径，v 为球状物体在流体中的速度，ρ 为流体的密度，η 为流体的黏滞系数. 当 $Re < 10$ 时，流体阻力表达式为 $F = 6\pi r \eta v$（斯托克斯定律）；当 $Re > 100$ 时，流体阻力表达式为 $F = C_D \rho \pi r^2 v^2$，阻力系数 C_D 与雷诺数 Re 的值有关.

已知：当空气温度为 $20\ ℃$ 时，空气的密度为 1.3 kg/m^3，空气的黏滞系数 $\eta = 1.8 \times 10^{-5}$ kg/(m·s)，雷诺数的数量级为 $Re \sim 10^4$，$C_D \approx 0.4$.

解析 (1) 若考虑声音在空气中的速度 v_s 是有限的，设井深的真实值为 s，则测量时间为

$$t_m = \sqrt{\frac{2s}{g}} + \frac{s}{v_s}$$

井深的测量值为

$$s_m = \frac{1}{2}gt_m^2$$

则相对误差为

$$\frac{s_m - s}{s} = \frac{\frac{1}{2}g\left(\sqrt{\frac{2s}{g}} + \frac{s}{v_s}\right)^2 - s}{s} = \frac{\sqrt{2gs}}{v_s} + \frac{1}{4}\left(\frac{\sqrt{2gs}}{v_s}\right)^2$$

$$\approx \frac{\sqrt{2gs}}{v_s} = \frac{\sqrt{2 \times 9.8 \times 30}}{340} \approx 7\%$$

(2) 估算石头下落的末速度

$$\sqrt{2gs} \approx 24 \text{ m/s}$$

根据 $Re = \frac{\rho v d}{\eta}$ 计算可得,在石头下落的绝大多数时间内,雷诺数 Re 的数量级为 10^4,则空气阻力表达式为

$$F = C_D \rho \pi r^2 v^2, \quad C_D \approx 0.4$$

石头的动力学方程为

$$ma = mg - \beta v^2, \quad \beta = C_D \rho \pi r^2$$

作为零级近似,忽略空气阻力对应的 βv^2 项时,我们得到

$$a = g, \quad v = gt$$

作为一级近似,考虑到空气阻力对小球速度的影响不大,可将 $v = gt$ 代入 $ma = mg - \beta v^2$,得

$$a = g - \beta g^2 t^2 / m$$

积分得石头的速度为

$$v = \int_0^t a \, dt = \int_0^t \left(g - \frac{\beta g^2 t^2}{m} \right) dt = gt - \frac{\beta g^2 t^3}{3m}$$

下落的距离为

$$s = \int_0^t v \, dt = \int_0^t \left(gt - \frac{\beta g^2 t^3}{3m} \right) dt = \frac{1}{2} gt^2 - \frac{\beta g^2 t^4}{12m}$$

测量值 $s_m = \frac{1}{2} gt^2$,可以看出空气阻力产生的误差项为 $-\frac{\beta g^2 t^4}{12m}$,相对误差为

$$\frac{s_m - s}{s} \approx \frac{\beta g t^2}{6m} = \frac{\beta s}{3m} \approx 6\%$$

与声速是有限的产生的误差相当,两种因素都使测量值大于真实值.

例 40 美国国家宇航局邀请你解决以下问题:

(1) 质量为 m、半径为 a 的小卫星绕质量为 M 的行星做圆周运动,且始终保持同一面对着行星,试证明:当卫星的轨道半径为 $r_C = a \left(\frac{3M}{m} \right)^{1/3}$ 时,卫星表面松散的小石头将离开卫星表面.

(2) 我们知道在绕地球做圆周轨道运行的空间飞行器中宇航员可以在零重力情况下自由飘移.假设有一艘长为 100 m 且非常窄的宇宙飞船绕中子星做轨道半径为 1000 km 的圆周运动,且飞船的长轴始终对准中子星的中心,飞船中沿长轴方向有一长为 100 m 的观察管道.设想你处于这艘长而窄的宇宙飞船的管道中,请回答以下问题.

(a) 当位于飞船中心的宇航员试图沿通道向下移动时会发生什么情况?

(b) 当宇航员移动距离为 x 时,计算宇航员的加速度以及相对于宇宙飞船的速度.

(c) 飞船以长轴方向始终对准星球中心的运行状态是稳定状态吗?请简要说明.

(3) 两颗质量均为 m、相距为 $2r$ 的星球绕它们的质心做圆周运动形成双星系统,其中一个星球突发爆炸,沿运行方向迅速向外喷射极小部分质量为 Δm 的高速物质,从而使这个星球的速度变为 v_f. 已知 $\Delta m \ll m$,试计算在两个星球仍然以引力方式联系而不分离的情况下, v_f 的最大值.

解析 (1) 当卫星沿半径 r 的轨道运行时,有

$$G\frac{Mm}{r^2} = m\omega^2 r \tag{1}$$

小石头的质量为 μ,绕行星运动的轨道半径为 $r-a$,由牛顿定律得

$$G\frac{M\mu}{(r-a)^2} - G\frac{m\mu}{a^2} + F = \mu\omega^2(r-a) \tag{2}$$

这里 F 是卫星对小石头的支持力,当卫星运行轨道为 r_C 时,小石头离开卫星,$F=0$,代入式(2)得

$$G\frac{M\mu}{(r_C-a)^2} - G\frac{m\mu}{a^2} = \mu\omega^2(r_C-a) \tag{3}$$

联立式(1)、式(3)得

$$\frac{M}{m} = \frac{r_C^3}{a^3} \frac{(r_C-a)^2}{3r_C^2 - 3r_C a + a^2}$$

当 $a \ll r_C$ 时,有 $\frac{M}{m} \approx \frac{r_C^3}{3a^3}$,得到

$$r_C \approx a\left(\frac{3M}{m}\right)^{1/3}$$

(2) 飞船绕中子星做轨道半径为 r 的圆周运动时,有

$$G\frac{Mm}{r^2} = m\omega^2 r \tag{4}$$

地球表面的重力加速度为

$$g = G\frac{M_E}{r_E^2} \approx 10 \text{ m/s}^2 \tag{5}$$

联立式(4)、式(5)得飞船的角速度为

$$\omega = \sqrt{\frac{gr_E^2 M}{rM_E}} \approx 10.4 \text{ rad/s}$$

周期为

$$T = \frac{2\pi}{\omega} \approx 0.6 \text{ s}$$

飞船里面的航天员会感觉不舒服,我们可以求出飞船绕中子星运行的线速度为

$$v = \omega r \approx 10^7 \text{ m/s} \approx 0.03c$$

实在太大了,且没有考虑相对论效应.

(a) 选取宇宙飞船作为转动的非惯性系,当质量为 m_a 的宇航员位于飞船中心时,由

$$G\frac{Mm_a}{r^2} = m_a\omega^2 r$$

可知宇航员处于自由悬浮的平衡状态.

(b) 由于飞船质量远大于宇航员质量,可认为宇航员在飞船里的移动不改变飞船的运行状态,当宇航员沿径向管道向下移动距离为 x 时,宇航员受到的引力为

$$F_{引} = G\frac{Mm_a}{(r-x)^2} = G\frac{Mm_a}{r^2\left(1-\frac{x}{r}\right)^2} \approx m_a\omega^2 r\left(1 + 2\frac{x}{r}\right)$$

宇航员受到沿径向的惯性力为

$$F_n = m_a\omega^2(r-x)$$

引力与惯性力将不再相等,差值为

$$F = F_{引} - F_n = 3m_a\omega^2 x$$

宇航员将在 F 的作用下沿径向加速向下运动,加速度为

$$a = 3\omega^2 x$$

由于

$$a = \frac{dv}{dt} = \frac{dv}{dx}\frac{dx}{dt} = v\frac{dv}{dx} = 3\omega^2 x$$

上式可以化为

$$d(v^2/2) = 3\omega^2 d(x^2/2)$$

积分得到速度表达式为

$$v = \sqrt{3}\omega x$$

当到达管道底部时

$$x = 50 \text{ m}, \quad a = 3\omega^2 x \approx 16224 \text{ m/s}^2, \quad v = \sqrt{3}\omega x \approx 900 \text{ m/s}$$

只要宇航员稍微偏离飞船的中心,将做加速运动并以极大的速度撞击飞船底部而造成灾难事件.

同时宇航员沿横向处于平衡状态,受到的科里奥利力为

$$F_k = 2m\omega v = 2\sqrt{3}m\omega^2 x$$

还受到管壁的弹力为

$$N = 2\sqrt{3}m\omega^2 x$$

其实在宇航员没有到达管道底部之前,管壁对宇航员的弹力将达到极大的数值,会将宇航员压扁,造成灾难.

(c) 飞船以长轴方向指向天体中心的姿态运行的确是稳定的,若将飞船长轴方向略微偏离,飞船上、下部分受到的引力将相对于飞船中心产生回复力偶,使飞船回到原来的状态.

(3) 双星系统的牛顿定律方程为

$$G\frac{m^2}{4r^2} = m\frac{v^2}{r} \tag{6}$$

爆炸后的双星系统的质心速度为

$$v_C = \frac{v - v_f}{2}$$

双星相对于质心的速度等大反向,大小为

$$v' = \frac{v + v_f}{2} \tag{7}$$

要使双星系统以引力方式联系在一起而不分离,条件为:双星系统相对于质心的相对动能要小于把双星分离至无穷远处增加的引力势能.

$$\frac{1}{2}mv'^2 + \frac{1}{2}(m - \Delta m)v'^2 \leqslant G\frac{m(m - \Delta m)}{2r} \tag{8}$$

联立式(6)~(8),解得

$$v_f = \left(4\sqrt{\frac{m - \Delta m}{2m - \Delta m}} - 1\right)v$$

当 $\Delta m \ll m$ 时,

$$v_f \approx (2\sqrt{2} - 1)v$$

例 41 嘿!杰克,你擅长打台球,请你分析下面台球的运动:一半径为 a 的台球静止在球桌上,现用球杆以某种方式快速击球,使台球具有球心初速度 v_0 和回旋角速度 ω_0,角速度的方向垂直于球心速度的方向(图 1.34).试讨论台球接下来的运动与比例 $\dfrac{v_0}{a\omega_0}$ 的关系.

解析 台球起初的运动是平动与回旋的复合运动,运动过程中台球受到的桌面的滑动摩擦力为

$$f = \mu mg$$

球心在摩擦力的作用下做匀减速直线运动,加速度大小为

$$a_C = \mu g$$

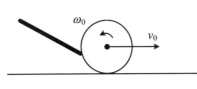

图 1.34

质心的速度为

$$v = v_0 - \mu gt$$

经过时间 $t_1 = \dfrac{v_0}{\mu g}$,质心速度减为 0.

台球相对于球心的回旋转动在摩擦力矩的作用下做减速转动,摩擦力矩为

$$\tau = fa = \mu mga$$

台球相对于球心的转动惯量为

$$I = \frac{2}{5}ma^2$$

回旋的角加速度为

$$\beta = \frac{\tau}{I} = \frac{5\mu g}{2a}$$

回旋角速度为

$$\omega = \omega_0 - \beta t = \omega_0 - \frac{5\mu g}{2a}t$$

经过时间 $t_2 = \frac{2\omega_0 a}{5\mu g}$,回旋角速度减为 0.

台球与桌面接触点的速度为

$$v_C = v + a\omega = v_0 + \omega_0 a - \frac{7\mu g}{2}t$$

经过时间 $t_3 = \frac{2(v_0 + \omega_0 a)}{7\mu g}$,台球与接触点 C 的速度为 0.

(1) 当 $t_1 = t_2$ 时,即 $\frac{v_0}{\omega_0 a} = \frac{2}{5}$ 时,球心速度和回旋角速度同时减小为 0,球将停止运动.

(2) 当 $t_1 < t_2$ 时,即 $\frac{v_0}{\omega_0 a} < \frac{2}{5}$ 时,台球的运动情况如图 1.35 所示.

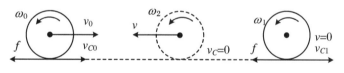

图 1.35

台球运动 $t_1 = \frac{v_0}{\mu g}$ 时间后球心速度减为 0,角速度不为 0,即

$$\omega_1 = \omega_0 - \frac{5\mu g}{2a}t_1 = \omega_0 - \frac{5v_0}{2a} > 0$$

台球与地面接触点的速度也不为 0,即

$$v_{C1} = v_0 + \omega_0 a - \frac{7\mu g}{2}t_1 = \omega_0 a - \frac{5}{2}v_0 > 0$$

此后台球在回旋角速度作用下反向做既滑动又转动的复合运动,球心在滑动摩擦力作用下反向做匀加速运动,加速度大小为 μg,回旋角速度在滑动摩擦力矩的作用下减小,当台球运动 $t_3 = \frac{2(v_0 + \omega_0 a)}{7\mu g}$ 时间后,台球与地面接触点的速度为 0,此后台球继续沿反向做纯滚动.

(3) 当 $t_1 > t_2$ 时,即 $\frac{v_0}{\omega a} > \frac{2}{5}$ 时,台球的运动情况如图 1.36 所示.

台球运动 $t_2 = \dfrac{2\omega_0 a}{5\mu g}$ 时间后回旋角速度减为 0,球心速度不为 0,即

$$v_1 = v_0 - \mu g t_2 = v_0 - \dfrac{2\omega_0 a}{5} > 0$$

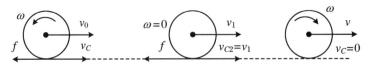

图 1.36

此时台球与地面接触点 C 的速度等于球心速度,也不为 0,即

$$v_C = v_0 + \omega_0 a - \dfrac{7\mu g}{2}t_1 = v_0 - \dfrac{2\omega_0 a}{5} > 0$$

此后台球在滑动摩擦力的作用下沿原向做既滑动又转动的复合运动,球心在滑动摩擦力作用下做匀减速运动,加速度大小为 μg,台球在滑动摩擦力矩的作用下沿反方向加速转动,当台球运动 $t_3 = \dfrac{2(v_0 + \omega_0 a)}{7\mu g}$ 时间后,台球与地面接触点的速度为 0,此后台球继续沿原向做纯滚动.

如图 1.37 所示,为了获得台球可能的运动模式,可在台球表面距离桌面 $a-x$ 的高度处用球杆给台球施加一个与水平方向成 θ 角斜向下的冲量 Q,则由动量定理可得

$$Q\cos\theta = mv_0$$

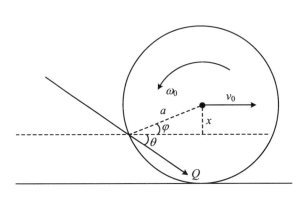

图 1.37

求得台球球心的初速度为

$$v_0 = \dfrac{Q\cos\theta}{m}$$

由角动量定理可得

$$Qa\sin(\theta + \varphi) = I\omega_0$$

求得小球回旋的初始角速度为

$$\omega_0 = \frac{5Qa\sin(\theta + \varphi)}{2ma}$$

其中,$\sin\varphi = \frac{x}{a}$.

上述讨论中应用临界关系

$$5v_0 = \omega_0 a$$

来区分台球的三种运动模式,通过临界关系可以得到击球的临界角度是

$$\theta_0 = \arctan\sqrt{\frac{1 - x/a}{1 + x/a}}$$

即得出任意击球位置 x/a 对应的临界角度,除了实际操作过程中难以控制的区域.

例 42 设想可以建造一艘以质子和反质子燃料驱动,并能以接近光速飞行的宇宙飞船.假设初始时飞船静止,下列哪种驱动方式能使飞船获得更大的初速度?

(1) 通过质子或反质子单独湮灭的方式来快速消耗一半的燃料,用释放的能量来发射剩余一半燃料中的质子和反质子使飞船加速;

(2) 通过质子和反质子成对湮灭的方式快速消耗所有燃料,用向外发射的光子使飞船加速.

相对论中粒子的能量和动量与静质量 m_0 的关系为

$$E^2 = (pc)^2 + (m_0 c^2)^2$$

静质量为零的光子的能量与动量的关系为 $E = pc$.

解析 (1) 如果是每个粒子独自湮灭的方式,那么静质量为 m_1 的粒子湮灭释放的能量为

$$\Delta E = m_1 c^2$$

如果这个能量提供给静质量为 m_2 的粒子,那么此粒子获得的动量 p 可由关系式

$$(\Delta E + m_2 c^2)^2 = p^2 c^2 + (m_2 c^2)^2$$

求出.

在质子与反质子质量相等($m_1 = m_2 = m$)的情况下,每个粒子获得的动量为

$$p = \sqrt{3}mc$$

设燃料中共有 N 个质子和 N 个反质子,消耗一半燃料,将剩余的粒子发射出去的总动量为 $N\sqrt{3}mc$,通过某种装置使发射的粒子沿同一方向离开飞船,飞船将获得等大的动量增量 $N\sqrt{3}mc$.

(2) 如果是质子与反质子成对湮灭的方式,那么一对质子与反质子湮灭后产生两个运动方向相反的 γ 光子,γ 光子的动量为

$$p = mc$$

借助金属材料制成的厚抛物面镜可以让反应产生的 γ 光子反射沿同一方向平行出射,

所有 γ 光子的总动量为 $2Nmc$,飞船将具有等量的反方向的动量增量 $2Nmc$,比第一种方式的动量增量大.

值得注意的是,如果在缓慢消耗燃料的情况下,飞船的速度将会连续增大至接近于光速,则需要将燃料分成很多小份,在任意时刻的飞船惯性系中,计算该时刻小份燃料消耗产生的小的动量增量,再对这些小的动量进行积分(求和)得出总的动量增量.每个时刻(2)方式中产生的动量增量均大于(1)方式中产生的动量增量,所以总的动量增量也是(2)方式大于(1)方式.

例 43 作为物理专业人才的你正随着美国企业号宇宙飞船巡航宇宙中的一个恒星系,你们发现有一个很大的人工环状天体(类似于戒指形状)环绕这颗恒星,恒星位于人工环状天体中心,这个人工环状天体具有以下特征:它的侧壁被恒星照亮,它的半径与地球绕太阳的公转轨道相同,$R_{SE} = 1.5 \times 10^{11}$ m,高度为 1.0×10^9 m,厚度为 100 km,环状天体内壁上建有很多排列整齐的三棱柱状大型人工房屋建筑,每个三棱柱状建筑地基的宽度为 100 km,高度为 1000 km,大型房屋里面的空间有适合于人类生存的空气、水、土壤等一切条件,返航日期快到了,你的船长问了你以下几个问题:

图 1.38

(1) 若为了营造类似于地球上的重力环境,要求人工环状天体内壁处有和地球上重力加速度一样大的加速度,问环状天体绕环心(恒星所在位置)旋转的周期为多大?

(2) 如果环状天体以(1)中的周期旋转,计算人工环状天体材料所需的最小抗拉强度,作为比较,已知铝的密度为 2.70×10^3 kg/m^3,铝的抗拉强度约为 2×10^8 N/m^2.

(3) 通过计算分析环绕恒星的人工环状天体轨道的稳定性,假设使人工环状天体偏离原来的轨道一小段距离,人工环状天体是回到原来轨道位置还是将远离原来轨道位置.

解析 (1) 由于恒星到环状天体内壁的距离很大,恒星引力产生的加速度很小,因此,要在环状天体内壁处产生 9.8 m/s^2 的加速度,只能靠环状天体绕环心(恒星所在处)旋转以产生等于 9.8 m/s^2 的向心加速度 a_n,旋转周期为 T. 则有

$$a_n = \frac{4\pi^2}{T^2} r$$

$$T = 2\pi \sqrt{\frac{r}{a_n}} = 2 \times 3.14 \times \sqrt{\frac{1.5 \times 10^{11}}{9.8}} \text{ s} = 7.77 \times 10^5 \text{ s} \approx 9.0 \text{ d}$$

(2) 如图 1.39 所示,在环状天体上取一段微小圆弧 Δl 的质元 Δm 进行研究,圆弧的圆心角为 $\Delta\theta$,环状天体材料的密度为 ρ,横截面的面积为 A,则有

$$\Delta m = \rho A r \Delta\theta$$

质元两端受到的张力为 T,合力为

$$2T\sin\frac{\Delta\theta}{2} \approx T\Delta\theta$$

它提供质元 Δm 转动的向心力,则有

$$2T\sin\frac{\Delta\theta}{2} = \Delta mg$$

化简可得

$$T\Delta\theta = \rho gAr\Delta\theta$$

解得材料的抗拉强度为

$$\frac{T}{A} = \rho gr$$

我们用铝的密度代入,得

$$\frac{T}{A} = 2.7\times10^3 \times 9.8 \times 1.5\times10^{11} \approx 4\times10^{15}(\text{N/m}^2)$$

将这个数据和铝的抗拉强度 2×10^8 N/m² 比较,可以看出远远超过了地球上所有已知金属材料的抗拉强度.

(3) 如图 1.40 所示,若将环状天体沿垂直于它的平面方向移动稍许距离,偏离原来轨道位置,恒星对环状天体的合引力方向指向恒星,因此环状天体将回到圆轨道位置;若将环状天体在它的平面内移动稍许距离,环状天体受到恒星的引力方向不易直接判断,需要通过复杂的计算才能判定,计算结果表明,环状天体仍将受到指向恒星的合引力,使环状天体回到初始轨道位置;因此,环状天体的轨道是稳定的.

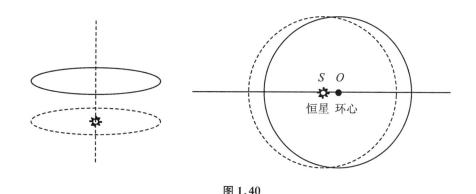

图 1.40

例 44 如图 1.41 所示,假设你被困在一幢发生火灾的大厦的楼顶平台上,环顾四周,你发现一根系有背带的弹性绳子,楼顶边缘固定一根旗杆,你决定把弹性绳子系在旗杆顶端,然后背上背带从旗杆顶端跳下逃生.

弹性绳子的初始长度为 40 m,绳子遵循胡克定律,劲度系数 $k = 77$ N/m,旗杆顶端到地面的高度为 60 m.

(1) 如果要保证从楼上跳下到达地面的速度为 0,你需要用到多长的弹性绳子?假设在

运动过程中你可以被视为质量为 55 kg 的质点.

(2) 如图 1.41 所示,旗杆由弯成 120°的金属杆制成,旗杆的 PA 部分用金属螺栓 B 竖直固定在大厦边缘,AC 部分伸出,已知 PA 部分长为 60 cm,AC 部分长为 120 cm,螺栓 B 到 P 的距离为 50 cm,到 A 的距离为 10 cm. 在你下落的过程中,当弹性绳伸长时,螺栓 B 会受到拉力作用,当拉力超过金属螺栓的抗拉限度时,会造成螺栓断裂产生危险. 为了保证你能安全着地,求螺栓应具有的抗拉限度的最小拉力.

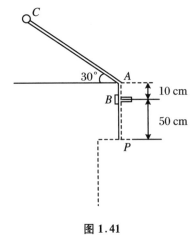

图 1.41

解析 (1) 首先证明一个引理:已知两劲度系数分别为 k_1, k_2 的弹簧串联,新的劲度系数 k 满足

$$\frac{1}{k} = \frac{1}{k_1} + \frac{1}{k_2}$$

令两长度分别为 $l_1 = ml_0, l_2 = nl_0$ 且粗细相同的弹簧劲度系数分别为 k_1, k_2,由前述结论可知

$$k_1 = \frac{k_0}{m}, \quad k_2 = \frac{k_0}{n}$$

其中,k_0 为长为 l_0 的弹簧的劲度系数.由上述分析可知

$$mk_1 = nk_2$$

亦即

$$ml_0 k_1 = nl_0 k_2$$

即

$$k_1 l_1 = k_2 l_2$$

结合上述引理,有

$$kl = k'l'$$

假设绳子材料满足广义上的胡克定律,即绳子上的拉力 F 导致绳子的长度变化 ΔL.在小范围内,这两者是线性相关的.ΔL 不仅正比于拉力 F,还正比于绳子原来的长度 L,反比于绳子的横截面积 A,即

$$\frac{F}{A} = Y \frac{\Delta L}{L}$$

其中,比例系数 Y 就是杨氏模量,其量纲与压强的量纲一样.写成我们熟悉的胡克定律,就是

$$F = \frac{Y}{AL} \Delta L = k \Delta L$$

由此得到弹性系数 k 与绳子长度 L 的乘积是常数:

$$kL = \frac{Y}{A}$$

在 $h=0$ 时速度为 0,其中 h 为起跳者距离地面的水平高度,则由能量守恒有

$$mgh_0 = \frac{1}{2}k'(h_0-l')^2 = \frac{1}{2}k\frac{l}{l'}(h_0-l')^2$$

其中,h_0 为开始时的竖直距离.因此我们有

$$l'^2 - 2h_0\left(1+\frac{mg}{kl}\right)l' + h_0^2 = 0$$

解得

$$l' = h_0\left[\left(1+\frac{mg}{kl}\right) \pm \sqrt{\left(1+\frac{mg}{kl}\right)^2 - 1}\right]$$

代入数据,我们可以得到唯一解 $l'=33.5\ \text{m}$.

(2) 在 $h=0$ 时,施加在旗杆上的力可以表示为

$$F' = k'(h_0-l') = \frac{kl}{l'}(h_0-l')$$

作用在旗杆 P 的扭矩为

$$\tau = FL'\cos\varphi$$

但是从图 1.42 中,我们可以很明显地看到

$$L'\cos\varphi = L\cos\theta$$

所以

$$\tau = FL\cos\theta$$

螺栓相对 P 点最大的扭矩为

$$\tau = bT$$

其中,b 为螺栓与 P 点的距离,T 为螺栓最大拉伸强度.因此由上面的两个方程可以写出

$$T = FL\cos\theta/b = 5064\ \text{N}$$

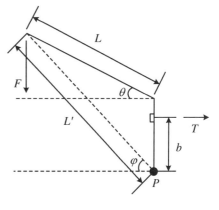

图 1.42

例 45 假设你是一名高中生,平时喜欢解决物理问题.某一天,你的物理老师让你去解决一个物理竞赛问题,你需要解决下面两个问题:

(1) 如图 1.43(a)所示,一个悠悠球在一水平面上,在中轴上给悠悠球一拉力,使其可以滚动并且没有摩擦.悠悠球会向哪里移动?为什么?

(2) 现在悠悠球被放置在斜面上,如图 1.43(b)所示.当悠悠球被释放的时候计算要施加在中轴上的力有多大,才可以保证悠悠球处于静止状态.在这种情况下,悠悠球所需要的小的静摩擦因数为多少才可能保持静止?假设悠悠球是一个圆柱体,它的重力和宽度不计.

👍**解析** (1) 如图 1.44(a)所示,当一个圆柱体无滑滚动的时候,悠悠球的底部 P 点对地速度为 0.相对 P 点,F 的力矩会使之顺时针运动,所以中心会向拉着的方向移动.

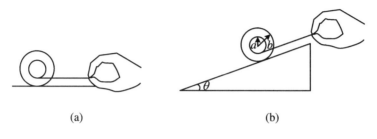

图 1.43

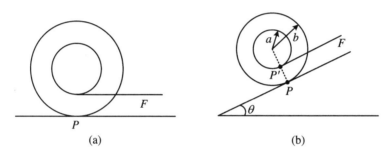

图 1.44

(2) 如图 1.44(b) 所示,为了保证悠悠球处于静止状态,对于 P 点来说,系统的合扭矩应该为 0,所以

$$mgb\sin\theta = F(b-a)$$

即

$$F = \frac{b}{b-a}mg\sin\theta$$

当悠悠球要滑动的时候,关于 P' 点总的扭矩可以表示为

$$\tau_{\text{tot}} = 0 = \tau_1 + \tau_2 = mga\sin\theta - \mu mg(b-a)\cos\theta$$

其中,τ_1 为悠悠球由于重力而存在的扭矩,τ_2 为由于悠悠球与斜面之间的摩擦而存在的扭矩.

因此

$$\mu = \frac{a}{b-a}\frac{\sin\theta}{\cos\theta} = \frac{a}{b-a}\tan\theta$$

例 46 你需要回答出两个问题才能参加这个会议:

(1) 一块球形均质大理石放置在一个倒置的碗上,形状像一个半球形,如图 1.45(a) 所示.碗的半径和大理石的半径分别用 R 和 a 表示.根据半径 R,当大理石只发生滚动而没有滑动的时候,大理石离开碗的高度为多少?

(2) 现在,碗被正常放置,如图 1.45(b) 所示.如果释放大理石,它会在碗底来回振荡.与

一个摆长为 $R-a$ 的单摆相比较,大理石的振动周期更短、相等还是更长？为什么？

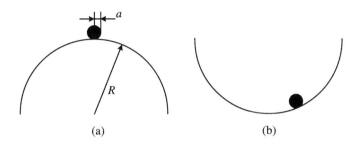

图 1.45

解析 （1）如图 1.46(a)所示,根据能量守恒及柯尼西定理,在 $h = (R+a)\cos\theta$ 处有

$$mg(R+a)(1-\cos\theta) = \frac{1}{2}mv^2 + \frac{1}{2}I\omega^2$$

在这里,我们认为球相对质心的转动惯量为

$$I = \frac{2}{5}ma^2$$

又因为球做无滑滚动,故

$$\omega a = v$$

代入可得

$$mg(R+a)(1-\cos\theta) = \frac{1}{2}mv^2 + \frac{1}{2}I\omega^2$$
$$= \frac{1}{2}mv^2 + \frac{1}{5}mv^2 = \frac{7}{10}mv^2$$

质心运动定理的径向分量式为

$$mg\cos\theta = m\frac{v^2}{a+R}$$

联立两个方程,可得

$$1 - \cos\theta = \frac{7}{10}\cos\theta, \quad 即 \quad \cos\theta = \frac{10}{17}$$

所以大理石离开碗时,距离地面的高度为

$$h_c = R\cos\theta = \frac{10}{17}R$$

（2）对于一个滚动的大理石,其动能包括转动动能和平动动能两部分.然而对于一个理想的单摆模型,其动能主要考虑的是平动动能.因此,在同一高度释放,转过相同角度的时候,大理石的平动速度要小于单摆的平动速度,也就是说,要完成一次振荡,它需要更多的时

间来完成其摆动的过程.

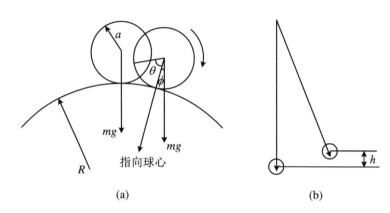

图 1.46

对于一个单摆,在距离最低点高为 h_0 处释放,在其到达距最低点高为 h 处(图 1.46(b))有

$$mg(h_0 - h) = \frac{1}{2}mv_s^2$$

那么

$$v_s = \sqrt{2g(h_0 - h)}$$

对于滚动的大理石,同样从距离最低点高为 h_0 处释放,在其到达距最低点高为 h 处有

$$mg(h_0 - h) = \frac{1}{2}mv_r^2 + \frac{1}{2}I\omega_r^2 = \frac{7}{10}mv_r^2$$

解得

$$v_r = \sqrt{\frac{10}{7}g(h_0 - h)}$$

所以,对于任意的高度有

$$\frac{v_r}{v_s} = \sqrt{\frac{5}{7}}$$

这意味着

$$\frac{T_s}{T_r} = \frac{v_r}{v_s} = \sqrt{\frac{5}{7}}$$

例 47 你是女王陛下的特工,但被一个想要征服世界的恐怖组织跟踪.你决定改变这个局面.你的汽车提示你面前有一个半径为 30 m 的转弯.汽车的质量为 1500 kg,它的中心在距离地面高度为 40 cm 处.你可以把汽车看作一个长、宽、高分别为 500 cm,200 cm,80 cm 的长方体.

(1) 汽车的露台的摩擦因数非常大.你有一杯咖啡,但是没有杯盖,你既不想把它扔掉,又不想把咖啡撒到昂贵的真皮座椅上.如果咖啡不洒出来,那么车速应该为多少?咖啡杯的直径为 8 cm,高为 15 cm,杯内的咖啡装了 4/5.假设四个轮子都在路面上且没有滑动.

(2) 他们开始射击你.传感器显示,由于道路湿滑,此刻的摩擦因数变为 $\mu = 0.23$,不过汽车具有一个可以将汽车下压的力的作用,方向向下,大小为 $150v$ N.不要去考虑咖啡会撒到真皮座椅上,现在更重要的是保住自己的生命.在没有滑动的情况下,你可以跑多快?同时须保证内轮不离开地面.

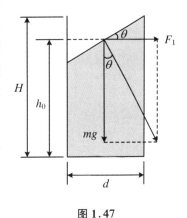

图 1.47

解析 (1) 如图 1.47 所示,液体所受到的惯性离心力与重力的合力与液体表面垂直,因此

$$\tan\theta = \frac{v^2/r}{g}$$

临界情况时

$$\tan\theta = \frac{2}{d}(H - h_0)$$

通过上面两个方程,我们可以得到

$$v = \sqrt{\frac{2gr}{d}(H - h_0)} = \sqrt{\frac{2 \times 9.8 \times 30}{0.08} \times (0.15 - 0.12)} \text{ m/s} = 14.8 \text{ m/s}$$

(2) 当车内侧的车轮即将离开地面时,有

$$\frac{W}{2}F_d = hF_1$$

其中,W 代表的是车轨的宽度,F_d 为向下的力,h 为车质心的高度,F_1 代表惯性离心力.

而向下的力包括本身的重力和产生的向下的压力,也就是

$$F_d = mg + cv$$

其中,c 为比例系数.将 v 代入到方程中得到

$$v^2 - \frac{rW}{2h}\frac{c}{m}v - \frac{rW}{2h}g = 0$$

$$v = \frac{\frac{ac}{m} + \sqrt{\left(\frac{ac}{m}\right)^2 + 4ag}}{2}$$

其中

$$a = \frac{rW}{2h}$$

代入数据,可以解出

$$v_r = 31.4 \text{ m/s}$$

但是,如果

$$\mu(mg + cv) = \frac{mv^2}{r}$$

那么汽车将要发生滑动,重新写出关于 v 的二次方程:

$$v^2 - \frac{\mu rc}{m}v - \mu rg = 0$$

解得

$$v_s = \frac{\frac{bc}{m} + \sqrt{\left(\frac{bc}{m}\right)^2 + 4bg}}{2}$$

其中 $b = \mu r$.如果 $\mu = 0.23$,可得 $v_s = 8.7$ m/s.既然 $v_r > v_s$,汽车将发生滑动.因此最大速度应该为 8.7 m/s.

例 48 卫星发射中心的电脑出现故障,所以你被要求将一个价值 1.0×10^9 美元的通信卫星从距离地面高 $h = 200$ km 的发射平台发射到一个圆形的同步轨道.由于发动机控制系统出现了故障,所以你只可以使用两个短推进发射器发送.你可以借助于一个椭圆轨道,它的近地点与低轨道相切,远地点与高轨道相切.假设推进器的消耗是可以忽略不计的.

(1) 想要把飞船发射出去,那么 Δv 为多少? 同时,Δv 是多少的时候可以将卫星从迁移轨道发射到同步轨道?

(2) 发射的时间为多少?

解析 (1) 对于一个半径为 r 的圆形轨道,我们有

$$\frac{GMm}{r^2} = \frac{mv^2}{r}$$

解得

$$v = \sqrt{\frac{GM}{r}}$$

利用数据 $G = 6.673 \times 10^{-11}$ m^3/(kg·s^2),$M = 5.974 \times 10^{24}$ kg,可得卫星在发射轨道($h = 200$ km)处的速度为 $v_p = 7.772 \times 10^3$ m/s.

卫星在同步轨道上的角速度可以表示为

$$\omega = 2\pi/(24 \times 3600 \text{ s}) = 7.272 \times 10^{-5}/\text{s}$$

同步轨道的半径用 r_g 表示,我们可以根据方程

$$\frac{GMm}{r^2} = mr\omega^2$$

得到

$$r_g = \left(\frac{GM}{\omega^2}\right)^{1/3} = 4.224 \times 10^7 \text{ m}$$

此卫星在同步轨道上的速度可以表示为

$$v_g = r_g\omega = 3.072 \times 10^3 \text{ m/s}$$

根据能量守恒,我们有

$$\frac{1}{2}mv_{pt}^2 - \frac{GMm}{r_p} = \frac{1}{2}mv_{gt}^2 - \frac{GMm}{r_g}$$

其中,v_{pt} 为在转移轨道近地点的速度;v_{gt} 为在转移轨道远地点的速度;r_p 为地球中心到近地点的距离,也就是停泊轨道的半径;r_a 为地球中心到远地点的距离,$r_a = r_g$.

根据角动量守恒,有

$$r_p \times v_{pt} = r_a \times v_{at}$$

在近地点和远地点,r, v 是相互垂直的,所以

$$r_p v_{pt} = r_a v_{at}$$

或者

$$v_{at} = \frac{r_p}{r_a} v_{pt}$$

所以现在能量守恒方程可以写为

$$\frac{1}{2}mv_{pt}^2\left[1 - \left(\frac{r_p}{r_a}\right)^2\right] = \frac{GMm}{r_a}\left(1 - \frac{r_p}{r_a}\right)$$

给出

$$v_{pt} = \left[\frac{2GM}{r_a(1 + r_p/r_a)}\right]^{1/2} = 1.022 \times 10^5 \text{ m/s}$$

所以

$$v_{pt} - v_p = 2.248 \times 10^3 \text{ m/s}$$

在最高点时的速度为

$$v_{at} = \frac{r_p}{r_a} v_{pt} = 1.597 \times 10^3 \text{ m/s}$$

因此,卫星想要从转移轨道到达同步轨道,在近地点时速度的改变量为

$$v_g - v_{at} = 1.475 \times 10^3 \text{ m/s}$$

(2)需要的时间为椭圆轨道周期的一半,所以根据开普勒第三定律有

$$\frac{r_a^3}{T_a^2} = \frac{[(r_p + r_a)/2]^3}{T^2}$$

其中,T_a 为同步卫星的周期,$t = T/2$,代入数据解得 $t = 5 \text{ h } 17 \text{ min}$.

例 49 P 和 C 在赤道的某个城市 X 买了两个完全相同的钟表.他们下一个目的地是 Y,它在地球的另一侧.但是他们的旅行并不顺利,所以要分开走,P 向西走,C 向东走,但是这两个平面都在赤道上.他们经过 12 h 后同时到达 Y 城市.

(1)两个钟表会达到一致吗?如果不会,为什么会造成这种现象?

(2)在 Y 地,找到 P 与 C 手中两个钟表的时间的不同.考虑最重要的物理效应.

解析 (1)当然不会,这里涉及的物理知识有:科里奥利力为 $2m\boldsymbol{\omega} \times \boldsymbol{v}$,向心力为

mv^2/r,随着 r 的增大,重力会下降,在相对论效应中有 $t = \tau/\sqrt{1-v^2/c^2}$.

国际航班通常在海拔高度为 10 km 的高空飞行.这使得重力加速度发生了改变,其改变量为

$$\Delta g = g\left[1 - \left(\frac{R}{R+h}\right)^2\right] = 3.1 \times 10^{-3} g$$

时间的改变量可以表示为

$$\Delta T \approx \sqrt{\frac{l}{g - \Delta g}} - \sqrt{\frac{l}{g}} \approx 1.6 \times 10^{-4} \sqrt{\frac{l}{g}}$$

其中,l 为摆长.但是不管方向怎样,它们的变化是一样的.

C 的速度为

$$\frac{\pi}{12 \times 3600 \text{ s}} \times 6.4 \times 10^6 \text{ m} \approx 460 \text{ m/s}$$

相对论效应中

$$\Delta T = T[1/\sqrt{1-(v/c)^2} - 1] \approx 10^{-11} T \approx 10^{-7} \text{ s}$$

(2) 如果我们以地球中心作为坐标原点建立惯性坐标系,在这个系统中,科里奥利力会消失,地球表面处的重力加速度为

$$\boldsymbol{g}_{\text{eff}} = -\frac{GM}{R^2}\hat{\boldsymbol{R}} - \boldsymbol{\omega} \times (\boldsymbol{\omega} \times \boldsymbol{R})$$

既然 P 和 C 都是绕着赤道运动,他们的角动量与 R 垂直,所以有

$$|\boldsymbol{\omega} \times (\boldsymbol{\omega} \times \boldsymbol{R})| = |\omega^2 \boldsymbol{R}|$$

那么,重力加速度可以表示为

$$g_{\text{eff}} = \frac{GM}{R^2} - \omega^2 R$$

我们用 g_0 取代 $\frac{GM}{R^2}$,可得

$$g_{\text{eff}} = g_0 - \omega^2 R$$

相同摆长的周期可以表示为

$$T_0 = 2\pi\sqrt{\frac{L}{g}}$$

因为 P 是向西运动的,所以他的角速度为 0,则

$$T_P = 2\pi\sqrt{\frac{L}{g_0}} = 2\pi\sqrt{\frac{L}{g + \omega^2 R}}$$

$$= 2\pi\sqrt{\frac{L}{g}}\sqrt{\frac{1}{1+\omega^2 R/g}} = T_0\sqrt{\frac{1}{1+\omega^2 R/g}}$$

因为 C 是向东运动的,所以其角速度是 2ω,则

$$T_C = 2\pi\sqrt{\frac{L}{g_0 - 4\omega^2 R}} = 2\pi\sqrt{\frac{L}{g}}\sqrt{\frac{1}{1-3\omega^2 R/g}}$$

$$= T_0 \sqrt{\frac{1}{1 - 3\omega^2 R/g}}$$

因此

$$T_C - T_P = T_0 \left(\sqrt{\frac{1}{1 - 3\omega^2 R/g}} - \sqrt{\frac{1}{1 + \omega^2 R/g}} \right) = T_0 \frac{\omega^2 R}{g} > 0$$

其中，$\frac{\omega^2 R}{g} \ll 1$.

由于 $T_C - T_P > 0$，故 P 的钟表走得比 C 的快.

例 50 乔要建造一台大型起重机(你知道他是通过 Tinker 玩具学到这些知识的吗?). 有两根质量分别为 $m_1 = 9000 \text{ kg}$，$m_2 = 3000 \text{ kg}$，长度分别为 $l_1 = 45 \text{ m}$，$l_2 = 15 \text{ m}$ 的横梁，横梁一端与缆绳固定，缆绳另一端固定到与地面垂直的支撑杆顶端，缆绳质量可忽略，横梁与竖直支撑杆铰接，可绕其无摩擦转动，如图 1.48 所示.

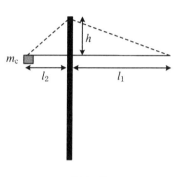

图 1.48

(1) 当 l_1 末端处于空载状态时，l_2 末端悬挂的重物质量 m_c 为多大，才能最大程度保证起重机不倾倒？

(2) 横梁上方的高度 $h = 15 \text{ m}$. 为使横梁保持水平状态，两边缆绳上的拉力分别为多少？

解析 (1) 将系统整体考虑，要求系统相对地面支撑点的合外力矩为 0，即

$$\sum \tau = -m_1 g \frac{l_1}{2} + m_2 g \frac{l_2}{2} + m_c g l_2 = 0 \tag{1}$$

$$\Rightarrow m_c = \frac{1}{2} \left(m_1 \frac{l_1}{l_2} - m_2 \right) \tag{2}$$

代入数据解得

$$m_c = 12000 \text{ kg}$$

其中，g 是重力加速度($g = 9.8 \text{ m/s}^2$). 请注意，我们可以证明关于 m_c 的方程式有意义. 例如，当 $m_1 = m_2$，$l_1 = l_2$ 时，可以得到 $m_c = 0$，这符合实际情况. 你还能想出其他的检验方法吗？单位是怎样的？请注意，我们不需要考虑绳子施加在杆上的拉力的力矩. 你知道为什么不需要考虑吗？

(2) 我们要求每根横梁上的合力矩相等. 在这种情况下，缆绳上的拉力分别为 T_1，T_2，缆绳的一端固定在横梁的末端，另一端固定在竖直支撑杆的顶端. θ_1 为横梁 1 与缆绳之间的夹角(如图 1.49(b)所示). 则横梁 1 上的合力矩为

$$\sum \tau = 0 = T_1 \sin \theta_1 l_1 - m_1 g \frac{l_1}{2} \tag{3}$$

$$\Rightarrow T_1 = \frac{m_1 g}{2 \sin \theta_1} = \frac{m_1 g \sqrt{l_1^2 + h^2}}{2h} = 139000 \text{ N}$$

其中,h 是横梁上方的高度.

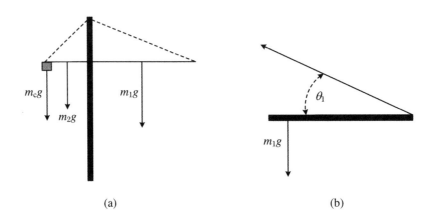

图 1.49

同理,对于横杆2,其合力矩也为0,则由

$$\sum \tau = 0 = -T_2 \sin\theta_2 l_2 + m_2 g \frac{l_2}{2} + m_c g l_2 \tag{4}$$

$$\Rightarrow \quad T_2 = \left(\frac{m_2 g}{2} + m_c g\right) \frac{\sqrt{l_2^2 + h^2}}{h} = 187000 \text{ N}$$

例51 在电影《蝙蝠侠》中,当蝙蝠侠与维姬想逃离正在坍塌的博物馆时,他想出了一个非常炫酷的逃离办法(如果你忘了,可以去看一下电影中的这个场景).他将一根很长的缆绳系在街道上方的一根大梁上,另一端固定在他的腰带上,想通过他腰带上的超酷炫绞盘离开危险地带.但是,当缆绳把他们拉到一半时,绞盘就没电卡住不动了,他和维姬悬挂在空中相互纠缠,这是他犯的致命的错误.

(1) 假设蝙蝠侠质量为 75 kg,维姬(如她所说)只有 47 kg,把他们俩举高 15 m,需要的最小能量是多少?

(2) 为了躲避小丑党羽的追踪,他们的逃跑速度至少要达到 1 m/s,为完成这次行动,需要的最小功率为多少?

(3) 电影中蝙蝠侠为了救维姬,将绞盘装在她身上后,维姬就被继续吊高到了梁上.你能合理解释出绞盘到底出了什么问题吗?它是真的没电了吗?

解析 (1) 为了把蝙蝠侠和维姬抬高 15 m,所做的功至少要等于他们在重力场中增加的重力势能(甚至要更多——思考一下他们的运动):

$$W = (m_B + m_V) g h = 17931 \text{ J}$$

其中,g 是地球表面的重力加速度.

(2) 假设他们加速到 $v_h = 1$ m/s,之后做匀速运动.功率(忽略加速所需要的能量)等于力×速度,即

$$P = (m_B + m_V)g \times v_h = 1196 \text{ W} = 1.6 \text{ hp}$$

1 hp(马力)=746 W.说明绞盘内部需要安装一个很大的马达.

(3) 思考一下为什么绞盘会停止工作.只有几个可能的情况(前提是它没有坏):

(a) 发动机过热或其他故障;

(b) 电源不能继续提供所需要的能量;

(c) 绞盘使用先进的技术(这些技术我毫无所知).

例 52 斯文驾驶着一辆后面带有拖车的拖拉机下了高速,拖车内装满运送给牧场的木料.当他以 120 km/h 的车速来到一个转角时,他发现一头驼鹿站在路中央.斯文是一个经验丰富的老司机,他马上踩刹车.当他那双 13 号的工作靴踩在刹车上时,他距离驼鹿 150 m.

(1) 他需要踩得多重,才能避免和驼鹿相撞?

(2) 当他踩刹车时车子仍旧在转弯,因此装有木材的拖车与车头间形成了一个小角度.他发现在他踩刹车之前忘记连接拖车上的刹车,如此一来所有制动都是车头提供.此时,天正在下雪,因此轮胎与柏油路面之间的静摩擦因数为 $\mu_s = 0.2$.在拖车开始滑动或者摇摆之前,车头与拖车之间的最大夹角为多少?

解析 (1) 我们可以假设斯文和他的拖拉机以加速度 a 做匀减速运动.这是一种近似,因为刹车片的制动能力通常会随着温度的升高而减弱(但是我们只能以这个为前提,而且这也并不是一个很糟糕的假设).运用牛顿运动定律来得到质量为 m 的物体在匀减速运动过程中,初速 v_0 与其运动距离 d 的关系.

若拖拉机的初速度为 $v_0 = 120 \text{ km/h}$,减速需要的时间为 $t = v_0/a$.因此

$$d = \frac{1}{2}a\left(\frac{v_0}{a}\right)^2 = \frac{v_0^2}{2a} \Rightarrow a = \frac{v_0^2}{2d} = 5.8 \text{ m/s}^2$$

该值大于重力加速度 g 的一半,我猜斯文需要很用力踩刹车才能达到这样的加速度.

(2) 拖车受力情况如图 1.50 所示,拖车受到的制动力为 F_b,其在与拖车中心轴垂直方向上的分力为 $F_p = F_b \sin\theta$,其中,θ 是拖车中心轴与制动力间的夹角.问题中还有另外一个力:路面对拖车轮胎的作用力使得夹角 θ 保持恒定(注意这个力并没有在图中显示出来).该作用力通常等于 F_p,因此拖车的角动量不变(请注意:在转弯处,拖车是匀速转动的).摩擦

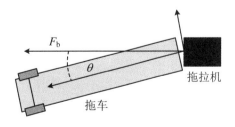

图 1.50

力的最大值为
$$F_f = \mu_s m_w g$$
其中，m_w 为后部拖车的质量，大约等于拖车总质量 m_t 的一半．由于制动力 $F_b = m_t a$，拖车和拖拉机车头之间的最大夹角可由下式得到：

$$F_f = F_p$$

$$\Rightarrow \quad \frac{\mu_s m_t g}{2} = m_t a \sin\theta$$

$$\Rightarrow \quad \theta = \arcsin\frac{\mu_s g}{2a} = 9.7°$$

请注意，这在本问中是一个大角度．它与拖车质量一点关系也没有．

例 53 假设你已经在上大学了，你的物理系教授口齿不清地讲授了一年的物理学课程，结果你一个字也没有听清楚，也没有记住任何一个物理公式．现在到了考试时间，为你着想，在考场上你不能作弊，否则会被学校开除，所以你决定用量纲法推导含有多个变量的物理公式，期望教授能给你一些分数．你的教授可能给你部分分数，但是在这几个问题中，只要你能用量纲法给出合理的推导过程，我们将给你满分！

(1) 对于单摆的周期公式，你只记得系数 2π，其余的表达式均不记得，请推导单摆周期的完整表达式；

(2) 一个质量为 m 的质点以线速度 v 做半径为 r 的匀速圆周运动，试推导质点具有的向心加速度 a_n 的表达式；

(3) 深水中的一次爆炸产生的一个气泡在水中振动的周期为 T，已知气泡受到的压强为 p，水的密度为 ρ，爆炸的总能量为 E，试给出气泡振动周期 T 与已知的几个物理量间的关系．

解析 量纲分析可以检验物理表达式的正确性，推导未知物理量和已知物理量间的一般关系，这里主要考查后者．

(1) 理想的单摆的周期 T 可能与哪些物理量有关呢？可视为质点的小球质量为 m，摆长为 l，摆角为 θ，当地的重力加速度为 g，在不计空气阻力的情况下，我们可以给出周期 T 与这些物理量间的表达式：

$$T = C m^w l^x \theta^y g^z$$

其中，C 为无量纲常数，w, x, y, z 是我们要计算的未知量，由于角度 θ 的单位弧度是无量纲的，因此量纲方程为

$$[T] = [M]^w [L]^x [L/T^2]^z$$

简化为

$$[T] = [M]^w [L]^{x+z} [T]^{-2z}$$

得出三个方程：$0 = w, 0 = x + z, 1 = -2z$，解得 $w = 0, x = 1/2, z = -1/2$，得出周期 T 的表

达式为 $T = C\sqrt{\dfrac{l}{g}}f(\theta)$.

根据量纲分析法,我们得不出常数 C 和 $f(\theta)$ 的表达式,但其他研究表明,当摆角 θ 很小时, $f(\theta)\approx 1$, $C = 2\pi$,因此单摆的周期公式为 $T = 2\pi\sqrt{\dfrac{l}{g}}$.

(2)此问题的一般方程为 $a_n = Cm^x r^y v^z$,量纲方程为
$$[L/T^2] = [M]^x [L]^y [L/T]^z$$
简化为
$$[L][T]^{-2} = [M]^x [L]^{y+z} [T]^{-z}$$
得出三个方程:$0 = x$, $1 = y + z$ 和 $-2 = -z$,解得 $x = 0$, $y = -1$, $z = 2$,得出 $a_n = C\dfrac{v^2}{r}$,其他研究表明 $C = 1$.因此 $a_n = \dfrac{v^2}{r}$.

(3)此问题的一般方程为
$$T = Cp^x \rho^y E^z$$
量纲方程为
$$[T] = [M/(LT)^2]^x [M/L^3]^y [ML^2/T^2]^z$$
简化为
$$[T] = [M]^{x+y+z} [L]^{-x-3y+2z} [T]^{-2x-2z}$$
得出三个方程:$0 = x + y + z$, $0 = -x - 3y + 2z$ 和 $1 = -2x - 2z$,解得 $x = -5/6$, $y = 1/2$, $z = 1/3$,得出 $T = C\left(\dfrac{\rho^3 E^2}{p^5}\right)^{1/6}$.

第2模块　电　磁　学

例1　一个空的铝制易拉罐侧放在桌面上.将一个带电体靠近易拉罐,但是不接触罐头.能使易拉罐滚起来吗? 如果它可以开始滚动,请定性解释其原因,并试着做这一实验.

解析　你可以将一个梳子或者一个气球与你的头发进行摩擦使其带电.

把此带电体靠近易拉罐,罐头上发生静电感应,电荷重新分配.如果带电体带负电,它就排斥罐头上的电子,罐头近端表面出现正电荷.

罐头与带电体之间相互吸引.罐头与桌面之间的摩擦力使罐头绕着中心轴翻转或扭转.恰当放置带电体的位置,静电力也会产生一个力矩,正是力矩引起了罐头的滚动.

例2　我小时候看电影《星际迷航》就想过反物质是否也可以像其他物质一样下落.根据广义相对论,它与普通物质下落的快慢一样,但是也有一些其他的理论预测它下落时会有一个不同的加速度.

在实验中,观察反物质的重力时,为了防止磁场对反物质的干扰,我们通常使用一个金属导体将反物质包起来.假设地球表面有一个铜块中的正电子,求正电子竖直下落的加速度.

假设广义相对论是正确的.我们还假设正电子和负电子仅在电性上有不同,忽略正电子会很快被电子中和这样一个事实,假定它可以和电子一样在铜块中自由运动.提示:在考虑正电子以前,不妨先分析铜块中电子所受到的电场力.

解析　电子是可以自由移动的,因此如果电子静止不动,它是不受力的.在地球表面附近的铜块,电子受到重力的作用,但是它们不会从铜块的底部流失,所以它们一定要受到其他力来平衡重力.这个力与电子自身重力大小相等,方向相反.当电子受到重力开始下落后,很快会使得铜块下面聚集负电荷,上面聚集正电荷,当内部电子所受的重力与电场力平衡时,电子将不再移动.这也就是为什么导体内部的电场处处为零的原因.

正电子受到的电场力与电子所受的电场力大小相等、方向相反,和其受到的重力的大小相等、方向相同,则正电荷的加速度为

$$a_{正电子} = 2g = 19.6 \text{ m/s}^2$$

方向竖直向下.

例3　邪恶的科学家瓦伊尔博士需要一个带有电荷量为 $3 \mu C$、质量为 $2 g$ 的铜球来制

作一种具有超级邪恶破坏力的射线枪.

（1）为使铜球带上 3 μC 的电荷量,铜球需要转移出的电子数目和其总电子数目的比值是多少?

（2）瓦伊尔博士把带电量为 3 μC 的铜球和其他两个带电量分别为 5 μC 和 7 μC 的小球置于一个边长为 9 cm 的等边三角形的顶点上.试求带电量为 3 μC 的铜球所受到的合力的大小和方向.

解析 （1）质量为 2.0 g 的小球含有 1.99×10^{22} 个原子,每个原子核的带电量为 $29e$.因此,铜球共含有 $1.99 \times 10^{22} \times 29 = 5.77 \times 10^{23}$ 个电子.而每个电子的带电量为 1.60×10^{-19} C.所以需要转移出的电子数目为

$$\frac{3 \times 10^{-6} \text{ C}}{1.6 \times 10^{-19} \text{ C}} = 1.875 \times 10^{13}（个）$$

故需要转移出的电子数目和其总电子数目的比值为

$$\frac{1.875 \times 10^{13}}{5.77 \times 10^{23}} = 3.25 \times 10^{-11}$$

（2）图 2.1 给出了电量分别为 $q_1 = 7$ μC,$q_2 = 5$ μC,$q_3 = 3$ μC 的三个带电小球组成的系统.建立如图 2.1 所示的直角坐标系.q_3 所受到的合力为 F_1,F_2 的矢量和.其中

$$F_1 = \frac{kq_1q_3}{r^2} = \frac{9 \times 10^9 \times 7 \times 10^{-6} \times 3 \times 10^{-6}}{0.09^2} = 23.3(\text{N})$$

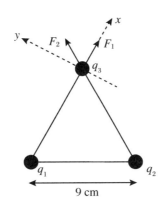

图 2.1

同理,F_2 为

$$F_2 = \frac{kq_2q_3}{r^2} = \frac{9 \times 10^9 \times 5 \times 10^{-6} \times 3 \times 10^{-6}}{0.09^2} = 16.7(\text{N})$$

根据矢量运算法则 $\boldsymbol{F} = \boldsymbol{F}_1 + \boldsymbol{F}_2$,在 x,y 方向上的分量分别为

$$F_x = F_{x1} + F_{x2} = 23.3 + 16.7\cos 60° = 31.7(\text{N})$$

$$F_y = F_{y1} + F_{y2} = 0 + 16.7\sin 60° = 14.5(\text{N})$$

所以合力的大小可以表示为

$$F = \sqrt{31.7^2 + 14.5^2} = 34.9(\text{N})$$

与 x 轴方向的夹角为

$$\arctan \frac{14.5}{31.7} = 25°$$

例 4 如图 2.2 所示，两个具有相同质量 m、带电量为 q 的小球放置在一个半球状、半径为 R、无摩擦的绝缘墙面上，小球处于平衡位置时相距为 R，求小球的电量.

解析 如图 2.3 所示，设小球的支持力为 N，方向沿着半径 R 的方向，与水平方向成 $60°$. 考虑小球间的相互作用力 F_e 向左，有

$$\sum F_y = N\sin 60° - mg = 0 \Rightarrow N = mg/\sin 60°$$

以及

$$\sum F_x = -F_e + N\cos 60° = 0 \Rightarrow \frac{kq^2}{R^2} = N\cos 60° = \frac{mg}{\tan 60°} = \frac{mg}{\sqrt{3}}$$

其中，$k = \dfrac{1}{4\pi\varepsilon_0} \approx 9.0 \times 10^9 \text{ N} \cdot \text{m}^2/\text{C}^2$.

所以

$$q = R\left(\frac{mg}{k\sqrt{3}}\right)^{1/2}$$

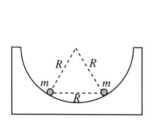

图 2.2

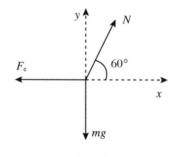

图 2.3

例 5 一个带电小球放置在一个光滑的绝缘大球体中，大球体的直径为 50 cm，带电小球的质量是 90 mg，带电量为 $0.5 \mu\text{C}$. 在球体底部放置一个物体，它要充上至少多少电量，才能使带电小球处于绝缘大球的最高点？

解析 设底部放置物体的带电量为 Q，它对带电小球施加的库仑力必须大于其重力，才能使其静止于球体的顶端，即

$$k\frac{qQ}{d^2} \geqslant mg \tag{1}$$

其中，q 是带电小球的电量，m 是它的质量，d 是大球的直径，$k = 8.99 \times 10^9 \text{ N} \cdot \text{m}^2/\text{C}^2$ 为静电力常量. 解得

$$Q \geqslant \frac{mgd^2}{kq} = 4.9 \times 10^{-8} \text{ C}$$

现在我们需要明确平衡是否稳定. 假设小球稍微偏离平衡位置时受到的合力指向平衡位置, 则平衡是稳定的.

小球受到电场力 F_e、重力 mg 和支持力 N, 受力分析如图 2.4 所示. 若是稳定平衡, 则需要电场力的切向分量大于重力的切向分量, 即

$$k\frac{qQ}{d^2}\sin\alpha \geqslant mg\sin2\alpha$$

因为小球稍微偏离平衡的位移很小, 所以有 $\sin\alpha \approx \alpha$, $\sin2\alpha \approx 2\alpha$, 则

$$k\frac{qQ\alpha}{d^2} \geqslant 2mg\alpha$$

解得

$$Q \geqslant \frac{2mgd^2}{kq}$$

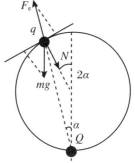

图 2.4

因此, 要使带电小球能够稳定静止在最高点, 底部物体必须要充上的电量为

$$Q \geqslant \frac{2mgd^2}{kq} = 2 \times 4.9 \times 10^{-8} = 9.8 \times 10^{-8} \text{(C)}$$

例 6 准备一个绝热的细棒, 使其带电(例如, 通过摩擦起电).

使用一个塑料水管作为喷洒装置, 将其与水平方向成一角度向空中喷射自来水. 自来水下落时可以形成许多大小不等的水滴. 如果这时你拿着带电细棒接近下落的水雾, 你会发现水滴会重新合并成连续的水流.

试着动手做这个实验, 并解释出现上述现象的原因.

解析 如图 2.5 所示, 带电棒通过其电场吸引了附近水滴的异种电荷, 水滴的左、右两侧出现等量异种电荷而成为电偶极子. 偶极子所产生的电场又使得它附近的水滴表面电荷重新分配成为新的偶极子, 如此相互影响, 所以导致附近水滴之间相互吸引形成细小的水流.

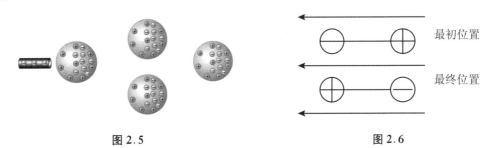

图 2.5 图 2.6

例 7 如图 2.6 所示, 一偶极子最初静止在匀强电场 E 内, 它由一个轻质塑料棒连接

两个带电小球构成,长度为 d,两个带电小球的电荷量分别为 $+q$ 和 $-q$.带电小球的质量均为 m,偶极子上的重力可以忽略不计.求出偶极子释放且可在电场内部移动时的最大可能角速度.

解析 偶极子从初始位置转动 180° 时,电场对其做功最大,偶极子具有最大角速度,此过程中电场力做的功为

$$W = 2Eqd$$

根据能量守恒定律得到

$$2Eqd = 2 \times \frac{1}{2} m \left(\omega \cdot \frac{d}{2} \right)^2$$

此时,偶极子具有最大角速度.解得

$$\omega = 2\sqrt{\frac{2Eq}{md}}$$

事实上,最后现象为偶极子围绕平衡位置振动,该平衡位置即为图 2.6 中的最终位置.

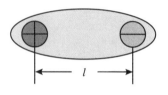

图 2.7

例 8 如图 2.7 所示,想象一种极性分子,它是两个带有异种电荷的质点构成的系统,质点之间的距离不会发生改变.

把这个分子放在一场强为 $E = 300$ V/cm 的匀强电场中.该分子的平均长度为 $l = 10^{-8}$ cm,质点质量为 $m = 10^{-24}$ g,带电量为 $e = 1.6 \times 10^{-19}$ C.

求该电场内该分子的振动周期.

解析 一个极性分子或电偶极子的稳定平衡位置总是沿着电场线的,如图 2.8 所示.

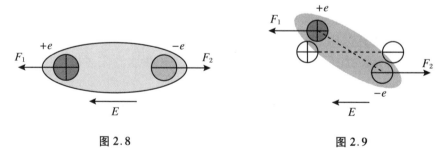

图 2.8   图 2.9

如果稍微偏离这个平衡位置,电场力 F_1 与 F_2 就会产生一个力偶矩,如图 2.9 所示.这个力偶矩就会使偶极子绕着质心转动,驱使分子重新回到平衡位置.

如果单独考虑每个电荷,力 F_1 与 F_2 可以作为摆长为 $l/2$ 的单摆的回复力.由此就可以写出每个电荷的振动周期:

$$T = 2\pi\sqrt{\frac{l}{2a}} \qquad (1)$$

其中,a 为电场中每个电荷的加速度.

根据牛顿第二定律:

$$a = \frac{F}{m} \qquad (2)$$

在这个电场中:

$$\boldsymbol{F}_1 = e\boldsymbol{E}, \quad \boldsymbol{F}_2 = -e\boldsymbol{E} \qquad (3)$$

把根据式(2)与式(3)求得的加速度代入式(1),可得

$$T = 2\pi\sqrt{\frac{lm}{2eE}} \approx 2 \times 10^{-11}\text{ s}$$

例9 如图 2.10 所示,半径为 R 且均匀带电的球体内部有一个半径为 r 的球形空腔,空腔中心和球心相距为 a,电荷体密度为 ρ.

写出关于球体内距离球心 x 和角度 θ 的电场强度的函数方程 $E(x,\theta)$.

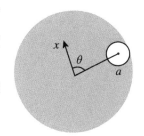

图 2.10

解析 假定这个球是实心的,并且均匀带电(只有绝缘材料才可以均匀带电),然后移除一部分形成一个空腔. 我们将利用高斯定理和叠加原理来解决问题.

首先,我们必须解决实心带电球体内部的电场问题. 在本例中,高斯定理表达为

$$E \cdot 4\pi l^2 = \frac{q_l}{\varepsilon \varepsilon_0} \qquad (1)$$

其中,l 是与球心的距离,q_l 是虚构的以 l 为半径的同心球的带电量,ε 是球体材料的介电常数,ε_0 是真空介电常数. 从式(1)可得电场强度表达式为

$$\boldsymbol{E} = \frac{q_l}{4\pi\varepsilon\varepsilon_0 l^2} \cdot \hat{\boldsymbol{l}} \qquad (2)$$

这与点电荷相距 l 处的电场强度表达式相同,其中 $\hat{\boldsymbol{l}}$ 是单位向量,它的方向与矢量 $\hat{\boldsymbol{l}}$ 相同,大小为 1 个单位. 电荷量等于电荷密度 ρ 与球体体积 $V = \frac{4}{3}\pi l^3$ 的乘积:

$$\boldsymbol{E} = \frac{\rho 4\pi l^3}{3 \cdot 4\pi\varepsilon\varepsilon_0 l^2}\hat{\boldsymbol{l}} = \frac{\rho}{3\varepsilon\varepsilon_0} l \cdot \hat{\boldsymbol{l}} = \frac{\rho}{3\varepsilon\varepsilon_0} \cdot \hat{\boldsymbol{l}} \qquad (3)$$

根据叠加原理,带电系统在空间中任何一点的电场是系统中所有电荷的电场的矢量和.

半径为 R 的均匀带电球体 = 含有半径为 r 的球形空腔的带电体 + 半径为 r 的均匀带电球体.

设含有球形空腔的带电体场强为 $\boldsymbol{E}$,半径为 r 的均匀带电球体场强为 $\boldsymbol{E}_\text{C}$,则均匀带电

球体任意一点的电场强度为

$$E_S = E + E_C \quad \text{或} \quad E = E_S - E_C \tag{4}$$

联立式(3)、式(4),可以得到空腔处的电场强度.

如图 2.11 所示,在空腔中选择距离球心为 x、距离空腔中心为 y 的任意一点 A. 在该点式(4)可表达为

$$E = \frac{\rho}{3\varepsilon\varepsilon_0}x - \frac{\rho}{3\varepsilon\varepsilon_0}y = \frac{\rho}{3\varepsilon\varepsilon_0}(x-y) = \frac{\rho}{3\varepsilon\varepsilon_0}a = 常数 \tag{5}$$

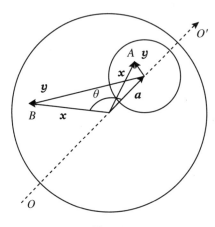

图 2.11

说明空腔内是一个方向与矢量 a 相同的匀强电场.

类似地,可以得到在空腔外的任意一点 B 的电场强度,半径为 r 的均匀带电球体场强 E_C 在 B 点处有不同的表达式:

$$E_C = \frac{\rho r^3}{3\varepsilon\varepsilon_0 y^3}y$$

B 点的合场强为

$$E = \frac{\rho}{3\varepsilon\varepsilon_0}x - \frac{\rho}{3\varepsilon\varepsilon_0}\frac{r^3}{y^3}y \tag{6}$$

又因为

$$y = x - a, \quad y = \sqrt{x^2 + a^2 - 2xa\cos\theta}$$

所以有

$$E = \frac{\rho}{3\varepsilon\varepsilon_0}\left\{\left[1 - \frac{r^3}{(\sqrt{x^2+a^2-2xa\cos\theta})^3}\right]x + \frac{r^3}{(\sqrt{x^2+a^2-2xa\cos\theta})^3}a\right\}$$

此电场方向不沿着球体的径向(除了在轴线 OO' 上的点),场强大小关于轴线 OO' 对称.

例 10 如图 2.12 所示,让 1 A 电流通过截面积 A 相同的铜和铝制成的金属丝. 铜的电阻率为 $\rho_{Cu} = 1.7 \times 10^{-8}\ \Omega \cdot m$,铝的电阻率为 $\rho_{Al} = 2.8 \times 10^{-8}\ \Omega \cdot m$. 真空介电常数 $\varepsilon_0 =$

8.85×10^{-12} F/m.两种金属界面处是否有电荷积累?如果有,积累的电荷量为多少?请对结果加以讨论.

解析 根据高斯定理:
$$q = \varepsilon_0 \oint \boldsymbol{E} \cdot \mathrm{d}\boldsymbol{S}$$

其中,E 是电场强度,积分对应于某一个封闭曲面.

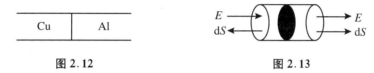

图 2.12   图 2.13

如图 2.13 所示,不妨作一个圆柱面,把电量 q 封闭在内部.在圆柱体的两侧面无电通量,所以
$$\boldsymbol{E} \cdot \mathrm{d}\boldsymbol{S} = 0$$

在圆柱体的两底面:
$$\begin{aligned} q &= \varepsilon_0(-E_{Cu}A + E_{Al}A) = \varepsilon_0 A(E_{Al} - E_{Cu}) \\ &= \varepsilon_0 A\left(\frac{\rho_{Al}I}{A} - \frac{\rho_{Cu}I}{A}\right) = \varepsilon_0 I(\rho_{Al} - \rho_{Cu}) \\ &= 8.85\times10^{-12} \times 1 \times (2.8 - 1.7)\times10^{-8} \\ &\approx 9.735\times10^{-20} \text{(C)} \approx 0.608e \end{aligned} \quad (1)$$

其中,A 是圆柱体底部的截面积,I 是通过金属丝的电流,E_{Cu},E_{Al} 分别是铜、铝内的电场强度.金属导线内的电场强度的截面积为 A,电阻率 ρ 满足
$$E = \frac{\rho I}{A}$$

从式(1)可知两种材料界面上所累积的电荷量小于 e——元电荷.一般来说,这个结果是不正确的,因为在自然界中至今未观察到分数电荷.

例 11 不妨规定电场方向向上为正、向下为负,地球表面的所有物体具有相同的电阻率.已知在地球表面附近,有一个垂直于地面、电场强度约为 -120 V/m 的电场.

1. 在人头上的天空和人脚之间有 200 V 的电压,为什么人不会触电?

2. 地球表面附近的电荷密度是多少?(用 e/m^2 表示)

3. 在赤道附近,利用一个磁场仪测量由地球表面电荷产生的磁感应强度大小和方向.

(1) 把磁场仪放在地球上,让磁场仪随着地球一起旋转.

(2) 让磁场仪悬空与地心保持静止,而地球在其下方旋转.

解析 1. 相比于空气,人是一个更好的导体.所以在电场中,人可以看作一个阻值恒定的导体.因为大气的电荷密度很小,所以只有一个无穷小的面电流流经我们的身体.

2. 地球是一个导体,所以其内部电场一定为零.根据高斯定理可以计算出其表面的电荷密度.地球表面可以看作一个平面,所以建立起一个矩形高斯面,其顶部的面积为 A,如图 2.14 所示.

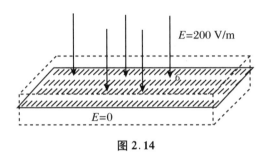

图 2.14

根据高斯定理:

$$\frac{q_{内}}{\varepsilon_0} = \boldsymbol{E}_{上} \cdot \boldsymbol{A}_{上} + \boldsymbol{E}_{下} \cdot \boldsymbol{A}_{下} + \boldsymbol{E}_{侧面} \cdot \boldsymbol{A}_{侧面}$$

则

$$\frac{\sigma A}{\varepsilon_0} = EA + 0 \cdot A + E_{侧面} \cdot A_{侧面} \cos\frac{\pi}{2}$$

$$\frac{\sigma}{\varepsilon_0} = E$$

因此表面的电荷密度为

$$\sigma = \varepsilon_0 E = \frac{8.854 \times 10^{-12} \text{ F/m} \times (-120 \text{ V/m})}{1.6 \times 10^{-19} \text{ C}/e} = -6.6 \times 10^6 \, e/\text{m}^2$$

其中,负号表示地球表面带负电荷.

3.(1)以地球为参照系在地表建立坐标系,因为地球表面电荷并没有发生运动,所以地球表面磁场为零.

(2)在该坐标系中,电荷运动的速度相对于观察者来说为

$$v = \frac{2\pi R_{地}}{1 \text{ d}} = \frac{2\pi \times 6.378 \times 10^6 \text{ m}}{24 \times 3600 \text{ s}} = 464 \text{ m/s}$$

因此其电流线密度为 σv.由毕奥-萨伐尔定律,根据对称性分析可知磁场方向与表面平行.根据右手定则可以确定磁场的南北极.

下面根据安培环路定理来计算磁场(图 2.15):

$$\oint_{环} \boldsymbol{B} \cdot \text{d}\boldsymbol{l} = \frac{1}{2}\mu_0 I_{封闭}$$

所以

$$BL = \frac{1}{2}\mu_0 L\sigma v$$

$$B = \frac{1}{2}\mu_0 \sigma v = \frac{1}{2}\mu_0 \varepsilon_0 Ev = \frac{Ev}{2c^2}$$

$$= \frac{1}{2} \times \frac{120 \text{ V/m} \times 464 \text{ m/s}}{(3 \times 10^8 \text{ m/s})^2} = 0.3 \text{ pT}$$

所以磁场方向向右,但是很弱.

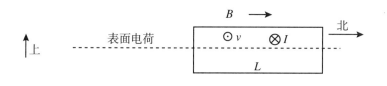

图 2.15

例 12 已知一个内部电荷分布均匀、半径为 R 的绝缘球,其内部电场强度矢量公式为 $\boldsymbol{E} = \frac{\rho \boldsymbol{r}}{3\varepsilon_0}$,其中 r 是与球心的距离,$r < R$. 如图 2.16 所示,现有两个半径分别为 R_1,R_2 的均匀带电球体,密度分别为 ρ 和 $-\rho$,两个球体相距为 $d(d < R_1 + R_2)$,两球之间有重叠.

1. 证明重叠部分的电场是均匀的,并计算电场强度.

2. 如果两个球体的半径都为 R,球心距离 d 远小于半径,我们可以把两个重叠球体看作一个整体,其电荷面密度为 σ.

(1) 找出左、右球表面处的 σ 与两个球心之间连线角度 θ 的关系,求出最大的面密度 σ_0 和重叠球体内部的电场强度.

(2) 求出重叠球表面任一点的电势(取无穷远处为零势点).

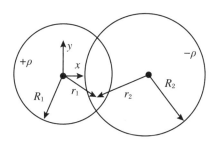

图 2.16

解析 1. 重叠部分的电场可以表示为

$$\boldsymbol{E} = \boldsymbol{E}_1 + \boldsymbol{E}_2 = \frac{\rho \boldsymbol{r}_1}{3\varepsilon_0} + \frac{-\rho \boldsymbol{r}_2}{3\varepsilon_0} = \frac{\rho}{3\varepsilon_0}(\boldsymbol{r}_1 - \boldsymbol{r}_2)$$

选择球 1 为研究对象,x 轴为球 1 球心指向球 2 球心的方向,则有

$$\boldsymbol{E} = \frac{\rho}{3\varepsilon_0}(x_1 - x_2, 0, 0)$$

所以

$$\boldsymbol{E} = \frac{\rho d}{3\varepsilon_0} \boldsymbol{x}$$

所以重叠部分的电场是匀强电场,其电场强度大小为 $\dfrac{\rho d}{3\varepsilon_0}$,方向为从球 1 球心指向球 2 球心的方向.

2.(1) 在两个球重合的地方电荷会被抵消掉,所以表面的电荷密度为 $\sigma(\theta)=\rho t(\theta)$,其中 $t(\theta)$ 为表面未被抵消电荷的厚度. 很明显, 最大厚度在 $t(0)=d$ 处, 此时 $\sigma_0=\rho d$.

当 $\varepsilon\ll 1$ 时,我们可以近似认为 $\sqrt{1+\varepsilon}\cong 1+\dfrac{1}{2}\varepsilon$,每一个球都被放置在距离中心 $\pm d/2$ 处,且有 $d\ll R$. 如图 2.17 所示, 根据余弦定理可得

$$t(\theta)=L_2(\theta)-L_1(\theta)=\sqrt{(L_2(\theta))^2}-\sqrt{(L_1(\theta))^2}$$

$$=\sqrt{R^2+\left(\dfrac{d}{2}\right)^2-\dfrac{2Rd}{2}\cos(\pi-\theta)}-\sqrt{R^2+\left(\dfrac{d}{2}\right)^2-\dfrac{2Rd}{2}\cos\theta}$$

$$\cong R\left(1+\dfrac{d}{2R}\cos\theta\right)-R\left(1-\dfrac{d}{2R}\cos\theta\right)$$

$$=d\cos\theta$$

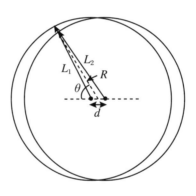

图 2.17

所以表面的电荷密度为

$$\sigma=\rho d\cos\theta=\sigma_0\cos\theta$$

在重叠球体内部的电场强度为

$$E=\dfrac{\sigma_0}{3\varepsilon_0}$$

(2) 在球外部,该模型可以看作一个电偶极子,其偶极矩为

$$p=Q_{球}d=\dfrac{4}{3}\pi R^3\rho d=\dfrac{4}{3}\pi R^3\sigma_0$$

球外部的电势可以表示为

$$U(r)=\dfrac{\boldsymbol{p}\cdot\boldsymbol{r}}{4\pi\varepsilon_0 r^3}=\dfrac{p}{4\pi\varepsilon_0 r^2}\cos\theta$$

所以,在球的表面:

$$U(R) = \frac{\frac{4}{3}\pi R^3 \sigma_0}{4\pi\varepsilon_0 R^2}\cos\theta = \frac{R\sigma_0}{3\varepsilon_0}\cos\theta = \frac{R\rho d}{3\varepsilon_0}\cos\theta = \frac{R\sigma}{3\varepsilon_0}$$

例 13 在高压静电发生器中,电荷由特殊材料制成的绝缘皮带传递,将一个半径为 $R=1.5$ m 的金属球充上电,如图 2.18 所示.皮带宽为 $l=1$ m,速度为 $v=20$ m/s.当电场场强超过 30 kV/cm 时,向大气放电.

试估算这样的起电机可以产生的最大电压与电流.

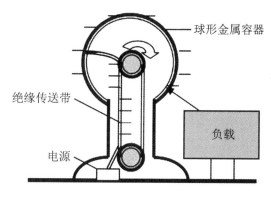

图 2.18

解析 这种机器称为范德格拉夫起电机.这个巨大的设备可达几层楼高,这样可以获得一个非常高的电压.

地面与起电机内带电球体之间的最大电压取决于空气的电导率.如果球体表面的电场超过 30 kV/cm,电荷会通过电火花的形式从球体释放到最近的地面尖端.暴风雨时,我们可以在地球与云层间看见同样的现象.

球体周围的电场既不均匀也不对称,因为球体不是这个空间中唯一的导体.因此很难精确计算球体附近的电压或电势分布,我们只能估计球体与地面之间的电压.

首先必须将地球的电场考虑在内.地球带有负电,周围布满了大小为

$$E_S \approx -130 \text{ V/m} = -1.3 \text{ V/cm}$$

的电场,地球电势不为 0.

实际上,我们可以不考虑地球的电场,电场是矢量场,在导体球表面画一个合场强的矢量.如图 2.19 所示,假设选择非常接近球体表面的 A 点.由于 $E/E_S \approx 23000$,A 点的电场合矢量 E_{res} 大小、方向与地球的场强几乎相同.在导体球体表面任何一点处都可以得到相同的结论.

这意味着可以将起电机导体球当成空间中一

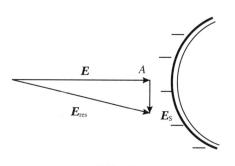

图 2.19

个孤立带电球体.而孤立带电球体的场强 E_1 与电势 φ_1 的关系可以类比点电荷电场得到:

$$E_1 = \frac{\varphi_1}{R} \tag{1}$$

根据式(1),起电机最大电势为

$$\varphi_{\max} = E \cdot R \approx -4.5 \times 10^6 \text{ V} \tag{2}$$

忽略周围其他带电体,可以从等式(2)中估计出最大电压.最大电流 $I_{\max}$ 是从皮带传输到导体球的电荷的最大沉积速率,它取决于空气的电导率.当球体被充电超出电场强度临界值时将强烈放电.

为了估算最大电流,不妨假设皮带是一个无限大的平面,其表面电荷密度为 σ.根据 E, ε_0,σ 间的关系,平面带电的最大电荷密度为

$$\sigma_{\max} = 2\varepsilon_0 E \tag{3}$$

根据式(3),很容易估算出最大电流为

$$I_{\max} = \sigma_{\max} lv = 2\varepsilon_0 Elv \approx 10^{-3} \text{ A} \tag{4}$$

计算表明通常发电机体积会很大.

例 14 假设有一块大的完美的导电固体材料,并且接地.

(1) 在导电材料内有一个球状空腔,在腔内有一个点电荷 $q_1 = +5\ \mu\text{C}$,且放置在球腔的中心,如图 2.20(a)所示.画出空腔内的电场线,标出感应电荷量,并简要加以说明.

(2) 与此同时,我们在导体内挖出另一个不规则形状的空腔,并将另一个点电荷 $q_2 = -10\ \mu\text{C}$ 放在里面,如图 2.20(b)所示.画出空腔内的电场线,标出感应电荷量,并简要加以说明.

(3) 在这个问题中我们做另一个实验,固体球状导体不接地,如图 2.20(c)所示.我们把一个点电荷 $q_3 = +10\ \mu\text{C}$ 放在一个球状空腔内.画出电场线,标出感应电荷量,并简要加以说明.

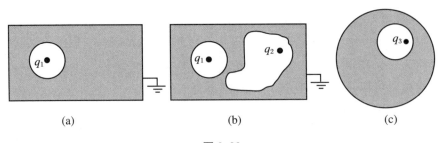

图 2.20

解析 电场线在图中画出.正负电荷每 1 μC 电荷用一个电荷标志标出.

(1) 如图 2.21 所示,感应电荷均匀分布在球状空腔内部表面,电场线是曲面的法线(沿着径向).导体材料内没有电场线.

(2) 如图 2.22 所示,所有的电场线垂直于每个空腔的内部表面;右手边空腔内在尖锐

的角落处有更高的电荷密度;导体材料内电场为零.

(3) 如图 2.23 所示,所有的电场线垂直于导体表面. 外部电场相当于一个大小为 $+10\ \mu C$ 的点电荷在球状导体球心处产生的电场. 空腔内的电场线分布不均匀;空腔内靠近电荷 q_3 这侧的表面有更高的电荷密度. 导体材料内的电场线为零. 令人惊奇的是并不能从导体材料外面观察电场线形状来确定电荷 q_3 的位置.

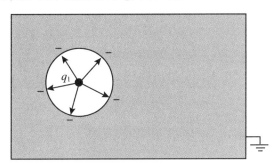

图 2.21　接地导体球状空腔中的点电荷

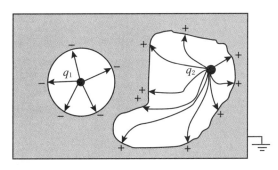

图 2.22　两个不同形状导体空腔内极性相反、电量不同的点电荷

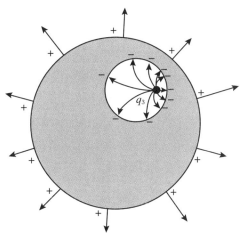

图 2.23　点电荷不在球形空腔中心,球状空腔也不在球状导体中心,球状导体不接地

例 15　如图 2.24 所示,一个薄空心导体球壳的外半径为 R,不带电,内部有一个非常

小的带电量为 $+Q$ 的粒子,放置在球壳内表面和中心之间的中点位置.

(1) 作出球壳内部、内外表面间及外部的电场线,电场线必须指明电场的方向.

(2) 若在球壳外部放置一个带电粒子 $+Q$,位于连接球心和球体内部的带电粒子的直线上,距离球壳表面为 R,问该带电粒子受到多大的力?

(3) 带电量为 $+Q$ 的粒子和不带电的球壳位置关系如上所述,并且壳外没有带电粒子.画出导体壳接地后的电场线分布图(即将导体与地球相连接).

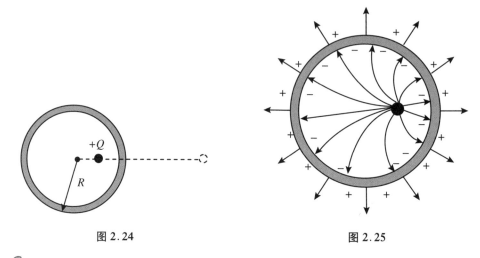

图 2.24   图 2.25

解析 (1) 由于静电感应,球壳内表面将感应出 $-Q$,球壳外表面将感应出 $+Q$.内表面的电荷分布如图 2.25 所示,电场线与内表面处处垂直.球壳内、外表面间没有电场,所以也没有电场线.导体内部没有电场,外壳又失去电子,因此带正电的导体壳的外表面电荷分布均匀.

(2) 球壳外部的电场线分布情况与位于球壳中央的点电荷产生的电场是一致的.因此,力可以根据库仑定律计算:

$$F = \frac{1}{4\pi\varepsilon_0} \frac{Q^2}{4R^2} = \frac{Q^2}{16\pi\varepsilon_0 R^2}$$

其中

$$\varepsilon_0 = 8.85 \times 10^{-12} \text{ C}^2/(\text{N} \cdot \text{m}^2)$$

(3) 导体球壳只能把外表面接地.因此,外表面上的电荷将变为零,壳外区域的电场也将消失,而壳内的电场将保持不变.导体球壳内部电场线与图 2.25 相同,导体球壳外部没有电场线(图略).

例 16 一个电量为 $q = +2.00~\mu\text{C}$,质量为 $m = 0.0100$ kg 的小球被一根长为 $L = 1.5$ m 的轻绳连着,轻绳另一端被固定在 P 点,如图 2.26 所示.带电小球、细绳、连接点均处于水平光滑桌面上,当细绳与电场 $E = 300$ V/m 的方向成 60°时,从静止开始释放带电小球.当细绳平行电场时(即图 2.26 中的 a 点位置),求带电小球的速度.

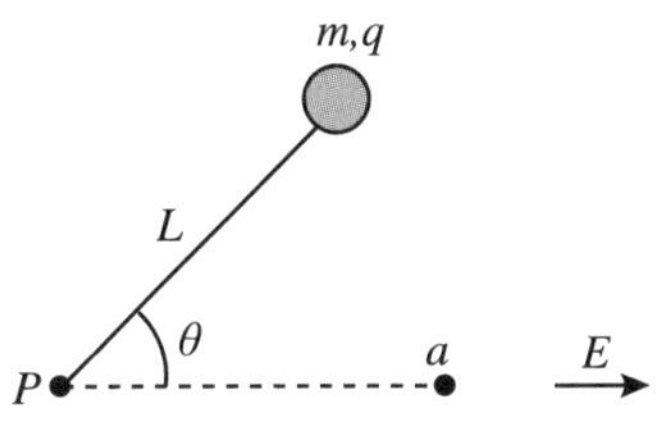

解析 不妨设 P 点为零电势点,那么起始位置的电势为

$$-\boldsymbol{E}\cdot\boldsymbol{s} = -EL\cos\theta$$

在末点 a 处,有

$$\varphi = -EL$$

桌面光滑,根据能量守恒定律有

$$(E_k + E_p)_i = (E_k + E_p)_f$$

图 2.26 前视图

其中,E_k 为动能,E_p 为电势能.

$$0 - qEL\cos\theta = \frac{1}{2}mv^2 - qEL$$

$$\Rightarrow v = \sqrt{\frac{2qEL(1-\cos\theta)}{m}}$$

$$= \sqrt{\frac{2 \times 2 \times 10^{-6}\text{ C} \times 300\text{ N/C} \times 1.50\text{ m} \times (1-\cos 60°)}{0.0100\text{ kg}}}$$

$$= 0.300\text{ m/s}$$

例 17 一个平行板电容器由带等量异号电荷的平行板组成.两板面积很大,但两板间距通常比两板大小小好几个数量级.为了防止电容器通过两板之间的空间放电,这个空间通常充满了电介质.当然,干燥的空气也可以用来隔离板上的电荷.

电容器的电容 C 的定义为 $C = Q/U$,其中 Q 为板上所带的电荷量,U 为电容器两端的电压.平行板电容器的电容公式为 $C = \varepsilon\varepsilon_0 A/d$,其中 ε 为介电常数,$\varepsilon_0 = 8.85 \times 10^{-12}$ C^2/(N·m^2)为真空介电常数,A 为正对面积,d 为两板间距离.

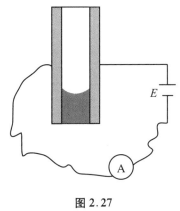

图 2.27

如图 2.27 所示,两块极板和其他四块很薄的塑料基板构成一个平行板电容器,其正对面积为 $a \times a = 210$ mm $\times$ 710 mm,两板之间的距离 $d = 2.00$ mm.将两极板连接到一个电动势为 $E = 750$ V 的电池两端.以恒定速率 33.6 mL/s 给两板之间注满煤油,煤油的介电常数 $\varepsilon = 2.00$.问在电容器中注入煤油过程中,回路中的电流为多少?

解析 电容器未充煤油时,我们可以认为空间充满了空气,因此极板之间的介电常数近似等于 1.在时间 $t = a^2 d/v$ 内,其中 $v = 33.6$ mL/s $= 33.6 \times 10^{-6}$ m^3/s,通过电路的电荷量 Q 等于

$$Q = E(C_2 - C_1) = E\frac{\varepsilon_0(\varepsilon - 1)a^2}{d}$$

根据电流的定义,电流 I 为单位时间内通过导体的横截面的电荷量,即

$$I = \frac{Q}{t} = \frac{\varepsilon_0(\varepsilon-1)vE}{d^2} = 5.58 \times 10^{-8} \text{ A}$$

注意,给定极板大小不影响结果.

例 18 一个电容器由两个面积为 A、间距为 d 的平行金属板构成.面积为 A、厚度为 b、介电常数为 κ 的介质板放置在电容器中间.求空电容器的电容 C 与放入介质板后电容器的电容 C_κ,以及当 $C_\kappa = 2C$ 时,κ 与 b 的关系.

解析 两块平行金属板之间的电势差为

$$U = -\int E \cdot dl = xE + bE_\kappa + (d-b-x)E = \left(\frac{b}{\kappa} + d - b\right)E \tag{1}$$

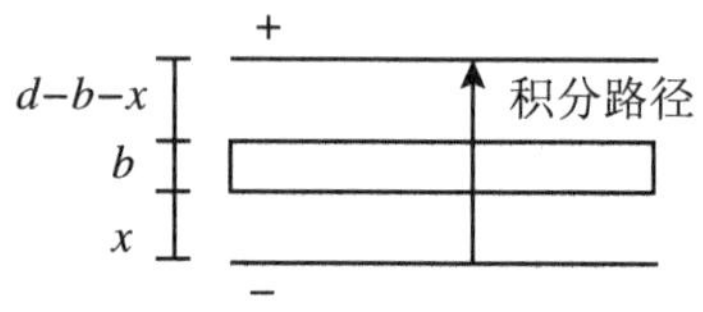

如图 2.28 所示,上式对极板间进行线积分,E 为两极板间的电场强度,$E_\kappa = \frac{E}{\kappa}$ 是电容器中介电板内的电场强度.根据高斯定理:

$$q = \varepsilon_0 A E$$

图 2.28

则

$$E = \frac{q}{\varepsilon_0 A}$$

其中,q 为极板上的电量.放入介质板后电容器的电容为

$$C_\kappa = \frac{q}{U} = \frac{q}{\left(\frac{b}{\kappa} + d - b\right)E} = \frac{\varepsilon_0 A}{\frac{b}{\kappa} + d - b} \tag{2}$$

设 $b = 0$,得到空电容器的电容为

$$C = \frac{\varepsilon_0 A}{d}$$

如果 $C_\kappa = 2C$,即

$$\frac{\varepsilon_0 A}{\frac{b}{\kappa} + d - b} = 2\frac{\varepsilon_0 A}{d}$$

可得

$$\kappa = \frac{2b}{2b - d}$$

必须保证 $\kappa > 0$,$b \leqslant d$. 所以 κ 与 b 需要满足以下关系:

$$\kappa = \frac{2b}{2b - d} \quad \text{及} \quad \frac{d}{2} < b \leqslant d$$

例 19 如图 2.29 所示,两个相同的电容器 C 通过开关 S 串联在电路中.一个电容器充有电量 Q,另一个未被充电.开关 S 闭合前最初的电场能量是多少?将开关闭合,等系统

达到平衡后,计算系统总的电场能量,比较后请回答:系统消失的能量到哪里去了?

解析 系统最初的能量为

$$E_{ci} = \frac{Q^2}{2C}$$

这即为存储在充电电容器中的能量.

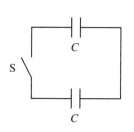

图 2.29

如果不计导线的电阻,则接通开关后电路永远达不到静电平衡.这是理想电容器通过理想导线按指数规律充放电的结果.

然而,常识和日常经验告诉我们,在现实中开关闭合后,我们在不长的时间里即可观察到电容系统达到了静电平衡,其总能量被存储在两个相同的充电电容器中.总电量为 Q,系统的总能量

$$E_{ct} = 2 \times \frac{(Q/2)^2}{2C} = \frac{Q^2}{4C}$$

为初始总能量的一半.

下面枚举出此电容器系统能量损失的可能情况.

能量损失的第一个过程发生在开关闭合时,这时有可能出现电火花,加热使环境周围介质分子发生电离,辐射出各种波长的电磁波.但放在真空中则不会产生电火花,所以还应该存在其他方式的能量损失.有两种方式十分明显:发热和辐射.

根据能量守恒定律,有

$$E_{ci} = E_{ct} + E_h + E_r$$

这一结果最令人惊奇的是考虑导线阻值时,有

$$E_h + E_r = \frac{Q^2}{4C}$$

这意味着导线的物理性质会影响能量 E_h 和 E_r 的分配.

(1) 电流通过导线电阻时会发热,我们可以根据 I^2R 求出导线电阻中产生的热功率.在我们的问题中,电流是一个瞬时值,因为理论电流是按指数衰减的.另外,实际上导线电阻率与温度有关.但由于根据欧姆定律,初始电流并不是很大,所以我们忽略温度变化的影响.

任何电流都是磁场源.当电流不稳定时,电线周围的磁场是不稳定的.变化的磁场产生变化的电场,变化的电场又产生变化的磁场.这个过程会产生电磁波辐射.在我们的问题中,所涉及的波并不是我们熟悉的正弦波,它们的频率和振幅都会随时间而减小.同时我们可以从另一个角度加以描述.在我们的问题中,电子在导线中的定向运动是一个减速运动.因为电流值从 $I = \frac{Q}{CR}$ 减小到 0,电磁波的辐射会随着电子的减速而减弱.导线的电阻率越大,则能量比例 E_h/E_r 也越大.

(2) 理想的导体电阻为零.现在我们知道,很多金属和合金在温度低于一定的临界温度

T_c后,其电阻率会减为零,零电阻现象被称为超导体性.

即便不计导线的电阻,导线的电感 L 却必须考虑. L 取决于导线的材料、长度、横截面积,因此,零电阻使得我们的电路构成了所谓的"LC 电路",其中的电容是由两个相同的电容器串联而成的.

电路的电荷、电流、电压振荡的频率均为

$$f = \frac{1}{2\pi}\sqrt{\frac{2}{LC}} = \frac{1}{\pi\sqrt{2LC}}$$

这种电路可以作为一种广播天线来产生电磁波.在这种情况下,电路所有损失的能量都转化为辐射能.

例 20 现有两个两端充电电压为 U、电容为 C 的平行板电容器.两平行板间的距离为 d,正对面积为 A,平行板间没有其他电介质.

用两根导线把两个电容器并联起来,很明显电路上没有电流.现在让一个电容器的一个极板以速度 v 远离另一个极板,同时让另一个电容器的一个极板以速度 v 向另一个极板靠近.这时,电路中出现电流,求此电流值.

解析 每个电容器的带电量为 $Q = CU$,当两个电容器并联,电容器间的距离发生变化时,总的电量始终保持不变,即

$$2Q = q_1 + q_2$$

因为两个电容器是并联的,所以它们两端的电压相等:

$$U_0 = \frac{q_1}{C_1} = \frac{q_2}{C_2}$$

当平行板电容器正对面积保持不变时,其电容值与平行板间距成反比,即

$$C_1 d_1 = C_2 d_2$$

由于两个电容器的极板间距都是以速度 v 分离或者靠近的,所以有

$$d_1 = d + vt, \quad d_2 = d - vt$$

则有

$$\frac{C_1}{C_2} = \frac{d_2}{d_1} = \frac{d - vt}{d + vt}$$

另一方面

$$q_1 = \frac{C_1}{C_2} q_2 = \frac{d - vt}{d + vt} q_2$$

将 $q_2 = 2Q - q_1$ 代入上式得到

$$q_1 = Q\frac{d - vt}{d} \quad 和 \quad q_2 = Q\frac{d + vt}{d}$$

电路中的电流等于电荷量的变化率,所以有

$$I = \frac{\mathrm{d}q_2}{\mathrm{d}t} = -\frac{\mathrm{d}q_1}{\mathrm{d}t} = \frac{Qv}{d}$$

例 21 平行板电容器两极板带上等量的异种电荷,电容为

$$C = \frac{\varepsilon_0 S}{d}$$

其中,ε_0 是真空介电常数,S 是极板的正对面积,d 是两极板间的距离.

如图 2.30 所示是收音机中的可变空气电容器,N 个半径为 R、板间距为 d 的半圆板用导线相连,另一组相同的(也由 N 个半圆板组成的)极板嵌入第一组中间,并且可以作为一个整体绕中间轴旋转,写出电容 C 与旋转角度 θ 的函数关系,当 $\theta = 0$ 时,电容最大.

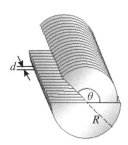

图 2.30

解析 当 $\theta = \pi$ 时,两极板正对面积为零.

当 $\theta = 0$ 时,两极板正对面积为半圆面积,即 $\frac{\pi R^2}{2}$.由比例可知,对应于旋转角度 θ 的极板的正对面积为 $\frac{(\pi - \theta)R^2}{2}$.

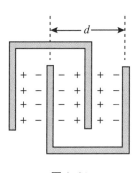

图 2.31

如图 2.31 所示的一对单元极板组合相当于 3 个平行板电容器并联.N 对单元极板组合相当于 $2N - 1$ 个平行板电容器并联.所以,总电容为

$$C = (2N-1)\frac{\varepsilon_0 A_{\text{正对}}}{D}$$

$$= \frac{(2N-1)\varepsilon_0 \frac{(\pi-\theta)R^2}{2}}{d/2}$$

$$= \frac{(2N-1)\varepsilon_0(\pi-\theta)R^2}{d}$$

例 22 一个电路由电动势大小为 U 的电源、电阻 R 和电容器 C 串联而成.

(1) 当电路接通后,定性描述电容器两端的电压随时间的变化情况.

(2) 如果电容器不是理想的,当其电压达到 U' 时产生电火花导致放电,假设在放电后电容器可以立刻重新被充电,画出当 $U' < U$ 时电容器两端的电压随时间变化的图像.(结果显示电压图像会呈现出锯齿状.)

(3) 如何改变电压的峰值以及锯齿状电压波形的周期?

解析 (1) 在 $t = 0$ 时,该电容器没有被充电,其两端的初始电压为零.当 $t > 0$ 时,电源对电容器充电,一个极板上带正电荷,另一个极板上带负电荷,极板间建立起电场,两板间的 $U(t)$ 在增大,但它不可能无限增大下去.只有一定量的电荷可以被充电到极板中去,极板间的电压逐渐趋向于电池两端的电压 U,如图 2.32 所示.

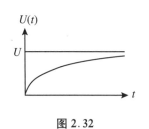

图 2.32

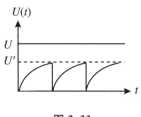

图 2.33

(2) 和(1)一样，$U(t)$ 从零开始随着时间增大，但是当 $U(t) = U' < U$ 时，电容器放电产生电火花，$U(t)$ 突然减小到零。然后电容器重新被充电，$U(t)$ 又从零开始增大，直到 $U(t) = U'$，充放电如此循环重复，图像呈现出如图 2.33 所示的锯齿波状。

(3) 通过改变电阻、电容可以改变电压的峰值和周期。例如，R 决定了 $U(t)$ 到达 U' 的速度。如果 $U(t)$ 到达 U' 需要很长的时间，锯齿波形的周期将会更长。若电容器是一个几乎理想的电容器且 $U' \approx U$，结果也是如此。若电容很不理想，那么 $U' \ll U$，则放电现象经常发生，波的周期将会很小，如图 2.34 所示。

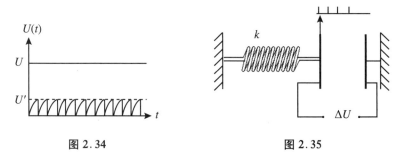

图 2.34　　　　　　　图 2.35

例 23　伏特表可以由一个平行板电容器构成，其中一个金属板是固定的，另一个可以在垂直于金属板方向移动。弹簧 k 固定在可移动金属板上，如图 2.35 所示。两块金属板之间的距离变化表示电压，用这个仪表能测量最大的电压是多少？设平行板电容器的表面积是 S，初始距离为 d（当电压为 0 时），电介质是干燥空气（$\varepsilon = \varepsilon_0$）。选择相关参数的实际数值并提供一个最大电压的数值估计。

解析　让我们用 $x(u)$ 来表示金属板相对于初始位置的变化（$x_0 = 0$ 表明 $\Delta U = U = 0$）。我们发现当电容极板之间有电势差 u 时，两板之间存在引力 F。需要注意的是，F 不受电容是否与电压源连接的影响，而仅受电压值的影响。

如果电容电压是 U 而且与电源隔离，每个电容板上的电量为

$$Q = UC$$

储存在电容里的能量为

$$W = \frac{Q^2}{2C}$$

改变电容板之间的距离 Δx,那么能量改变为

$$\Delta W = \frac{1}{2} Q^2 \left(\frac{1}{C'} - \frac{1}{C}\right) = \frac{1}{2} Q^2 \left(\frac{d - \Delta x}{\varepsilon_0 S} - \frac{d}{\varepsilon_0 S}\right) = -\frac{Q^2}{2\varepsilon_0 S}\Delta x \tag{1}$$

其中,C' 是当电容板之间的距离为 $d - \Delta x$ 时的电容量.如果取绝对值,这种能量的改变等同于 F 在 Δx 上所做的功(设想 $\Delta x/d \ll 1$,这样作为次级影响的 F 的改变可以忽略不计).因此

$$F\Delta x = \frac{Q^2}{2\varepsilon_0 S}\Delta x \Rightarrow F = \frac{Q^2}{2\varepsilon_0 S} = \frac{U^2 C^2}{2\varepsilon_0 S} = \frac{U^2 \varepsilon_0 S}{2d^2} \tag{2}$$

我们看到电容板之间的力和它们之间的距离的平方成反比.设想这个伏特表连接在电源电压 U_x 上,移动的电容板位置为 x(从 $x_0 = 0$ 算起).这两个电容板之间的引力为

$$F_x = \frac{U_x^2 \varepsilon_0 S}{2(d - x)^2} \tag{3}$$

这个引力与弹簧的弹力平衡,我们得到

$$kx = \frac{U_x^2 \varepsilon_0 S}{2(d - x)^2} \tag{4}$$

因此

$$U_x^2 = \frac{2k}{\varepsilon_0 S} x(d - x)^2 \tag{5}$$

显然,当 $f(x) = x(d - x)^2$ 有最大值时,所测电压达到最大值.

因为 $x \in (0, d)$,当 $x_M = d/3$ 时有最大值(令 U_x^2 关于 x 的一阶导数为 0,然后求出在 x_M 处的二阶导数为负值).因此

$$(\Delta U)_{\max}^2 = \frac{8kd^3}{27\varepsilon_0 S} \tag{6}$$

这个电容伏特表能测的最大电压为

$$|\Delta U_{\max}| = \frac{2d}{3}\sqrt{\frac{2kd}{3\varepsilon_0 S}} \tag{7}$$

从数值上估算:当 $d = 1$ cm,$S = 10^{-2}$ m^2,$\varepsilon_0 = 8.8 \times 10^{-12}$ F/m,$k = 1000$ N/m 时,我们得到

$$\Delta U_{\max} = 0.6 \times 10^5 \text{ V}$$

在实际中去测量这样高的电压会有些麻烦(因为空气会被击穿).

例 24 提供给你一节电动势为 ε 的电池、N 个电容为 C 的电容器和若干导线,能得到的电路最大的电压是多少?写出操作步骤.

解析 用两个($N = 2$)电容器开始这个实验.先用电源分别对两个电容器单独充电之后,再将电源和两个已经充电的电容器以如图 2.36 所示的方式串联起来.

电路稳定后,两个电容器带电量分别为 q_{11}, q_{21},它们两端的电压分别为 U_{11}, U_{21}.它们

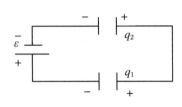

图 2.36

与 C 和 ε 之间的关系如下：

$$\varepsilon + U_{11} = U_{21} \tag{1}$$

$$q_{11} + q_{21} = 2C\varepsilon \tag{2}$$

$$q_{11} = CU_{11}, \quad q_{21} = CU_{21} \tag{3}$$

可解得电压与电荷量为

$$U_{21} = \frac{3}{2}\varepsilon$$

$$q_{21} = \frac{3}{2}\varepsilon C \tag{4}$$

接着，我们重新用电源为第一个电容器充电到电压为 ε. 然后再次按图 2.36 所示连接电路，用同样的方法计算电压 V_{22}：

$$\varepsilon + U_{12} = U_{22}$$

$$q_{12} + q_{22} = \frac{5}{2}C\varepsilon$$

可解得

$$U_{22} = \frac{7}{4}\varepsilon \tag{5}$$

同理，重复以上实验步骤，可以计算得到第二个电容器两端电压 U_2 的值依次为

$$1, \quad \frac{3}{2}, \quad \frac{7}{4}, \quad \frac{15}{8}, \quad \frac{31}{16}, \quad \cdots, \quad \frac{A_i}{B_i}$$

$$A_i = 2A_{i-1} + 1, \quad B_i = 2B_{i-1}$$

最终第二个电容器上能得到的最大电压为 2ε. 当我们把两个电容器与电源串联时，可以获得的电路电压为 4ε. 这是双电容器、电源系统电路的最大电压.

对于三电容器、电源系统，按照相同的顺序进行相同的实验步骤，可以得到第三个电容器的最大电压为 4ε，当把它与其他两个电容器一起和电源串联时，得到系统电路的最大电压为 8ε.

因此，N 个电容器、电源系统电路的最大电压为 $2^N\varepsilon$.

例 25 如图 2.37 所示，有两个平行板电容器 C_1，C_2，分别充有 Q_1，Q_2 的电量.

(1) 将两个电容器作为一个系统，系统具有的总能量为多少？

(2) 如图 2.38 所示，现在将两个电容器的正极板、负极板分别用导线并联起来，问新电容系统的能量为多少？

(3) (2)比(1)系统能量变化了多少？请定性解释下能量变化的原因.

(4) 如果有两个相同的平行板电容器，带有相同电量 Q，一个充满了电介质水，水的介电常数为 ε；另一个是空的平行板电容器，电容值为 $C_空$. 请问两者能量之差为多少？

(5) 如图 2.39 所示，如果把一个充电的电容器放到水的表面将会发生什么现象？对现

象发生的条件进行初步讨论,求出电容器完全充满水的条件(请自己设定需要的物理量).

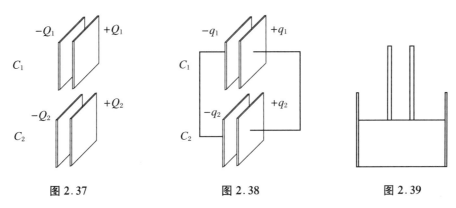

图 2.37　　　　　图 2.38　　　　　图 2.39

解析　(1) 电容为 C、电量为 Q 的电容器所储存的能量为 $\dfrac{Q^2}{2C}$. 所以,两个电容器系统储存的能量为

$$E_1 = \frac{Q_1^2}{2C_1} + \frac{Q_2^2}{2C_2}$$

(2) 首先求出一个等效电容器,让总电量充电到等效电容器上.

如图 2.38 所示,将两个电容器并联起来,右侧两极板的电荷量是守恒的(孤岛效应). 所以右侧极板有

$$q_1 + q_2 = Q_1 + Q_2$$

同理,左侧极板有

$$(-q_1) + (-q_2) = (-Q_1) + (-Q_2)$$

所以有

$$C_{等效} = C_1 + C_2$$
$$Q_{总} = Q_1 + Q_2$$

故等效电容器系统所存储的能量 E_2 为

$$E_2 = \frac{Q_{总}^2}{2C_{等效}} = \frac{(Q_1 + Q_2)^2}{2(C_1 + C_2)}$$

(3) E_1 与 E_2 之差为

$$E_1 - E_2 = \frac{Q_1^2}{2C_1} + \frac{Q_2^2}{2C_2} - \frac{(Q_1 + Q_2)^2}{2(C_1 + C_2)}$$

$$= \frac{C_2(C_1 + C_2)Q_1^2 + C_1(C_1 + C_2)Q_2^2 - C_1 C_2(Q_1^2 + Q_2^2 + 2Q_1 Q_2)}{2C_1 C_2(C_1 + C_2)}$$

$$= \frac{C_2^2 Q_1^2 + C_1^2 Q_2^2 - 2(C_1 Q_2)(C_2 Q_1)}{2C_1 C_2(C_1 + C_2)}$$

$$= \frac{(C_2 Q_1 - C_1 Q_2)^2}{2C_1 C_2(C_1 + C_2)} \geq 0$$

E_1 与 E_2 之差总是大于等于零.

导线电子被加速所产生的辐射导致了能量的损失.当你将两块负极板用导线连接起来时什么都不会发生(计算两块正极板之间的电压时不妨先假设负极板接地,即电势为零).当连接正极板的两根导线靠得很近时,它们之间会产生一个较强的电场,然后电子将会被加速.

如果将一个电阻放到电容器之间,那么能量将以热能的形式损失.通常情况下,电磁波能量损失会以肉眼可见的电火花放电的形式表现出来.

(4) 充满电介质水的电容器的电容是空电容器的 ε 倍.未装水和装满水的电容器的能量分别为

$$E_{空} = \frac{Q^2}{2C_{空}}$$

$$E_{满} = \frac{Q^2}{2C_{满}} = \frac{Q^2}{2\varepsilon C_{空}}$$

两者能量之差为

$$\Delta E = E_{空} - E_{满} = \frac{Q^2}{2C_{空}}\left(1 - \frac{1}{\varepsilon}\right)$$

(5) 设电容器原本带电量为 Q,电容器两极板底边长为 w,高为 H,水浸入的高度为 h,面积为 A_1,这部分的电容为 C_f.未浸入的面积为 A_2,电容为 C_e.则有

$$C_f = \varepsilon\varepsilon_0 \frac{A_1}{d}$$

$$C_e = \varepsilon_0 \frac{A_2}{d}$$

电容器储存能量为 $E_C = \dfrac{Q_{总}^2}{2C_{等效}}$,则有

$$E_C = \frac{Q^2}{2\dfrac{\varepsilon_0}{d}(\varepsilon A_1 + A_2)}$$

因为 $A_1 = wh$, $A_2 = w(H-h)$,所以

$$E_C = \frac{Q^2 d}{2\varepsilon_0 w(\varepsilon h + H - h)}$$

另一方面,水的重力势能可以表示为

$$E_p = mg\frac{h}{2} = \rho g w h d \frac{h}{2} = \frac{\rho w d g}{2} h^2$$

系统中总的能量可以表示为

$$E_{总} = E_C + E_p = \frac{Q^2 d}{2\varepsilon_0 w [H + (\varepsilon - 1)h]} + \frac{\rho w d g h^2}{2}$$

由于能量在物理学中趋向于最小值(由此定义了平衡状态),所以

$$\frac{\mathrm{d}E_{总}}{\mathrm{d}h} = 0 \Rightarrow \frac{-Q^2 d(\varepsilon-1)}{2\varepsilon_0 w[H+(\varepsilon-1)h]^2} + \rho w d g h = 0$$

$$\Rightarrow Q^2(\varepsilon-1) = 2\varepsilon_0 \rho w^2 g h [H+(\varepsilon-1)h]^2$$

$$\Rightarrow \left(\frac{h}{H}\right)^3 + \frac{2}{\varepsilon-1}\left(\frac{h}{H}\right)^2 + \frac{1}{(\varepsilon-1)^2}\left(\frac{h}{H}\right) - \frac{Q^2}{2\varepsilon_0(\varepsilon-1)\rho w^2 g H^3} = 0$$

虚值解在这里没有任何物理意义.

$\frac{h}{H} > 1$ 意味着电容器将被完全填充.

$\frac{h}{H} < 0$ 意味着水根本不会上升(在我们的方程中这不会发生,除非能够找到一种 $\varepsilon < 1$ 的电介质).

所以电容器完全充满水的条件是

$$1 + \frac{2}{\varepsilon-1} + \frac{1}{(\varepsilon-1)^2} - \frac{Q^2}{2\varepsilon_0(\varepsilon-1)\rho w^2 g H^3} \geq 0$$

例 26 当一个发光灯泡温度上升时,它的电阻是上升还是下降?

寻找一个额定电压为 120 V 的白炽灯,任何规格(15 W,25 W,40 W,60 W,75 W,100 W)都可以.(提示:在你从一盏台灯里暂时拿下灯泡前,确保台灯是熄灭且是彻底冷却的,并且必须得到台灯主人的允许.)

(1) 测量台灯在室温环境中的电阻.(提示:用一台欧姆表或万用表;如果你家里没有,可以向你的物理老师寻求帮助.)

(2) 点亮灯泡,在正常工作环境下灯泡升温,试计算它的电阻.(提示:不需要把灯泡接入一个回路来测量其电阻!只需利用灯泡两端电压为 120 V 与额定功率(如 60 W)来计算.)

(3) 假设你的测量结果与计算结果是正确的,请回答我们最初的问题:当一个发光灯泡温度上升时,它的电阻是上升的还是下降的?

解析 (1) 我用了一个 15 W 的灯泡,测出它的电阻约为 $(85 \pm 1)\ \Omega$.

(2) 正常工作时,灯泡的电阻为

$$R = \frac{U^2}{P} = \frac{(120\ \mathrm{V})^2}{15\ \mathrm{W}} = 960\ \Omega$$

(3) 正常工作时的灯泡电阻比室温时的内阻大一个数量级,因此温度升高,灯丝的电阻增加.

例 27 有一个众所周知的笑话:农民史密斯对他的奶牛的产奶量不满意,所以他决定请来动物心理学家、工程师、物理学家来改善这种情况.这三位在检查了农场与奶牛后提出了自己的建议.动物心理学家首先说:"如果你把奶棚漆成绿色,奶牛将会变得更开心,开心的奶牛可以生产更多的牛奶."工程师接着说:"如果你把挤奶的畜栏间隔减小 10 cm,你就可以增加一个挤奶口,这样就可以多增加一头奶牛同时挤奶来提高挤奶速度."史密斯非常开心.接下来轮到了物理学家,她拿出一块黑板,画了一个圆,说:"首先,我们假设有一头球状的奶牛."……

(1) 估计一头奶牛的电容.(提示:一头典型的荷尔斯坦因牛体重达 700 kg,并且它基本上能悬浮在水中.)

(2) 估计奶牛的电阻.(提示:牛与人有类似的电阻率.有时候做一些近似是必要的.人体组织电阻率为:血液 1.7 Ω·m,骨骼 160 Ω·m,脂肪 27 Ω·m,肌肉 7.0 Ω·m,神经 2.5 Ω·m.)

(3) 冬日,当奶牛走过一张地毯时,它轻易地可以为自己充上 10 kV 的电,当它用鼻子接触门把手时会感受到强烈的电击.估计这样一次电击的最大功率.(提示:在一个电路中哺乳动物的总电阻通常是由皮肤/接触电阻占主导地位,同时接触电阻十分容易发生变化,但是奶牛会经常舔舐自己的鼻子来保持它的导电性,因此可以忽略皮肤/接触电阻.)

解析 (1) 对于这个问题,因为是估算,所以假设奶牛是我们容易加以处理的球状是非常方便的.带电物体的电容等于它的电量与电势或电压的比值,即

$$C = \frac{Q}{\varphi}$$

根据高斯定理与对称性,电量为 Q、半径为 r 的带电球体表面的电势等于距离点电荷 Q 为 r 处的电势(约定无穷远的地方电势为0):

$$\varphi = \frac{Q}{4\pi\varepsilon_0 r}$$

半径为 r 的球体电容为

$$C = \frac{Q}{\varphi} = 4\pi\varepsilon_0 r$$

与一头荷尔斯坦因牛(质量 $M = 700$ kg,密度 $\rho = 1000$ kg/m³)体积 V 相同的球体半径为

$$r = \left(\frac{V}{\frac{4}{3}\pi}\right)^{1/3} = \left(\frac{M/\rho}{\frac{4}{3}\pi}\right)^{1/3} = \left(\frac{700 \text{ kg}/(1000 \text{ kg/m}^3)}{\frac{4}{3}\pi}\right)^{1/3} = 0.55 \text{ m}$$

电容为

$$C = 4\pi\varepsilon_0 r = 4\pi \times (8.854187817 \times 10^{-12} \text{ F/m}) \times 0.55 \text{ m} = 60 \text{ pF}$$

(当在编写这道题时,我发觉孤立奶牛的电容标准——我并不是编造出来的——为 0.1 nF,非常符合我们的估计值.如果这头奶牛站在地上,地球相当于一个导体,电容大约会增加 0.2 nF.当然,在这个问题中,我们并不关注第二个因素.)

(2) 求电阻时,将奶牛近似为球体计算并不是十分有利,因为球体的电阻很难计算.我们不妨将其假设为一个边长为 L、电阻率为 ρ 的立方体,则

$$r = \rho \frac{L}{A} = \rho \frac{L}{L^2} = \frac{\rho}{L}$$

像奶牛那么大的立方体的边长为

$$L = \left(\frac{M_{\text{奶牛}}}{\rho_{\text{奶牛}}}\right)^{1/3} = 0.88 \text{ m}$$

奶牛的电容取决于将其建模成何种形状的导体,而电阻率取决于奶牛内部的结构组织. 基于对人体各种组织电阻率的数据估计可得奶牛的平均电阻率 $\rho_{\text{奶牛}}$ 约为 $5\ \Omega \cdot \text{m}$. 这是因为电阻主要取决于阻值低的支路(如血管),高电阻率的骨头与脂肪在很大程度上是不相干的. 因此奶牛电阻的估计值为

$$R = \frac{5\ \Omega/\text{m}}{0.88\ \text{m}} \approx 6\ \Omega$$

这比我们的电容估计值还要粗糙. 那是因为并联电容直接相加,因此物体的大小几乎决定了总电容;并联电阻是倒数相加,所以任何小规模的结构(如血管、鼻子)能产生巨大的影响. 奶牛电阻也很容易受到接触电阻的影响. 在本例中,电阻很可能主要取决于奶牛鼻子的接触电阻. 由于奶牛的鼻子比整只奶牛小得多,电阻可能比我们的估计值大得多. (注:这和当我两手拿着万用表表笔测量时得到的 $150\ \Omega$ 电阻比较接近,但我还没有试图测量过鼻子的接触电阻.)

(3) 峰值功率就是初始功率,因为之后随着奶牛放电,电势开始下降,则

$$P_{\text{最大}} = I_{\text{最大}} U_{\text{最大}} = \frac{U_{\text{最大}}^2}{R} = \frac{U_{\text{最初}}^2}{R} = \frac{(10\ \text{kV})^2}{10\ \Omega} \approx 10\ \text{MW}$$

难怪静电电击这么疼!

例 28 如图 2.40 所示,一个电路由电源、导线和小灯泡 B 以及 X,Y 间的导电材料串联而成,在 X,Y 两点间可以通过引入不同长度的导线材料来改变电路中的电阻. X,Y 两点间导电材料的电阻 R 随其本身的长度如何变化?(可以根据灯泡的亮度来定性判断电路电阻的变化.)

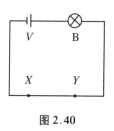

图 2.40

解析 在 X 和 Y 之间尝试引入不同长度的导线 L.(为了保证电阻率 ρ 和横截面积 A 相等,每次使用同种导线.)随着 L 的增加,灯泡的亮度将会变暗,电路中的电流减小. 随着 L 的增加,导电材料的电阻 R 增大,如果有电压 U 作用在导电材料上,形成的电流为 I,电流密度为

$$j = \frac{I}{A}$$

导电材料的电阻率被定义为

$$\rho \equiv \frac{E}{j} = \frac{U/L}{I/A} = \frac{U/I}{L/A} = \frac{R}{L/A}$$

可得
$$R = \frac{\rho L}{A}$$

其中,$E = \frac{U}{L}$是电场强度,R 是材料的电阻.

上式就是在电流和电压不是很大的情况下 R 与 L 的函数关系.

例29 现有32个电动势为3 V的干电池,每个干电池的内阻为2 Ω,如何连接电池组可以使得通过外电路电阻4 Ω的电流最大?

提示:将 m 个电池串联为电池组,再将 n 个该电池组并联.

解析 如果将两个相同的电池串联,那么其等效内阻为每个电池内阻之和,总电动势为两电源电动势之和.如果将它们并联,等效内阻为一个电池内阻的一半,电动势为一个电池的电动势.如果我们把所有的电源串联起来,那么对电路来说可以得到更高的电动势,与此同时其内阻也变得很大,但电流不一定会大.此时我们可以通过并联电源来减小电源的内阻,但它的电动势也会减小.

最好的选择就是将 m 个电池串联为电池组,再将 n 个该电池组并联.如果每个电源的电动势为 ε,内阻为 r,那么对串联电源来说,其电动势为 $m\varepsilon$,内阻为 mr.我们将这 n 个支路电路再并联起来,对总电路来说,等效电源的总电动势为 $m\varepsilon$,总内阻为 mr/n.所以通过外电路电阻 R 的电流可以表示为

$$I = \frac{m\varepsilon}{R + \frac{mr}{n}} = \frac{\varepsilon}{\frac{R}{m} + \frac{r}{n}}$$

当上述等式右边分母最小时,电流最大.根据基本不等式,当分母中的两项相等时,我们可以得到最小值,即

$$R/m = r/n$$

可得
$$mn = 32, \quad m/n = 2$$

所以
$$m = 8, \quad n = 4$$

例30 如图2.41所示的四面体框架由电阻同为 R 的6根电阻丝连接而成,求:

(1) 任意两个顶点间的等效电阻.

如图2.42所示的立方体框架由电阻同为 R 的12根电阻丝连接而成,求:

(2) 两个相对的顶点间的电阻有多大?(如 AD)

(3) 同一面上两个对角点间的电阻为多大?(如 AC)

(4) 两个相邻的点之间的电阻为多大?(如 AB)

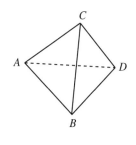
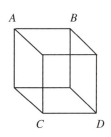

图 2.41   图 2.42

解析 （1）根据对称性，任意两点间的电阻相同，不妨求 A 点与 B 点间的电阻.

如图 2.43 所示，根据对称性，C 点与 D 点电势相等，之间没有电流通过，因此它们之间的电阻可以拆除，等效电路如图 2.44 所示.

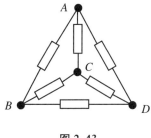
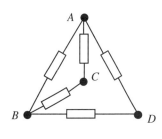

图 2.43   图 2.44

因此，A 与 B 间的总电阻等于 3 个电阻并联，即

$$\frac{1}{R_{AB}} = \frac{1}{R} + \frac{1}{2R} + \frac{1}{2R} = \frac{2}{R}$$

所以

$$R_{AB} = \frac{R}{2}$$

（2）首先我们来计算 A 点与 D 点之间的电阻.

如图 2.45 所示，由于对称性，很容易发现 G，E 与 B 三点电势相等，可以看作同一点，同理 C，H 与 F 三点电势也相等，也可以看作同一点，电路等效于图 2.46 所示的电路.

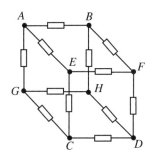
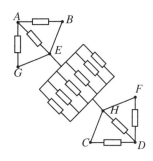

图 2.45   图 2.46

由此可见：

$$R_{AD} = \frac{R}{3} + \frac{R}{6} + \frac{R}{3} = \frac{5R}{6}$$

(3) 现在计算 A 点与 C 点之间的电阻. 根据对称性, E, F, G 与 H 点电势相等. 删除电势相等的节点之间的电阻, 电路不会受到影响, 因此等效电路如图 2.47 所示.

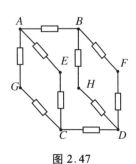

图 2.47

因此, 有

$$\frac{1}{R_{AC}} = \frac{1}{R_{AEC}} + \frac{1}{R_{AGC}} + \frac{1}{R_{AB} + \left(\frac{1}{R_{BFD}} + \frac{1}{R_{BHD}}\right)^{-1} + R_{CD}}$$

$$= \frac{1}{2R} + \frac{1}{2R} + \frac{1}{R + \left(\frac{1}{2R} + \frac{1}{2R}\right)^{-1} + R}$$

$$= \frac{1}{R} + \frac{1}{R + R + R}$$

所以

$$R_{AC} = \frac{3}{4}R$$

(4) 现在计算 A 点与 B 点间的电阻. 这是目前为止最难的, 但这其中仍然有一些对称性 (图 2.48), 我们发现 E 与 G 点的电势相等, 两者直接粘接不会影响整个回路, 同理 F 与 H 点也可以直接粘接. 如此得到等效电路如图 2.49 所示.

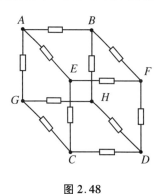

图 2.48

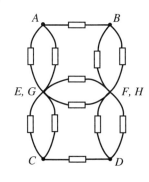

图 2.49

由计算(图 2.50)可得

$$R_{AB} = \frac{7}{12}R$$

若有兴趣, 还可以计算八面体、十二面体、二十面体上多种多样的点与点之间的电阻大小. 可以利用基尔霍夫定律与欧姆定律解决这些问题, 列出线性方程, 通过换元法或矩阵代数解方程能得到结果. 但利用对称性会更加有趣.

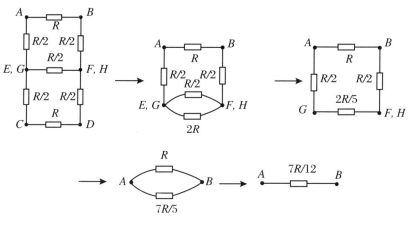

图 2.50

例 31 计算下面这个无限循环电路(图 2.51)中 A 点与 B 点间的等效电容,设每个电容大小相等,均为 C.

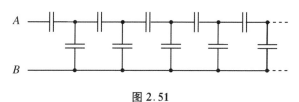

图 2.51

(提示:如果你去掉最左边的两个电容器(一个水平的,一个竖直的),那么剩下的还是电容组成的无限链吗?)

解析 由于这是一条无限长的电路链,移除最左边的两个电容后(图 2.52),留下的电路的电容仍然是最初的电容 C_{AB}.

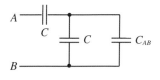

图 2.52

由此可得
$$\frac{1}{C_{AB}} = \frac{1}{C} + \frac{1}{C + C_{AB}}$$
$$C(C + C_{AB}) = C_{AB}(C + C_{AB} + C)$$

所以
$$C_{AB}^2 + CC_{AB} - C^2 = 0$$
$$C_{AB} = \frac{-C \pm \sqrt{C^2 + 4C^2}}{2} = C \frac{-1 \pm \sqrt{5}}{2}$$

舍去负值,得
$$C_{AB} = \frac{\sqrt{5} - 1}{2} C$$

例32 四个电阻分别为 10 Ω,20 Ω,30 Ω,40 Ω 的金属细线圈,每个线圈的最大功率不超过 2 W.采用这些线圈组装出一个功率最大的加热器,用一个电动势为 20 V、内电阻为 20 Ω 的直流电源驱动.

解析 首先我们需要求出能让电源输出功率最大的外电路电阻阻值,然后尝试合理组装提供的电阻,在电路中得到相同的等效电阻.

根据闭合电路欧姆定律,电流 I 与电路中的电阻 R、电源电动势 ε、电源内阻 r 之间的关系如下:

$$I = \frac{\varepsilon}{r + R}$$

电阻 R 上消耗的功率 P 为 I^2R,所以

$$P = \frac{\varepsilon^2 R}{(r + R)^2} \tag{1}$$

当 $R = 0$ 时,$P = 0$.当 R 远大于 r 时,分母中的 r 可以忽略.

函数 $P(R)$ 为一条双曲线,R 越大,功率越趋近于 0.在 $0 < R < \infty$ 范围内的某个特定值,函数 $P(R)$ 可以取到最大值.

最大值可以根据两种方式判定.任何一个函数取极大值时其切线的斜率为 0,斜率等于函数在这个拐点处的导数,通过令 $P(R)$ 的导数等于 0,解方程得到这个拐点对应的 R 值.

$$P'(R) = \varepsilon^2 \left[\frac{-2R}{(r+R)^3} + \frac{1}{(r+R)^2} \right]$$

$$= \varepsilon^2 \cdot \frac{-2R + r + R}{(r+R)^3} = \varepsilon^2 \cdot \frac{r - R}{(r+R)^3} = 0$$

解得

$$r = R \tag{2}$$

不求导也可以解决这个问题.倒数的表达方式更容易从式子中提出 R,当式(1)的倒数最小时,其值最大.

$$\frac{(r+R)^2}{\varepsilon^2 R} = \frac{1}{\varepsilon^2} \cdot \frac{r^2 + 2rR + R^2}{R} = \frac{2r}{\varepsilon^2} + \frac{1}{\varepsilon^2}\left(R + \frac{r^2}{R}\right)$$

因为第一项是常数,所以当第二项最小时,这个表达式可以取到最小值.

计算 R 与 $\dfrac{r^2}{R}$ 的算术平均值与几何平均值.任意两个数的算术平均值总是大于几何平均值:

$$\frac{R + \dfrac{r^2}{R}}{2} \geq \sqrt{R \cdot \dfrac{r^2}{R}}$$

所以

$$R + \frac{r^2}{R} \geq 2r$$

即
$$\left(R + \frac{r^2}{R}\right)_{\min} = 2r \Rightarrow (R - r)^2 = 0$$

最后有
$$R = r$$

本例中,我们必须将四个提供的电阻组成等效电阻为 20 Ω 的外电路.但不能只单独用 20 Ω 的已知电阻.因为此时外电路的功率

$$P = \left(\frac{20}{20 + 20}\right)^2 \times 20 = 5 \text{ W}$$

超出单个电阻的额定功率 2 W.根据已有电阻,最佳的电路连接方法如图 2.53 所示,电路等效电阻为20 Ω.因为电路中阻值为 20 Ω 的电阻的功率最大为 1.8 W,所以电路中每个电阻的功率要保证都不超过 2 W.

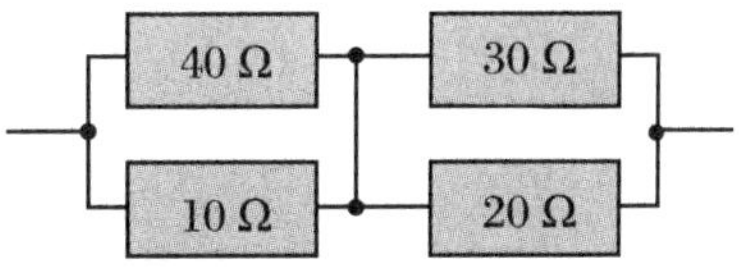

图 2.53

下面计算外电路的效率.根据式(1)可以得到外电路的输出功率为

$$P = \frac{\varepsilon^2 R}{(r + R)^2}$$

而电源的总功率为

$$\varepsilon I = \frac{\varepsilon^2}{R + r}$$

定义比率为

$$\frac{R}{r} = a$$

所以效率为

$$\eta = \frac{R}{R + r} = \frac{a}{1 + a}$$

R 越大,I 越小,效率越大.当 $R \to \infty$ 时,$\eta \to 1$.当 $a = 1$ 时,功率最大,效率 $\eta = 0.5$ 或 50%. 在这个有趣的例子中,电源内阻消耗和外电路等量的能量,从而变成了一个加热器.

例 33 一个"黑匣子"内部装有未知电路,匣子有四个端口.一位同学希望知道"黑匣子"内部的组成结构.他有一块理想电源,两个完全一样的非理想电压表,两个完全一样的非理想电流表.他测得的电流和电压结果如图 2.54 所示.

思考"黑匣子"内部可能的电路,寻找它们的参数.尝试设计可能的最简单的电路.

解析 电路图中有一个电压计的数值超过了电池的电动势,因此"黑匣子"中至少有一个电池.尝试用一个电池与一个电阻组合出最简单的"黑匣子".

两个相同的电流表有两个不同的电压.左边电流表(10 mA)的电压为

$$3.6 \text{ V} - 3.3 \text{ V} = 0.3 \text{ V}$$

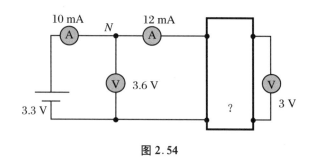

图 2.54

可以计算出右边电流表(12 mA)的电压为

$$0.3 \text{ V} \times \frac{12}{10} = 0.36 \text{ V}$$

所以"黑匣子"内部的电动势为

$$\varepsilon = 3.6 \text{ V} + 0.36 \text{ V} = 3.96 \text{ V}$$

比较通过两个电压表的电流. 12 mA 的电流在节点 N 处分流成两支:10 mA 通过左边的电流表,2 mA 通过下边的电压表. 则电压表的内阻为

$$\frac{3.6 \text{ V}}{0.002 \text{ A}} = 1.8 \text{ k}\Omega$$

通过右边的电压表的电流为

$$\frac{3 \text{ V}}{1800 \text{ }\Omega} = \frac{1}{600} \text{ A} = 1.7 \text{ mA}$$

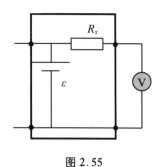

图 2.55

"黑匣子"中电路结构如图 2.55 所示,其中电阻 R_x 的阻值为

$$R_x = \frac{3.96 \text{ V} - 3 \text{ V}}{1.7 \times 10^{-3} \text{ A}} = 565 \text{ }\Omega$$

例 34 如图 2.56 所示是一个测量未知电阻 R_x 的桥形电路,R_1,R_2 阻值已知,电源内阻忽略不计,R 是可变电阻,G 是一个电流计,表盘中间为零刻度. 电流计 G 通常在电路中指示零电流或者零电压,或者指示电流,或者电压的变化方向.

(1) 解释用桥式电路测量未知电阻的原理和方法.

(2) 在不增加其他电表的前提下,如何用该电路求出电流计 G 的内阻?

解析 (1) 首先,我们必须知道怎样使用电流计 G. 要么用它来测量"桥"A,B 两点之间的电流,要么用它来平衡电路上左、右部分的电压. 平衡电压的方法更为精确,所以我们需要通过改变 R 的阻值使得电路中 A,B 两点的电势相等. 如图 2.57 所示,这种情况下电流计 G 的读数为 0,通过电阻 R_1,R_2 的电流是相等的;通过电阻 R 和 R_x 的电流 I_x 也是相等的. 所以有

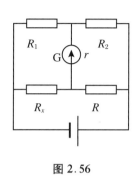

图 2.56

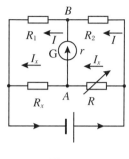

图 2.57

$$I_x R = I R_2$$
$$I_x R_x = I R_1$$

解得

$$\frac{R_1}{R_2} = \frac{R_x}{R}$$

$$R_x = R \frac{R_1}{R_2}$$

(2) 为了求电流计 G 的内阻 r,我们可以用 G 来代替 R_x. 如图 2.58 所示,我们不能增加电表,但没有限制不能使用开关 S. 改变可变电阻,直到开关"闭合"和"断开"都不影响电流计 G 的读数. 这意味着在"桥" A,B 两点之间电压为零. 所以有

$$I_1 R = I_2 R_2$$
$$I_1 r = I_2 R_1$$

解得

$$r = R \frac{R_1}{R_2}$$

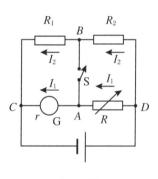

图 2.58

例 35 在如图 2.59 所示的电路中,电阻 R_1,R_2 和电源电动势 ε_1,ε_2 已知,其中电源内阻可以忽略不计.

(1) 阻值 R 为多少时,R 上消耗的电功率最大?

(2) 求出 R 上消耗的最大功率.

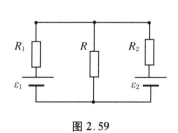

图 2.59

解析 最简单的解决方法是基于欧姆定律写出功率表达式然后求一阶导数,找出功率最大值. 对于电路,我们可以写出以下方程:

$$\varepsilon_1 - I_1 R_1 = \varepsilon_2 - I_2 R_2 = IR$$
$$I_1 + I_2 = I$$

解得通过电阻 R 的电流 I 可以表示为

$$I = \frac{\varepsilon_1 R_2 + \varepsilon_2 R_1}{RR_1 + RR_2 + R_1 R_2}$$

电阻 R 上的功率可以表示为

$$P = I^2 R \quad \text{或} \quad P = \frac{(\varepsilon_1 R_2 + \varepsilon_2 R_1)^2 R}{[R_1 R_2 + R(R_1 + R_2)]^2} \tag{1}$$

(1) 为了得到提供最大功率的电阻,我们使其一阶导数为零,则 R 的值为

$$R = \frac{R_1 R_2}{R_1 + R_2} \tag{2}$$

(2) 由于电阻为零时消耗的功率为零,在电阻非常大时,电流变得可以忽略不计,其功率也接近于零.联立式(1)、式(2),可以得到功率的最大值为

$$P_{\max} = \frac{(\varepsilon_1 R_2 + \varepsilon_2 R_1)^2}{4R_1 R_2 (R_1 + R_2)} \tag{3}$$

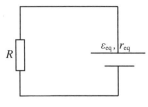

图 2.60

另外,还可以利用等效电源(需要求出等效电动势和等效内阻)的方法来解决问题.画出等效电路如图 2.60 所示.

等效内阻为

$$r_{\text{eq}} = \frac{R_1 R_2}{R_1 + R_2} \tag{4}$$

当电源内电阻等于外电阻时,外电阻消耗的功率最大.因此,R 的阻值和等效电源的内阻相等,其值与式(2)相等.

如果将等效电源短路,短路电流为

$$I = \frac{\varepsilon_{\text{eq}}}{r_{\text{eq}}} = \frac{\varepsilon_1}{R_1} + \frac{\varepsilon_2}{R_2}$$

可得等效电动势为

$$\varepsilon_{\text{eq}} = \frac{\varepsilon_1 R_2 + \varepsilon_2 R_1}{R_1 + R_2} \tag{5}$$

根据欧姆定律,由(4)(5)两式可得最大功率为

$$P_{\max} = I^2 R = \left(\frac{\varepsilon_{\text{eq}}}{r_{\text{eq}} + R}\right)^2 \cdot R = \frac{(\varepsilon_1 R_2 + \varepsilon_2 R_1)^2}{4R_1 R_2 (R_1 + R_2)} \tag{6}$$

通过对比两种方法所求的结果是一样的.

例 36 如图 2.61 所示,一个二极管接在电源电动势为 ε 的电路中.二极管内电流与电压的函数关系如图 2.62 所示.一个电容为 C 的电容器最初没有充电,闭合开关 K.问电容器充电过程中,阻值为 R 的电阻上产生了多少热量?

解析 理想二极管的伏安特性曲线应该如图 2.63 所示.然而一个典型的二极管特性曲线更像图 2.64 所示.二极管正向导通前有一个很小的阈值电压,例如,锗二极管是 0.3 V,硅二极管是 0.7 V.正向导通后则伏安特性曲线比较理想.

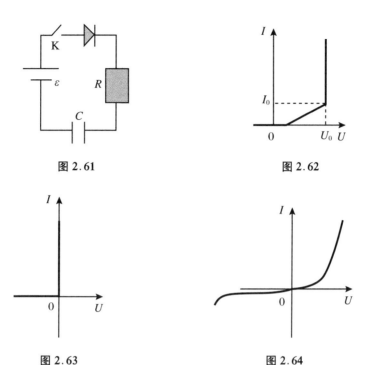

图 2.61　　　　　　　　　图 2.62

图 2.63　　　　　　　　　图 2.64

实际上,正向电流与正向电压函数关系是一条光滑曲线,为了简单起见,图 2.62 用折线来代替,这样阈值电压就更为清楚了.

电路闭合后,电源对电容器充电,电容器的电压逐渐增加,电流逐渐减小.直到电流变为 I_0,二极管两端的电压变为 U_0. 根据能量守恒定律,可以计算在最初一段时间内电阻上产生的热量 H_1,它是电源做的总功(A_1)与二极管消耗的电能(A_D)和电容器储能(A_C)之差:

$$H_1 = A_1 - A_D - A_C \qquad (1)$$

当 $t = t_1$ 时,电流为 I_0,我们可以进行如下计算.

电容器两端的电压为

$$U_C = \varepsilon - U_0 - I_0 R$$

通过电路的电荷总量为

$$q_1 = CU_C = C(\varepsilon - U_0 - I_0 R)$$

电源做功为

$$A_1 = q_1 \varepsilon = C\varepsilon(\varepsilon - U_0 - I_0 R)$$

二极管消耗的电能为

$$A_D = q_1 U_0 = CU_0(\varepsilon - U_0 - I_0 R)$$

电容器的储能为

$$A_C = \frac{q_1 U_C}{2} = \frac{C(\varepsilon - U_0 - I_0 R)^2}{2}$$

代入式(1)得到

$$H_1 = \frac{C}{2}\left[(\varepsilon - U_0)^2 - (I_0 R)^2\right] \tag{2}$$

如图 2.62 所示,在电流继续从 I_0 变小到 0 的过程(称为第二阶段)中,二极管两端电压随之线性减少,二极管可以看成遵循欧姆定律的电阻(我们应该忽略折线那段很短的水平段).很容易得到二极管的等效电阻为 $r = U_0/I_0$,二极管产生的热量为 H_{D2},电容器的储能增加量为 ΔW_C.则式(1)变为

$$H_2 = A_2 - H_{D2} - \Delta W_C \tag{3}$$

当电流变为 0 时,二极管与电阻两端的电压也变为 0.电容器两端的电压变为 ε,电容器带电量为 $q = \varepsilon C$.

因此,在第二阶段中,通过电路的电量为 $q_2 = q - q_1$.

$$q_2 = C\varepsilon - C(\varepsilon - U_0 - I_0 R) = C(U_0 + I_0 R)$$

因此,在第二阶段中,电源做的功为

$$A_2 = q_2 \varepsilon = C\varepsilon(U_0 + I_0 R) \tag{4}$$

在这段时间内,电容器的静电能增量为

$$\Delta W_C = \frac{q^2 - q_1^2}{2C} = \frac{C\varepsilon^2}{2} - \frac{C}{2}(\varepsilon - U_0 - I_0 R)^2$$

$$= C\varepsilon(U_0 + I_0 R) - \frac{C}{2}(U_0 + I_0 R)^2 \tag{5}$$

根据式(3)~(5),可得

$$H_2 + H_{D2} = A_2 - \Delta W_C = \frac{C}{2}(U_0 + I_0 R)^2 \tag{6}$$

电阻与二极管串联,通过的电流相等.由此可以得到

$$\frac{H_2}{H_{D2}} = \frac{R}{r} \tag{7}$$

联立(6)(7)两式,且 $r = U_0/I_0$,则有

$$H_2 = \frac{R}{R+r} \frac{C(U_0 + I_0 R)^2}{2}$$

所以电阻上产生的总热量为

$$H = H_1 + H_2 = \frac{C[(\varepsilon - U_0)^2 - (I_0 R)^2]}{2} + \frac{R}{R+r} \frac{C(U_0 + I_0 R)^2}{2}$$

$$= \frac{C}{2}\left[(\varepsilon - U_0)^2 + U_0 I_0 R\right]$$

例 37 如图 2.65 所示,现有两块完全相同的由很多小磁铁组成的磁铁组,磁铁组的一面贴塑料广告纸(用白色面表示),另一面是纯磁铁面(用黑色面表示).我们只利用一把刻度尺就可以判断小磁铁的排列方式,请你写出实验设计和判断的理论依据.

解析 有如图 2.65 所示的吸在一起的两个磁铁,其中黑色面有磁性.然后如图 2.66

所示把它们左右拉开,将会发出噼啪的声响.

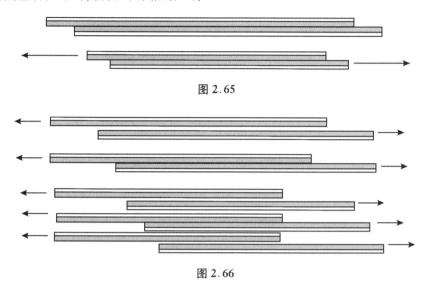

图 2.65

图 2.66

出现这种现象是因为它们自身存在阻碍彼此分开的作用力.

每一次它们被拉开时先排斥,再相互吸引,都会发出声音.当然这种现象只会发生在我们沿着轴向(图 2.67)拉磁铁的过程中.而用如图 2.68 所示的方式拉开时,则不会.

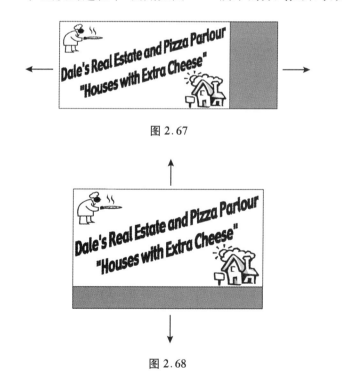

图 2.67

图 2.68

这意味着两块磁铁一定包含很多磁偶极子,不妨设它们的南北极排列如图 2.69 所示.

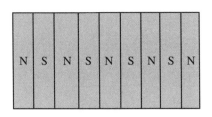

图 2.69

假如两块磁铁吸引在一起的位置位于 5 mm,9 mm,13 mm,17 mm 处,那么这块磁铁的宽度约为 4 mm.

从侧面看,磁铁的排列可能是如图 2.70 所示的 A 方式.

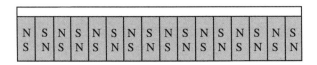

图 2.70

或者也可能是如图 2.71 所示的 B 方式.

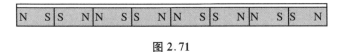

图 2.71

但不可能是如图 2.72 这样排列.

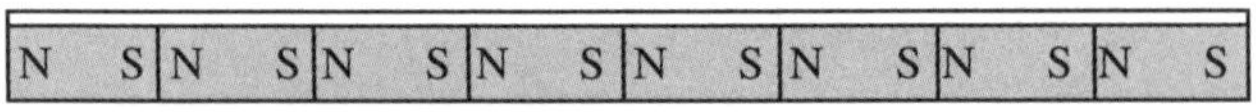

图 2.72

如果按图 2.72 这样排列,该磁铁组可以被等效为图 2.73,那么拉开时将不会发出噼啪的声响.

图 2.73

最后,为了辨别磁铁的排列是 A 方式还是 B 方式,我们不妨把两个磁铁的末端相互靠近,它们将发生相互作用(可能是吸引,也可能是排斥).我们将它们反转一下,受力若与原来相反,则是按 A 方式排列(图 2.74).若受力方向没有改变,则是按 B 方式排列.

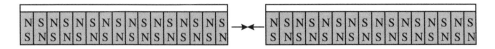

图 2.74

例 38 如图 2.75 所示,一个绝缘球体质量为 80.0 g,半径为 20.0 cm,平行紧密地绕着 5 匝线圈,每匝与球体同心.球放在一个斜面上,斜面向左边倾斜,与水平方向夹角为 θ,线圈与斜面平行.该区域存在竖直向上的匀强磁场,磁感应强度为 0.350 T.

(1) 要使球体在斜面上处于平衡,线圈中的电流是多少?

(2) 计算结果与角 θ 有关吗?

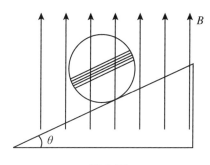

图 2.75　　　　　　　图 2.76

解析 图 2.76 是斜面上球体的受力图.各物理量用如下符号表示:f_s 是静摩擦力,$B = 0.350$ T 是外部磁场的磁感应强度,I 是线圈中的未知电流,μ 是载流线圈的磁矩,$M = 0.0800$ kg 是球体的质量,$g = 9.80$ m/s^2 是自由落体加速度,$R = 0.200$ m 是球体的半径,$N = 5$ 是线圈的匝数.

(1) 球体处于平动平衡状态,因此

$$f_s - Mg\sin\theta = 0 \tag{1}$$

球体处于转动平衡.对于球心的扭转力矩,载流线圈在磁场中受到的顺时针力矩用 $\mu B\sin\theta$ 表示,摩擦力产生的逆时针方向的力矩用 $f_s R$ 表示.则

$$f_s R - \mu B\sin\theta = 0 \tag{2}$$

从式(1)可知

$$f_s = Mg\sin\theta$$

代入式(2)消去 $\sin\theta$,可得

$$\mu B = MgR \tag{3}$$

根据定义,该时刻线圈中的磁矩为 $\mu = NI\pi R^2$,代入式(3)得

$$I = \frac{Mg}{\pi NBR} = \frac{80.0 \times 10^{-3} \text{ kg} \times 9.80 \text{ m/s}^2}{3.14 \times 5 \times 0.350 \text{ T} \times 0.200 \text{ m}} = 0.713 \text{ A}$$

从上向下看,电流方向为逆时针方向.

(2) 结果与斜面倾角 θ 无关.

例 39 利用一节电池、磁带和一些导线设计一个电动机.画图说明你的电动机如何组装与工作.解释你的装置以及操作中蕴含的物理原理.

解析 电动机能把电能转化为机械能.设计如图2.77所示,把线圈L与电池相连.磁铁M给电流线圈L施加一个安培力.如果电流总是同向流动,L将会旋转一到两周,直至水平位置.此时L受到的合力为0,线圈可能会在水平位置随机晃动,也可能另有一些特殊的动作.

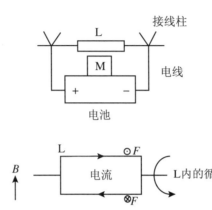

图 2.77

如果在L的前半个循环中电流方向不变,在后半个循环时改变方向,可能使得载流导线上所受的合力是连续的.这取决于L与接线柱之间的接触方式.

若是如此,则在电池电能耗尽之前,线圈将沿着一个方向旋转.

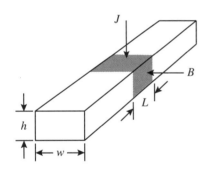

图 2.78

例 40 钠的熔点为 99 ℃,液态钠是一种理想的热导体,可以当作核反应堆的冷却剂.液态钠受到磁场的安培力在管道中流动,其原理如下:假设绝缘导管矩形横截面的宽和高分别为 w 和 h.匀强磁场垂直作用于长为 L 的管道界面上,如图2.78所示.已知电流方向垂直管道和磁场,电流密度为 J.

(1) 求液态钠受到的磁场力的大小和方向.

(2) 求出磁场作用区域液态钠增加的压强.

解析 (1) 定义矢量 h 方向向下,矢量 L 方向沿着管子向里(指入纸面),电流受到的磁场安培力 F_B 沿着 L 方向.则有

$$F_B = I(h \times B)$$
$$\Rightarrow \quad F_B = IhB\sin 90° = IhB$$

(2) 钠由自由电子和正离子组成,沿着管道流动,整体呈现中性,但是在磁场作用的长度为 L 的管道内部,电子向上移动,形成方向向下的电流.则有

$$I = J \times 面积 = JLw$$

电流受到的磁场力为

$$F_B = JLwhB$$

这个力沿着管子的轴向方向,将会促使液体流动,其产生的压强为

$$\frac{F_B}{\text{面积}} = \frac{JLwhB}{wh} = JLB$$

例 41 一个加速电压为 U 的电子射线管被放置在磁感应强度为 B 的匀强磁场中,磁场方向沿着电子射线管的轴向,工作时显示屏上会有一个小的扩散点. 当磁感应强度 B 变化时(如 $B_0, B_1, B_2, \cdots$),在屏幕上可以使电子聚焦.

(1) 解释这一现象,求出 B_0.

(2) 在上述实验中,我们怎样求出其荷质比.

解析 电子在电场中加速后进入磁场,且在平行于磁场的管轴方向上都具有相同的速度分量:

$$v_{/\!/} = \sqrt{\frac{2eU}{m}} \tag{1}$$

电子在平行于磁场的管轴方向做匀速运动,在垂直磁场的方向上存在着可忽略不计的随机速度分量. 在磁场的作用下,磁场力提供了向心力.

$$\frac{mv_\perp^2}{R} = ev B \tag{2}$$

$v_\perp$ 为电子在垂直于磁场方向的速度分量,式(2)给出电子的圆周半径为

$$R = \frac{mv_\perp}{eB}$$

电子的旋转周期为

$$T = \frac{2\pi R}{v_\perp} = \frac{2\pi m}{eB} \tag{3}$$

显然,电子做圆周运动的周期与速度无关. 因此,无论 $v_\perp$ 大小如何,所有的电子绕管轴旋转一周所需的时间都相同. 所以,电子在管内做螺旋线运动. 每次旋转完成一周后电子都将会聚相遇. 如果电子在管内的运动距离 L 恰好是旋转一周沿轴向前进的距离(一个螺距)的整数倍,则电子恰能会聚,这可以在屏幕上显示为一个亮点.

$$L = nv_{/\!/} T = n\sqrt{\frac{2eU}{m}} \cdot \frac{2\pi m}{eB} = \frac{n}{B} \cdot 2\pi \cdot \sqrt{\frac{2mU}{e}} \tag{4}$$

当 $B = B_0$ 时,$n = 1$;当 $B = 2B_0$ 时,$n = 2 \cdots\cdots$

如果我们调整所有的参数,使得 $n = 1$,则电子的荷质比为

$$\frac{e}{m} = \frac{8\pi^2 U}{L^2 B_0^2}$$

其中,L, U, B_0 可以直接测出.

例 42 如图 2.79 所示,一个横截面是圆形的环形螺线管,其上面有 N 匝金属丝,金属丝上通过的电流为 I.

(1) 求螺线管内部的磁感应强度 B 的大小.

(2) 当 $t=0$ 时,有一电子以初速度 $\boldsymbol{v}_0 = v_0\hat{\boldsymbol{z}}$ 进入螺线管内.求当 $t>0$ 时电子的轨迹.

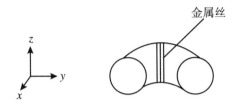

图 2.79

解析 (1) 根据安培环路定理 $\oint \boldsymbol{B} \cdot \mathrm{d}\boldsymbol{l} = \mu_0 IN$,其中 $\boldsymbol{B}$ 为磁感应强度,μ_0 为磁导率,IN 为环路 N 匝线圈内电流的代数和.根据对称性,螺线管内的磁感应强度 $\boldsymbol{B} = B(r)\hat{\boldsymbol{\theta}}$,其中 $B(r)$ 满足

$$\oint \boldsymbol{B} \cdot \mathrm{d}\boldsymbol{l} = \oint B \mathrm{d}l = B\oint \mathrm{d}l = B2\pi r = \mu_0 IN \quad \Rightarrow \quad B(r) = \frac{\mu_0 IN}{2\pi r} \quad (1)$$

积分路径是半径为 r 的圆.

(2) 电子受到的洛伦兹力为

$$\boldsymbol{F} = q\boldsymbol{v} \times \boldsymbol{B} \quad \Rightarrow \quad F = qvB = \frac{mv^2}{R} \quad \Rightarrow \quad RB = \frac{mv}{q} \quad (2)$$

其中,R 是电子路径的曲率半径,由式(1)得 $B = B(r)$.$\boldsymbol{F}$ 与电子运动方向垂直,磁场 $\boldsymbol{B}$ 做功为 $\boldsymbol{F} \cdot \boldsymbol{x} = 0$,电子速率 v_0 不变.

$$RB(r) = R\frac{\mu_0 IN}{2\pi r}$$

始终是常数.距环形中心两个不同距离位置的曲率半径是相关的:

$$\frac{R_1}{r_1} = \frac{R_2}{r_2} \quad \Rightarrow \quad R_2 = \frac{r_2}{r_1}R_1$$

这表明:若 $r_2 < r_1$,则 $R_2 < R_1$.当 r 减小时,曲率半径减小.电子运动的路径如图 2.80 所示.

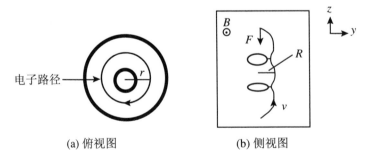

(a) 俯视图 (b) 侧视图

图 2.80

例43 半径为 r 的金属球以速度 v 匀速运动在匀强磁场 B 中.在球上找到电势差最大的位置并求出 $\Delta\varphi_{\max}$.

B 和 v 之间的夹角为 α,$\alpha = \dfrac{\pi}{4}$,你可以选择恰当的其他相关参数对电势差最大值进行数值估计.

解析 由于金属球在匀强磁场 B 中的运动,电子会受磁场力的作用.结果,自由电子分布在球的外部,由球体电荷分布产生的电场在球体内部的分布是均匀的,并能平衡磁场的作用.一旦达到平衡,电子重新分布就停止.此时,电场强度 E 遵循

$$q\boldsymbol{E} + q\boldsymbol{v} \times \boldsymbol{B} = \boldsymbol{0} \tag{1}$$

其中,q 代表电子的电量.由式(1)我们得到

$$\boldsymbol{E} = \boldsymbol{B} \times \boldsymbol{v} \tag{2}$$

因此我们得出结论:球体内电场是均匀的,而且有

$$|\boldsymbol{E}| = |\boldsymbol{B}||\boldsymbol{v}|\sin\alpha \tag{3}$$

最大的电势差值可以在球体内取最大路径,即平行于矢量 E 的球的直径.最后我们得出

$$\Delta\varphi_{\max} = |\boldsymbol{E}|2r = 2r|\boldsymbol{B}||\boldsymbol{v}|\sin\alpha \tag{4}$$

当 $\alpha = \dfrac{\pi}{4}$,$B = 1$ T,$v = 1$ m/s,$r = 1$ cm 时,电势差的最大值 $\Delta\varphi_{\max} \approx 14$ mV,这个电势差很容易被观测到.

例44 图 2.81 所示为一个解体的原声吉他,一个学生开始给它装弦,在两个固定夹间装上一根金属材料的乐器弦,单位长度的质量为 $\mu = 3.00 \times 10^{-3}$ kg/m,两固定夹相距 $d = 64.0$ cm,施加张力 $T = 267$ N.他的室友在弦的两端连上电压表,将磁铁横跨弦的两侧,如图 2.81 所示.磁铁与弦不接触,在弦的中部上方 2.00 cm 高度范围内产生一个匀强磁场,磁感应强度 $B = 4.50$ mT,其他区域磁场忽略不计.弹奏弦,使它以基准音(最低)频率振动.处于磁场区域内的弦在垂直磁场的方向稳定地振动,振幅为 $A = 1.50$ cm.求:

图 2.81

(1) 频率.

(2) 弦两端之间感应电动势的最大值.

解析 波在弦上传播的速度为

$$v = \sqrt{\dfrac{T}{\mu}} = \sqrt{\dfrac{267 \text{ N} \cdot \text{m}}{3.00 \times 10^{-3} \text{ kg}}} = 298 \text{ m/s}$$

考虑最简单的驻波振动情况(在本实验中,由于弦的两端是固定的,故两端点为波节,所以只有当均匀弦线的两个固定端之间的距离(弦长)等于半波长的整数倍时,弦线上才会形

成驻波）：
$$d = 0.640 \text{ m} = \frac{\lambda}{2}$$
解得
$$\lambda = 1.28 \text{ m}$$
基音频率为
$$f = \frac{v}{\lambda} = \frac{298 \text{ m/s}}{1.28 \text{ m}} = 233 \text{ Hz}$$

（1）通过包含弦的回路的磁通量不断变化,回路中将产生感应电流.弦向上运动时,弦中感应电流向左；弦向下运动时,感应电流向右.感应电动势的频率与振动频率相同,为 233 Hz.

（2）弦中点竖直方向的坐标可以描述为
$$z = A\cos\omega t = 0.0150 \text{ m} \times \cos(2\pi \cdot 233 \text{ s}^{-1} \cdot t)$$
它的速度为
$$v_z = \frac{\mathrm{d}z}{\mathrm{d}t} = -0.0150 \text{ m} \times (2\pi \cdot 233 \text{ s}^{-1})\sin(2\pi \cdot 233 \text{ s}^{-1} \cdot t)$$
$$= -22.0 \times \sin(2\pi \cdot 233 \text{ s}^{-1} \cdot t) \text{ m/s}$$
它的最大速度为 22.0 m/s.

感应电动势 $\varepsilon = Blv$,代入后求得幅值为
$$\varepsilon_{\max} = Blv_{\max} = 4.50 \times 10^{-3} \text{ T} \times 2.00 \times 10^{-2} \text{ m} \times 22.0 \text{ m/s}$$
$$= 1.98 \times 10^{-3} \text{ V}$$

例 45 最简单的磁流体动力学发电机由一对平行板电容器组成,电容器浸入电导率为 σ 的导电液体中.电容器板正对面积为 S,两板间距离为 d,液体平行于极板的流速为 v.电容器处在匀强磁场 B 中,磁场方向垂直于流速,平行于平行板.

在外电路上接一个电阻 R,求 R 所消耗的功率,并解释外电阻产热的原因.

解析 里面充满了流动导电液体的电容器,将其放置到磁场中时可以看成一个电源,下面求解该电源的内电阻与电动势.

在磁场 B 中,速度为 v 的导电液体中的自由电荷 q 受到的磁场力为 $F = qvB$,其运动轨迹将发生偏转而堆积到电容器的极板上.如果电容器没有连接外部电阻器,充电继续,直到不断增强的电场作用在带电粒子上的电场力和磁场力相等为止：
$$qE = qvB \quad \text{或} \quad E = vB$$
断路时,平行板电容器两板间的电势差大小等于电动势的大小,即 $\varepsilon = vBd$.

内电阻等于两板间的导电液体的电阻：
$$r = \frac{d}{\sigma S}$$

将电容器与外电阻连接,组成一个闭合电路:
$$I = \frac{\varepsilon}{R + r}$$
则外电阻消耗的功率为
$$P = I^2 R = \frac{(vBd)^2 R}{\left(R + \dfrac{d}{\sigma S}\right)^2}$$

磁场力总是垂直于速度方向,不做功.下面解释电阻热量的来源.

电路闭合后,导电液体中的自由电荷受磁场力作用偏转后存在一个方向垂直于液体原来流动方向(即垂直于极板)的分速度,这就出现了一个与流速 v 方向相反的磁场力分量.因此,磁场力的总功等于两个磁场力分量做功之和.下面证明此总功为零.

垂直于极板的磁场力使得自由电荷垂直于极板运动,其功率为
$$P_\perp = F_\perp v_\perp = qvBv_\perp$$
其中,$v_\perp$ 是垂直于极板的分速度.由此产生了一个与导电液体流速方向相反的磁场力,其做功为
$$P_{/\!/} = -F_{/\!/} v = -qv_\perp Bv$$
则磁场做的总功率为
$$P_\perp + P_{/\!/} = 0$$

系统的能量其实来自于让液体通过电容器的泵.电源克服液体的机械阻力与电磁阻力做功,能量最终转换为电路的焦耳热.

例 46 在半径为 R 的环形加速器中,一束非常薄的质子束以某初速度(不考虑相对论效应)射入.质子质量为 m,电荷量为 e.质子总数为 n,初始等效电流为 I.穿过质子束圈的磁通量的变化率为 φ,质子束运动半径保持不变.粒子转一圈后,等效电流为多大?

解析 为了简化问题,质子束射入加速器后可以看成带电量为 ne 的单个粒子在腔内做圆周运动.根据定义,电流是导体横截面的电荷量和时间的比值.假设质子做匀速圆周运动,则电流 I_U 与质子速度 v_U 之间的关系可以表示如下:
$$I_U = \frac{en}{T} = \frac{env_U}{2\pi R}$$

$\dfrac{en}{2\pi R}$ 不随时间发生变化,因此这个公式也同样适用于瞬时电流 $I(t)$ 与瞬时速度 $v(t)$:
$$I(t) = \frac{en}{T} = \frac{env(t)}{2\pi R} \tag{1}$$

为了求出转一圈后的电流,需要知道粒子转一圈后的速度.根据电磁感应定律可知感应电动势的大小为 φ,加速质子做功为 $e\varphi$,使得质子动能增加.转一圈后质子速度可以根据能量守恒定律得到:

$$v_1 = \sqrt{v_0^2 + \frac{2e\varphi}{m}} \qquad (2)$$

其中，v_0 是质子的初速度，将初始等效电流 I 代入式(1)可以得到

$$v_0 = \frac{2\pi R I}{en} \qquad (3)$$

联立式(1)~(3)，可以得到转过一圈之后的电流 I_1 为

$$I_1 = \frac{en}{2\pi R} v_1 = \frac{en}{2\pi R} \sqrt{\left(\frac{2\pi R I}{en}\right)^2 + \frac{2e\varphi}{m}} = I\sqrt{1 + \frac{n^2 e^3 \varphi}{2\pi^2 R^2 m I^2}}$$

例 47 利用电磁感应原理，一个电子在电子感应加速器的作用下可以达到数百 MeV 的能量范围. 真空中的电子受垂直于轨道平面的磁场的作用可受限于一个圆形轨道内. 磁场逐渐增加，感应出轨道周围的涡旋电场.

(1) 描述出使电子加速的正确的电场方向.

(2) 假设轨道半径保持不变，轨道内部的磁场大小是否均匀分布？证明你的观点.

解析 (1) 要找到带电粒子所受电场力的方向，可以使用几个方便的规则，如带正电粒子的"右手法则". 此规则在不同的教科书中有不同的表述，我们可以采取以下表述. 右手法则：如果拇指指向一个带正电粒子的运动方向，手掌平直，其他手指指向磁场方向，粒子所受的力的方向就是手掌掌心朝向的方向.（或者伸开右手，使大拇指和其余四个手指垂直，并且都与手掌在一个平面内，把右手放入磁场中，让磁感线垂直穿入手心，大拇指指向导体运动的方向，则其余四指指向动生电动势的方向.）在本例中，这个规则应该修改为带负电荷的粒子，力的方向与上述解释相反.

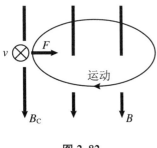

图 2.82

假设磁场垂直向下，当电子朝纸面向里运动时，力的方向由 $\boldsymbol{F} = q(\boldsymbol{v} \times \boldsymbol{B}) = -e(\boldsymbol{v} \times \boldsymbol{B})$ 决定，结果如图 2.82 所示. 因此，从上向下看，电子是顺时针旋转的.

由于向下磁场的增加，轨道中产生俯视逆时针的涡旋电场，顺时针旋转的电子受到电场力的作用而加速.

(2) 为简单起见，我们将讨论非相对论情况，在轨道上，向心力 $F_C = F$：

$$\frac{mv^2}{r} = |q|vB_C \sin 90° \Rightarrow mv = |q|rB_C \qquad (1)$$

其中，B_C 是在圆周上的磁感应强度. m，q 和 r 不变，而 B_C 增加. 根据加速度的定义对比式(1)，我们可以发现，切向加速度的来源是磁感应强度的变化：

$$m\frac{\Delta v}{\Delta t} = ma_\tau = |q|r\frac{\Delta B_C}{\Delta t} \qquad (2)$$

根据法拉第电磁感应定律，在一个闭合电路中改变回路内的磁通量会产生感应电动势. 在本例中，电路即为电子的运动轨迹. 故而法拉第电磁感应定律可写为

$$\varepsilon = -\frac{\Delta \Phi}{\Delta t} = -\left(\frac{\Delta B_{\text{av}}}{\Delta t}A\right) = -\pi r^2 \frac{\Delta B_{\text{av}}}{\Delta t} \tag{3}$$

其中,Φ 为电子运动轨道内的磁通量,B_{av} 为电子运动轨道内的平均磁感应强度.

现在考虑圆形轨道上的感应电动势和涡旋电场的关系,可以得到在闭合电路中 $\varepsilon = E_C 2\pi r$.

这和式(3)相等:

$$E_C 2\pi r = \pi r^2 \frac{\Delta B_{\text{av}}}{\Delta t} \Rightarrow E_C = \frac{r}{2}\frac{\Delta B_{\text{av}}}{\Delta t}$$

$$\Rightarrow F_C = |q|E_C = |q|\frac{r}{2}\frac{\Delta B_{\text{av}}}{\Delta t} \tag{4}$$

联立式(2)(4)可得

$$|q|r\frac{\Delta B_C}{\Delta t} = |q|\frac{r}{2}\frac{\Delta B_{\text{av}}}{\Delta t}$$

故得

$$2B_C = B_{\text{av}}$$

如果磁场是均匀的,平均磁感应强度将等于圆周磁场内任何地方的磁感应强度的值,当然也等于圆周上的磁感应强度.这与结果矛盾,显然不可能.因此,我们可以得出结论:电子运动轨道内部的磁场大小不是均匀分布的.

例48 一个很薄的电介质环,带电均匀且带电量为 Q,质量为 m,放置在没有摩擦的水平面上.磁场垂直于水平面.现在使磁感应强度从 0 变化到 B_0,求磁场变化结束后此圆环的角速度.

解析 磁感应强度改变导致通过环的磁通量发生变化,由此产生感应电动势 ε.

选取一个微元,其长度为 Δl,则微元的电动势为 $\Delta \varepsilon = E\Delta l$,其中 E 表示环上的电场强度的大小.环上所有的微元可以看成一系列串联的电源,所有微元的电动势之和为 $\varepsilon = E \cdot 2\pi R$.根据法拉第电磁感应定律,可得电场强度为

$$E = \frac{|\varepsilon|}{2\pi R} = \frac{1}{2\pi R}\left|\frac{\Delta \Phi}{\Delta t}\right| = \frac{1}{2\pi R}\frac{\pi R^2 B_0}{\Delta t} = \frac{RB_0}{2\Delta t}$$

长度为 Δl 的微元带电量为 $\Delta Q = \frac{Q}{2\pi R}\Delta l$,质量为 $\Delta m = \frac{m}{2\pi R}\Delta l$.

微元受到的电场力产生的切向加速度为

$$a_\tau = \frac{E\Delta Q}{\Delta m} = \frac{RB_0 Q}{2m\Delta t}$$

所有的微元的加速度是相同的.经过时间 Δt,环的线速度为

$$v = a_\tau \Delta t = \frac{RB_0 Q}{2m}$$

对应的角速度为

$$\omega = \frac{v}{R} = \frac{QB_0}{2m}$$

例49 如图2.83所示,一个大型圆线圈(L)半径为 a,圆心处于 xOy 平面内的$(0,0,0)$处.电流 I 在 L 内逆时针流动.一个小型圆线圈(S)半径为 $b(b \ll a)$,从 $(0,0,z_0)$ 处沿 z 轴竖直落下,$z_0 \gg a$. S 的质量为 m,电阻为 R.求 S 内的电流,并描述 S 的运动情况.

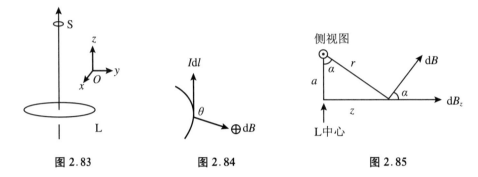

图2.83　　　　　　　　图2.84　　　　　　　　图2.85

解析　如图2.84所示,根据毕奥-萨伐尔定律可知大线圈 L 的电流元 Idl 在某点产生的磁感应强度为

$$dB = \frac{\mu_0}{4\pi} \frac{I\sin\theta dl}{r^2} \tag{1}$$

根据对称性,如图2.85所示,z 轴上点的磁感应强度只有 z 分量,其他分量互相抵消:

$$dB_z = dB\cos\alpha = \frac{\mu_0}{4\pi} \frac{I\sin\frac{\pi}{2}dl}{r^2} \frac{a}{r} = \frac{\mu_0}{4\pi} \frac{Iadl}{r^3} \tag{2}$$

$$B_z = \int dB_z = \frac{\mu_0}{4\pi} \frac{Ia}{r^3} \int dl = \frac{\mu_0}{4\pi} \frac{Ia(2\pi a)}{(z^2+a^2)^{3/2}} = \frac{\mu_0 Ia^2}{2(z^2+a^2)^{3/2}} \tag{3}$$

假设穿过小线圈 S 的磁感应强度恒定,则穿过小线圈 S 的磁通量为

$$\Phi = \boldsymbol{B} \cdot \boldsymbol{A} = B\pi b^2 = \frac{\mu_0 \pi Ia^2 b^2}{2(z^2+a^2)^{3/2}} \tag{4}$$

小线圈 S 上的电动势为

$$\varepsilon(t) = -\frac{\partial \Phi}{\partial t} = -\frac{-3\mu_0 \pi Ia^2 b^2 z dz}{2(z^2+a^2)^{5/2} dt} = \frac{3\mu_0 \pi Ia^2 b^2 z(t) v_z(t)}{2[z(t)^2+a^2]^{5/2}} \tag{5}$$

释放后,大线圈 L 的磁场对小线圈 S 的合力为0,小线圈朝大线圈做加速运动.小线圈的位置与速度为

$$z = z(t) = z_0 - \frac{1}{2}gt^2$$

$$\boldsymbol{v} = v_z(t)\hat{z} = -gt\hat{z}$$

小线圈 S 内的电流 $I_S(t) = \frac{\varepsilon(t)}{R}$.根据楞次定律,为了产生一个与大线圈 L 方向相反的磁场,小线圈 S 内感应电流方向为顺时针.

例 50 史蒂夫有一个可以产生磁感应强度为 1.5 T 的水平磁场的超导螺线管磁铁,他在该磁场中用 CDF 实验研究上夸克.除了研究物理,史蒂夫也喜欢弹吉他.请问史蒂夫在 CDF 磁场中弹吉他安全吗?如果他在 E_4 弦上弹奏,其弹奏的振幅峰值为 1 mm 时,是否会使自己触电被击伤或者烧伤自己的手指?

备注:E_4 弦的固有频率为 330 Hz,弦长为 66 cm,直径为 0.23 mm,阻值为 12 $\mu\Omega\cdot$cm,热传导系数为 80 W/(m·K),密度为 0.3 g/m,其比热为 500 J/(kg·K).

E_4 弦按正弦形式振动,弦的两端固定在温度恒为 21 ℃ 的图钉上.假设所有热量都是通过图钉或者史蒂夫的手指散失的,热辐射和热传导可以忽略不计.通过导线流失热量所需要的时间比弦的振动周期长很多.热传导和电传导具有相似的性质:电势差引起电荷流动为电传导,温差引起热量的流动为热传导,因此它们的方程式是相似的.

解析 我们应用法拉第电磁感应定律讨论这个问题.假定弦以正弦形式振动,当它扫过面积为 A、磁感应强度为 B 的磁场时,如图 2.86 所示取微元 dx,则产生的感应电动势为

$$\varepsilon = B\frac{dA}{dt}$$
$$= B\frac{d}{dt}\int_0^L \frac{a_{pp}}{2}\sin(\omega t)\sin\frac{\pi x}{L}dx$$
$$= B\frac{a_{pp}}{2}\omega\cos(\omega t)\frac{L}{\pi}\cos\frac{\pi x}{L}\bigg|_0^L$$
$$= -\frac{2BLa_{pp}\nu\cos(\omega t)}{}$$

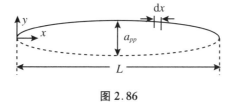

图 2.86

其中,$\omega = 2\pi\nu$ 是辐射频率,$\nu = 330$ Hz 是振动频率,其最大值为

$$\varepsilon_p = |-2BLa_{pp}\nu|$$
$$= 2 \times 1.5 \text{ T} \times 0.66 \text{ m} \times 0.001 \text{ m} \times 330 \text{ s}^{-1}$$
$$= 0.7 \text{ V}$$

这个小电压并没有使史蒂夫触电被击伤,但是这个温度安全吗?

根据焦耳定律和欧姆定律,可以得到

$$dP = \frac{(dU)^2}{dR}$$

$$= \frac{\left(B \dfrac{a_{pp}}{2} \omega \cos(\omega t) \sin \dfrac{\pi x}{L} dx\right)^2}{\dfrac{\rho}{A} dx}$$

$$= \frac{AB^2 a_{pp}^2 \omega^2}{4\rho} \cos^2(\omega t) \sin^2 \frac{\pi x}{L} dx$$

其中,A 为横截面积,ρ 为其电阻率.经过一次完整的振动,其平均功率可以表示为

$$\langle dP \rangle = \frac{AB^2 a_{pp}^2 \omega^2}{4\rho} \sin^2 \frac{\pi x}{L} dx \langle \cos^2(\omega t) \rangle$$

$$= \frac{AB^2 a_{pp}^2 (2\pi v)^2}{4\rho} \sin^2 \frac{\pi x}{L} dx \frac{\int_0^{2\pi} \cos^2(\omega t) dt}{\int_0^{2\pi} dt}$$

$$= \frac{AB^2 a_{pp}^2 \pi^2 v^2}{\rho} \sin^2 \frac{\pi x}{L} dx \frac{\left(\dfrac{1}{2} - \dfrac{1}{4\omega}\sin(2\omega t)\right)\Big|_0^{2\pi}}{2\pi}$$

$$= \frac{AB^2 a_{pp}^2 \pi^2 v^2}{2\rho} \sin^2 \frac{\pi x}{L} dx$$

既然有热量产生,弦将会被加热.根据对称性可知,弦的中间温度一定最高,弦的温度会一直上升,直到达到一个平衡的状态:

$$\frac{dQ}{dt} = -kA\frac{dT}{dx}$$

$$= \int_{L/2}^x \langle dP \rangle = \int_{L/2}^x \frac{AB^2 a_{pp}^2 \pi^2 v^2}{2\rho} \sin^2 \frac{\pi x'}{L} dx'$$

$$= \frac{AB^2 a_{pp}^2 \pi^2 v^2}{2\rho} \left(\frac{x'}{2} - \frac{L}{4\pi}\sin\frac{2\pi x'}{L}\right)\Big|_{L/2}^x$$

$$= \frac{AB^2 a_{pp}^2 \pi^2 v^2}{2\rho} \left(\frac{x}{2} - \frac{L}{4} - \frac{L}{4\pi}\sin\frac{2\pi x}{L}\right)$$

其中,k 是弦的热传导系数.所以

$$\frac{dT}{dx} = \frac{B^2 a_{pp}^2 \pi^2 v^2}{8k\rho}\left(L - 2x + \frac{L}{\pi}\sin\frac{2\pi x}{L}\right)$$

因此,弦的温度表示为

$$T(x) - T(0) = \int_0^x \frac{dT}{dx'} dx'$$

$$= \int_0^x \frac{B^2 a_{pp}^2 \pi^2 v^2}{8k\rho}\left(L - 2x' + \frac{L}{\pi}\sin\frac{2\pi x'}{L}\right) dx'$$

$$= \frac{B^2 a_{pp}^2 \pi^2 v^2}{8k\rho}\left[Lx - x^2 - \frac{L^2}{2\pi^2}\left(\cos\frac{2\pi x}{L} - 1\right)\right]$$

温度最高处的位置为 $x = L/2$.

$$T(x) = \frac{B^2 a_{pp}^2 L^2 v^2}{8k\rho}\left(\frac{\pi^2}{4}+1\right) + T(0)$$

$$= \frac{(1.5\ \text{T})^2 \times (0.001\ \text{m})^2 \times (330\ \text{Hz})^2 \times (0.66\ \text{m})^2}{8 \times (12 \times 10^{-6}\ \Omega \cdot 10^{-2}\ \text{m}) \times [80\ \text{W/(m·K)}]}\left(\frac{\pi^2}{4}+1\right)$$

$$+ (21\ \text{K} + 273\ \text{K})$$

$$= 5100\ \text{K}$$

这意味着史蒂夫会烧到自己的手指,如果他继续弹下去,弦会熔化.我认为史蒂夫应该拿着吉他离开这个CDF磁场.

还有一种方法:

弦扫过的面积可以表示为

$$A = \int_0^{660\ \text{mm}} 1\ \text{mm} \times \sin\frac{\pi x}{660\ \text{mm}} dx = 420\ \text{mm}^2$$

一个周期扫弦两次,所以其平均值为

$$\langle \varepsilon \rangle \cong B\left\langle \frac{dA}{dt} \right\rangle = 1.5\ \text{T} \times 2 \times 330\ \text{Hz} \times 420\ \text{mm}^2 = 0.42\ \text{V}$$

其阻值为

$$R = \frac{\rho L}{S} = \frac{12 \times 10^{-6}\ \Omega \cdot \text{cm} \times 66\ \text{cm}}{\pi \times \left(\frac{0.023\ \text{cm}}{2}\right)^2} = 1.9\ \Omega$$

总功率为

$$P = \frac{U^2}{R} = 93\ \text{mW}$$

在弦的末端会有一半功率发生损失,因此

$$\frac{P}{2} = \frac{\sigma \pi d^2}{4L/2}\Delta T$$

$$\Delta T = \frac{LP}{\sigma \pi d^2} = 4600\ \text{K}$$

$$T_{\text{弦中间}} = T_{\text{弦末端}} + \Delta T \approx 4900\ \text{K}$$

例51 环形线圈中的变化电流会产生变化的磁场,由此产生磁通量的变化,因此在线圈中产生感应电动势,这种现象称为"自感"现象."自感"是因为线圈中电流的变化而产生的,所以感应电动势是电流变化率的函数,可表示为

$$\varepsilon = -L\frac{\Delta I}{\Delta t}$$

其中,L 为自感系数,自感系数取决于线圈的几何形状、匝数和芯材.对于单匝线圈,L 取决于它的形状和大小,国际单位制中 L 的单位为 1 H = 1 V·s/A.

用一个很细的电线制作成一个自感系数为 $0.26\ \mu\text{H}$、直径 $R = 50\ \text{mm}$ 的线圈,将其冷却到超导状态(电阻为零),放在磁感应强度为 $B = 0.5\ \text{mT}$ 的匀强磁场中.磁感线垂直于线圈

平面,问:在撤去磁场后线圈中产生的电流为多少?

解析 超导体的电阻阻值为零,因此,理论上超导体中的电流可以维持无限长时间,而电流可以产生磁场.

根据法拉第电磁感应定律和楞次定律,由于外磁场的变化以及线圈自感现象导致撤去磁场后线圈中出现电流.当外部的磁场消失后,线圈的电动势必须为零,这是因为其电阻为零(电流非零).即

$$\varepsilon = R \cdot I = 0$$

在这种情况下电动势可以分成两部分:

ε_{ind}是由于外部磁场变化而产生的电动势,ε_{si}是由于自身电流的变化而产生的自感电动势.

$$\varepsilon = \varepsilon_{ind} + \varepsilon_{si} \tag{1}$$

显然,两个电动势方向相反,它们大小分别为

$$\varepsilon_{ind} = -\frac{\Delta \Phi_{外界磁场}}{\Delta t} = -\frac{\pi R^2 \Delta B_{外界磁场}}{\Delta t} \tag{2}$$

$$\varepsilon_{si} = -L\frac{\Delta I}{\Delta t} \tag{3}$$

联立式(1)~(3)可得

$$-\pi R^2 (0 - B) = L(I - 0)$$

解得

$$I = \frac{\pi R^2 B}{L}$$

代入数据可得

$$I = 15 \text{ A}$$

例 52 你可能已经注意到,在电视机或电脑显示屏上贴着:即使在断电时,请都不要随意拆开.这是因为其内部有大型电容器,都已经充满电,带有高压——成为一个潜在的致命装置.大型的电感也很危险,如果在一个回路里有电流通过一个大电感,你试着通过断开开关来阻断它,会由于开关两端的巨大电压而产生惊人的火花.在欧洲核子研究中心 AT-LAS 实验室里有一个巨大的电感.这是一个超大的螺线管,磁铁长 5.3 m,线圈半径为 1.2 m.这个螺线管均匀地包裹了 1200 圈超导线,其间通过 8000 A 电流.

(1) 估计螺线管中心的磁场.

(2) 需要并联一个多大的电阻,才能在突然断开电磁铁时,开关两端的电压不会超过 80 V.必须详细说明电阻(用 Ω 表示)及额定功率(用 W 表示).

(3) 如果把这个电阻并联在螺线管两端,需要花多长的时间才能把开关两端的电压降至安全电压 8 V?

解析 （1）我们可以利用公式估计无限长螺线管的磁感应强度：

$$B = \mu_0 n I$$

$$B \approx \mu_0 \frac{N}{L} I = 4\pi \times 10^{-7} \frac{\text{N}}{\text{A}^2} \times \frac{1200}{5.3 \text{ m}} \times 8000 \text{ A} = 2.3 \text{ T}$$

因此,磁感应强度约为 2 T.

（2）因为螺线管和电阻并联,稳定时电流全部通过螺线管的超导线（电阻为零）,通过电阻的电流为零；当螺线管断开时,所有电流将通过电阻.电阻两端的电压就是开关两端的电压,最初的电流就是螺线管内原来的电流,所以电压最大值就是最初的电压：

$$U_{\max} = I_0 R$$

需要的内阻为

$$R = \frac{U_{\max}}{I_0} = \frac{80 \text{ V}}{8000 \text{ A}} = 0.01 \text{ }\Omega$$

消耗的功率峰值为

$$P = I_0 U_{\max} = 8000 \text{ A} \times 80 \text{ V} = 0.64 \text{ MW}$$

为了安全,需要扩大规格,因此选用一个 0.01 Ω,1 MW 的电阻.这不是你从本土收音机里能找到的器件.

（3）电阻与螺线管形成了一个时间常数为指数形式的 LR 电路,$\tau = L/R$.一根无限长的螺线管其单位长度的自感系数为

$$\frac{L}{l} = \mu_0 n^2 \times A$$

所以螺线管的自感系数为

$$L = \mu_0 \frac{N^2}{l^2} (\pi r^2) l = \pi \mu_0 \frac{N^2 r^2}{l}$$

时间常数为

$$\tau = \frac{L}{R} = \pi \mu_0 \frac{N^2 r^2}{Rl}$$

$$= 4\pi^2 \times 10^{-7} \frac{\text{N}}{\text{A}^2} \times \frac{1200^2 \times (1.2 \text{ m})^2}{0.01 \text{ }\Omega \times 5.3 \text{ m}} = 154 \text{ s}$$

电流以指数形式衰减,因此电压降到原来的十分之一需要花费：

$$\tau_{\frac{1}{10}} = \tau \ln 10 = 154 \text{ s} \times 2.3 = 356 \text{ s}$$

即大约 6 min.

例 53 如图 2.87 所示,相距很远的两个相同的超导线圈同轴平行放置.已知两线圈内通以相同的电流,线圈的自感系数为 L.现在将两个超导线圈拉近在一起.求：

（1）线圈后来的电流.

（2）两线圈系统能量的变化量.

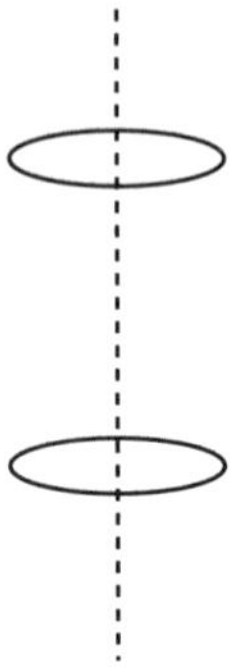

图 2.87

解析 (1) 因为超导线圈电阻为零,所以当把它们拉近时,通过它们的磁通量不能发生变化.否则,线圈上将会产生电动势,这会产生一个无限大的电流.为了避免产生无限大电流,电感线圈中的电流会发生变化来保证磁通量的恒定.

设两个线圈相距较远时线圈中的电流为 I_i,通过每个环的磁通量为

$$\phi_i = LI_i$$

设两个线圈靠得很近时线圈中的电流为 I_f,互感系数和自感系数相等.此时通过每个线圈的磁通量由相等的两部分叠加而成,一部分来自自感应,另一部分来自互感应.所以

$$\phi_f = LI_f + LI_f = 2LI_f$$

为了防止电流无限大,则有

$$\phi_i = \phi_f$$

可得线圈后来的电流为

$$I_f = \frac{I_i}{2}$$

(2) 电感线圈的系统能量为

$$E = \frac{1}{2}LI^2$$

所以,系统能量的变化量为

$$\Delta E = E_f - E_i = \frac{1}{2}LI_f^2 + \frac{1}{2}LI_f^2 - \frac{1}{2}LI_i^2 - \frac{1}{2}LI_i^2 = -\frac{3}{4}LI_i^2$$

数值上和将两个电感线圈从远处拉近所做的功相等.两个线圈电流同向,它们之间为吸引力,将它们从远处拉近外力需要做负功.

例 54 1. 证明:对关于 z 轴对称的磁场而言,若其磁感应强度沿着 z 轴增加,则磁感应强度必定存在径向分量.

选择一个短直圆柱高斯面,证明磁场的径向分量为 $B_r = \frac{r}{2} \cdot \frac{\mathrm{d}B_z}{\mathrm{d}z}$.

提示:磁感线总是闭合的,不能开始或者终止于某个点.

2. 一个电阻为 R 的圆环落入一个轴对称磁场中.圆环的中心在磁场的轴上,环面与轴垂直.沿轴方向,磁场 B_z(磁场的 z 方向分量)的变化为 $\frac{\mathrm{d}B_z}{\mathrm{d}z}$.已知环的半径为 r,质量为 m.

(1) 写出圆环下落的运动方程,画出速度-时间图像.
(2) 求出圆环的最终速度.

解析 1. 画出磁感线如图 2.88 所示,其疏密程度随着 z 轴发生改变,所以磁感线必须是弯曲的,这就意味着径向分量的存在.取圆柱形高斯面如图 2.89 所示,根据高斯定理,

进入高斯面的磁感线必须出来,从而形成一个循环.从高斯面顶部到底部表面的磁通量为

$$\phi_1 = \pi r^2 (B(z+\Delta z) - B(z)) = \pi r^2 \frac{\mathrm{d}B_z}{\mathrm{d}z}\Delta z$$

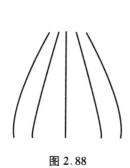

图 2.88　　　　　　　　　图 2.89

侧面的磁通量为

$$\phi_2 = 2\pi r \Delta z B_r$$

根据高斯定理,通过高斯面的总磁通量为零:

$$\phi_1 = \phi_2$$

所以有

$$B_r = \frac{r}{2}\frac{\mathrm{d}B_z}{\mathrm{d}z}$$

2. 圆环上受到两个力的作用:重力和磁场力.磁通量的变化率为

$$\frac{\mathrm{d}\phi}{\mathrm{d}t} = \pi r^2 \frac{\mathrm{d}B_z}{\mathrm{d}t} = \pi r^2 \frac{\mathrm{d}B_z}{\mathrm{d}z}\frac{\mathrm{d}z}{\mathrm{d}t} = \pi r^2 v \frac{\mathrm{d}B_z}{\mathrm{d}z}$$

其中,v 是圆环下落的速度.圆环中的电流为

$$i = \frac{\varepsilon}{R} = \frac{\mathrm{d}\phi/\mathrm{d}t}{R} = \frac{\pi r^2 v}{R}\frac{\mathrm{d}B_z}{\mathrm{d}z}$$

由于磁场存在径向分量,所以线圈受到向上的磁场力的作用,磁场力为

$$F = ilB_r = i(2\pi r)B_r$$

其中,由本例第1题可知 $B_r = \frac{r}{2}\frac{\mathrm{d}B_z}{\mathrm{d}z}$.将电流值和 B_r 代入上式后,磁场力为

$$F = \frac{\pi^2 r^4}{R}\left(\frac{\mathrm{d}B_z}{\mathrm{d}z}\right)^2 v$$

因此,圆环的运动方程可以表示为

$$m\frac{\mathrm{d}^2 v}{\mathrm{d}t^2} = mg - \frac{\pi^2 r^4}{R}\left(\frac{\mathrm{d}B_z}{\mathrm{d}z}\right)^2 v$$

根据楞次定律可知磁场力方向向上,大小与速度成正比,磁场力是阻力.起初速度增大,磁场力增大,加速度减小.当加速度减小到零时,速度不再增加,此后圆环做匀速直线运动:

$$\frac{\mathrm{d}^2 v}{\mathrm{d}t^2} = 0 \Rightarrow v_\mathrm{f} = \frac{mgR}{\pi^2 r^4(\mathrm{d}B_z/\mathrm{d}z)^2}$$

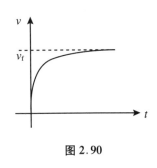

图 2.90

速度-时间图像如图 2.90 所示.

例 55 在买了一台新电视机之后,我将一根 10 m 长的橡胶包裹的铜导线与卫星天线相连.之后我接收不到 19 频道(500 MHz)以下的频道.(我切换了一颗卫星,但是仍旧不能成功地接收到《木偶也摇滚》这个节目.)当我用一台直流电流表测量导线电阻时,发现其电阻无穷大,因此我认为其中一定有一段宽度为 d 犹如头发丝的裂纹(如图 2.91 所示,但图示大小不能作为参考).由于导线中 RC 暂态电路的时间常数约为 $1/(500\ \text{MHz}) = 2 \times 10^{-9}$ s,因此无法接收低于该频率的频道.问裂缝宽度 d 是多少?

(提示:假设裂纹的两条边是平行且平直的,裂缝被橡胶填满.铜的电阻率为 1.7×10^{-8} $\Omega \cdot \text{m}$;橡胶的介电常数 $\kappa = 7$.假设除导线之外的电阻与电容都忽略不计.)

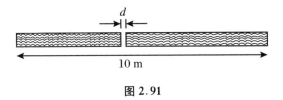

图 2.91

解析 一根断裂的电线等效于两个电阻,裂纹等效于一个由介质填充的平行板电容器.由于它们是同一根电线的组成部分,它们的电阻率 ρ、横截面积 A 都相等.两段电线的电阻分别为

$$R_1 = \rho \frac{L_1}{A}, \quad R_2 = \rho \frac{L_2}{A}$$

总电阻为

$$R = R_1 + R_2 = \rho \frac{L_1 + L_2}{A} = \rho \frac{L}{A}$$

其中,整根电线长度为 $L = 10$ m.

裂缝的电容为

$$C = \kappa \varepsilon_0 \frac{A}{d}$$

其中,d 为裂纹宽度,κ 为介电常数.

RC 暂态电路的时间常数约为

$$\tau = RC = \rho \frac{L}{A} \kappa \varepsilon_0 \frac{A}{d} = \kappa \varepsilon_0 \rho \frac{L}{d}$$

因此裂缝宽度为

$$d = \kappa \varepsilon_0 \rho \frac{L}{\tau}$$

$$= 7 \times 8.854 \times 10^{-8} \text{ F/m} \times 1.7 \times 10^{-8} \text{ }\Omega \cdot \text{m} \times \frac{10 \text{ m}}{2 \times 10^{-9} \text{ s}}$$

$$= 5 \times 10^{-9} \text{ m} = 5 \text{ nm}$$

例 56 如图 2.92 所示的交流电流源可以产生如图 2.93 所示的信号,其中 r, R, C, U_0, τ, T 都是已知量. 在一个周期中,电容器两端的电压变化非常小,试计算在经历一段时间后电容器两端的电压.

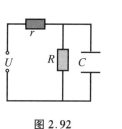

图 2.92　　　　　图 2.93

解析　当电路达到稳定时,电容器两端的电压 U_C 和带电量 q_C 不再发生变化. 对于交流电流源来说,这意味着在充电时间间隔 τ 内电容器增加的电荷量 Δq 和放电时间 T 内电容器减少的电荷量相等. 显然,电容器电容值很大.

根据题意,在充电过程中,电路中电流的改变量非常小. 我们可以计算得到电流的平均值为

$$I_1 = \frac{\Delta q_0}{\tau}$$

在充电过程中,电容器两端的电压可以表示为

$$U_C = I_R R = \frac{\Delta q_R}{\tau} R$$

$$U_C = U_0 - \frac{\Delta q_0}{\tau} r = U_0 - r\left(\frac{\Delta q_R}{\tau} + \frac{\Delta q}{\tau}\right) = U_0 - U_C \frac{r}{R} - r\frac{\Delta q}{\tau} \tag{1}$$

如果我们假设在放电时间 T 内,电容器没有通过电流源放电,它以平均电流 I_2 只通过电阻 R 放电:

$$I_2 = \frac{\Delta q}{T}$$

放电过程中电容器两端的电压为

$$U_C = \frac{\Delta q}{T} R \tag{2}$$

联立式(1)、式(2),可以解得

$$U_C = U_0 \frac{R\tau}{R\tau + rT + r\tau}$$

例 57 如图 2.94 所示,一个电路由两个相同的电容器 C 和一个电感线圈 L 组成,起

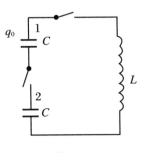

图 2.94

初开关是断开的,第一个电容器充有电荷量 q_0,另一个电容器没有被充电.将两个开关同时闭合,电路变为一个 LC 振荡电路.求出此振荡电路的电荷、电流振荡的所有参数,并为此电磁振荡电路给出一种机械振动的类比模型.

解析 图 2.94 给出了 LC 振荡回路的模型,当开关闭合后,第一个电容器开始放电,提供电流给电感线圈,第二个电容开始充电,由于存在自感效应,电路中的电流不能突然增大到最大值,也不能突然减小到零.电路中的电流,以及电容器中的电荷、电压、能量都是周期性变化的.设电流振荡频率为 ω,其值遵循正弦规律:

$$I = I_0 \sin(\omega t)$$

我们可以根据能量守恒定律来求出最大电流值 I_0,任何时刻电路总能量都是两个电容器的电场能和线圈的磁场能之和.设 L 是电感线圈的自感系数,q_1, q_2 是电容器中的电荷量,则总能量为

$$E_{总} = \frac{q_0^2}{2C} = \frac{LI^2}{2} + \frac{q_1^2}{2C} + \frac{q_2^2}{2C}$$

总电量为 q_0,则

$$q_1 + q_2 = q_0$$

所以有

$$\frac{LI^2}{2} = \frac{1}{2C}[q_0^2 - (q_1^2 + q_2^2)]$$

$$I^2 = \frac{1}{LC}[q_0^2 - (q_1 + q_2)^2 + 2q_1 q_2] = \frac{2}{LC} q_1 q_2 \tag{1}$$

从式(1)可以知道,当

$$q_1 = q_2 = \frac{q_0}{2} \tag{2}$$

时,两者乘积 $q_1 q_2$ 为最大.

我们也可以使 $q_2 = q_0 - q_1$,对函数 $I^2(q_1)$ 求导数使其为 0,同样可得当 $q_1 = q_2 = \frac{q_0}{2}$ 时电流的振幅为

$$|I_0| = q_0 \sqrt{\frac{1}{2LC}}$$

对于一个只含有一个电容器 C_0 的简单 LC 振荡回路,其频率为

$$\omega = \frac{1}{\sqrt{LC_0}}$$

在这个问题中,两个电容器 C 串联,等效电容 $C_0 = \frac{C}{2}$,所以给定振荡电流的振荡频率为

$$\omega = \sqrt{\frac{2}{LC}}$$

回路中的电流为

$$I = q_0\sqrt{\frac{1}{2LC}}\sin\left(\sqrt{\frac{2}{LC}} \cdot t\right) \qquad (3)$$

为了得到回路中的电荷振荡规律,联立(1)(3)两式,用 $q_0 - q_1$ 代替 q_2,可得

$$\frac{q_0^2}{2LC}\sin^2\left(\sqrt{\frac{2}{LC}}t\right) = \frac{2}{LC}q_1q_0 - \frac{2}{LC}q_1^2$$

解方程得到

$$q_1 = \frac{q_0}{2}\left[1 \pm \cos\left(\sqrt{\frac{2}{LC}}t\right)\right]$$

同理可得 q_2 的规律,它们的振荡频率相同:

$$q_1 = \frac{q_0}{2}\left[1 + \cos\left(\sqrt{\frac{2}{LC}}t\right)\right]$$

$$q_2 = q_0 - q_1 = \frac{q_0}{2}\left[1 - \cos\left(\sqrt{\frac{2}{LC}}t\right)\right]$$

具有类似性质的机械振动模型如图 2.95 所示(两个弹簧劲度系数相同,没有摩擦).

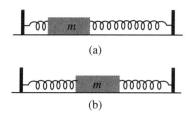

图 2.95

初始时刻(a):左侧弹簧被压缩,右侧弹簧处于原长状态.

平衡状态(b):左、右两个弹簧都被压缩了相同的长度,衡量惯性的质量类比于线圈的自感系数.

例 58 在一个没有开关的 RC 电路中,电容器充电可用公式 $q(t) = Q(1 - e^{-\frac{t}{RC}})$ 来描述,其中 Q 为电容器的最大充电容量,e 为自然对数的底,R 为电路的电阻,C 为电容器的电容,电容器两端的电压变化为 $\Delta U_C(t) = \Delta U(1 - e^{-\frac{t}{RC}})$,其中 ΔU 是理想电源两端的电压. $\tau = RC$ 称为 RC 电路的时间常数.

在图 2.96 中,当开关断开时,电容器被充电,当开关闭合时,电容器开始放电,并按 $\Delta U_C(t) = \Delta U e^{-\frac{t}{RC}}$ 的规律变化,当 $\Delta U_C > \frac{2}{3}\Delta U$ 时开关闭合,当 $\Delta U_C < \frac{1}{3}\Delta U$ 时开关断开. 图 2.96 底部的电压表可以实时读出电压值.问图 2.97 中波形所示的周期 T 是多少(用 R_1, R_2, C 表示)?

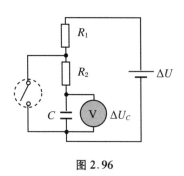

图 2.96

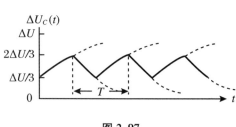

图 2.97

解析 设当 $t=0$ 时开关刚好闭合,电压达到 $\frac{2}{3}\Delta U$.电压开始以时间常数 $\tau_1 = R_2 C$ 减小到 0,公式为 $\Delta U_C(t) = \left(\frac{2}{3}\Delta U\right)e^{-\frac{t}{R_2 C}}$.

我们需要知道什么时刻 $\Delta U_C(t)$ 减小到 $\frac{1}{3}\Delta U$.因此,由 $\frac{1}{3}\Delta U = \left(\frac{2}{3}\Delta U\right)e^{-\frac{t}{R_2 C}}$ 推导出 $e^{-\frac{t_1}{R_2 C}} = \frac{1}{2}$,可得 $t_1 = R_2 C \ln 2$.

当开关断开后,电压刚好达到 $\frac{1}{3}\Delta U$,电压以时间常数 $\tau_2 = (R_1 + R_2)C$ 逐渐增加到 ΔU:

$$\Delta U_C(t) = \Delta U - \left(\frac{2}{3}\Delta U\right)e^{-\frac{t}{(R_1+R_2)C}}$$

当 $\Delta U_C(t) = \frac{2}{3}\Delta U$ 时,$\frac{2}{3}\Delta U = \Delta U - \frac{2}{3}\Delta U e^{-\frac{t_2}{(R_1+R_2)C}}$,可得 $e^{-\frac{t_2}{(R_1+R_2)C}} = \frac{1}{2}$.解得

$$t_2 = (R_1 + R_2)C \ln 2$$

综上所述,有

$$T = t_1 + t_2 = (R_1 + 2R_2)C \ln 2$$

例 59 在如图 2.98 所示电路中,A 点和 B 点之间的电压如何随可变电阻(R)变化?

解析 图 2.98 电路中各电压向量表示为图 2.99.既然通过 R 和 C 的电流相同,那么 R 和 C 的电压向量是垂直的,即 $U_R \perp U_C$.两个电阻 r 是相等的,而通过它们的电流也是相等的,因此

$$|U_r| = \frac{1}{2}|U|$$

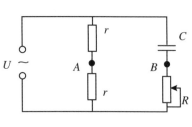

图 2.98

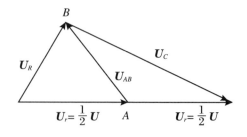

图 2.99

A 点和 B 点间电势差的向量就是 U_{AB}. 由于 B 顶点对应的角度是90°,由几何知识知

$$|U_{AB}| = |U_r| = \left|\frac{U}{2}\right|$$

A 点就是矢量三角形的中心点.既然它一直等同于外切圆的半径,因此 U_{AB} 不依赖 R 的值,而是 $|U|$ 的一半.

当 R 改变时,虽然 U_{AB} 的值不变,但它会绕 A 点旋转.因此,这个电路可以用来改变输入电压 U 和 AB 间电势差 U_{AB} 的相位差.

例60 图 2.100 显示了一个半波整流器的电路图(单二极管整流器),为了能输出更加平稳的电压,把 $C = 1000\ \mu F$ 的平行板电容器并联到 $R = 1.0\ k\Omega$ 的负载电阻上.电源(正弦曲线)频率是 $f = 60\ Hz$,你可以设想这个二极管是理想的.

(1) 确定电阻 R 的电压脉动率 $K = \Delta U/U_0$,这里 U_0 是 R 上的最大电压振幅.画出数个电流交变周期内电阻 R 上的电压 $U(t)$ 的曲线.

(2) 为了进一步减少输出电压的振幅,把一个自感系数 $L = 100\ H$ 的电感器串联在电阻上(电容器仍在原位),求出这个情形中电压的脉动率 K(线圈的电阻可以被忽略).和第一个方案相比,第二个方案中电压的脉动率减少了多少?利用示波器可以很容易用实验来检验你得到的公式是否给出了合理的估计.

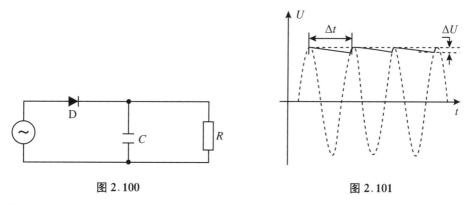

图 2.100　　　　　　　　图 2.101

解析 (1) 当给定 C 和 R 的值时,RC 电路的时间常数是 $\tau = 1\ s$,这比经整流后输出的准直流电压的周期长得多.这样我们可以忽略一个周期内放电电流的变化(图 2.101).因为电势在电阻上降落,所以得出

$$\Delta U = \frac{\Delta q}{C} = \frac{I \Delta t}{C} = \frac{U_0 \Delta t}{RC} \tag{1}$$

电路对交流部分的过滤能力用电压脉动率表示,即

$$K = \frac{\Delta U}{U_0} = \frac{\Delta t}{RC} \tag{2}$$

因为电容器在 Δt 时间里放电极少,所以我们可以认为充电过程只发生在所加电压达到极大值的时刻,因此

$$\Delta t = T = \frac{1}{f}$$

其中,f 为输入的交流电压(电流)的频率.

数值上

$$K = \frac{1}{fRC} \approx 0.017 \tag{3}$$

注:① 既然 $RC = \tau \gg T \approx \Delta t$,由近似关系

$$e^{-\frac{\Delta t}{\tau}} \approx 1 - \frac{\Delta t}{\tau}$$

说明忽略电容器在 T 时间内的放电这一直观假设是合理的.这样由电容器放电规律

$$U = U_0 e^{-\frac{\Delta t}{\tau}}$$

可得 $|\Delta U| = U_0 \dfrac{\Delta t}{\tau}$.

② 在上面的 RC 电路中,电容器的容抗为

$$X_C = \frac{1}{\omega C} \ll R \tag{4}$$

这里,$\omega = 2\pi f$,用交流电路的术语讲,这一 RC 电路里有一个电阻 R,且被与之并联的容抗 X_C 短路.电流的交变部分更容易通过电容器而不是电阻.

③ 同样的讨论还适用于与电阻一起串联在电路里的电感线圈 L,电感线圈的

$$X_L = \omega L \gg R \tag{5}$$

那么过滤效果就会很明显.在这种情况下,电压的大部分交流成分会加在电感线圈而不是在电阻上,从而有效降低 R 上电压的交变成分.

(2) 如果在电路上增加线圈,电阻上的电压波动振幅会更低.线圈的感抗必须相对较大,$R \ll 2\pi fL$(这种说法等同于令 RL 电路的时间常数远大于电压脉动周期).我们要再次合理地假设通过 R 的电流是不变的.而电容器上的电压和(1)中的模式一样,当然电阻上的电压只有较小的起伏,因为线圈会分担大部分电容的波动电压 ΔU.有了这些假定,在一定时间内 $t \in [0, T]$,在两个电压的极值点之间(对于经过整流的电流来说)线圈上电势差呈线性变化,即

$$\varepsilon = \frac{\Delta U}{T} t \tag{6}$$

而通过线圈的电流为(通过对 $\varepsilon = -L\Delta I/\Delta t$ 积分得到)

$$I = I_0 - \frac{\Delta U}{LT} \frac{1}{2} t^2 \tag{7}$$

在这种情形下,R 上的电压波动取决于电流的波动,也就是说

$$\Delta U' = R\Delta I$$

我们可以得出

$$\Delta I = I_{\max} - I_{\min} = \frac{1}{2}\frac{\Delta U}{LT}T^2 = \frac{1}{2}\frac{UT^2}{LRC} \tag{8}$$

其中

$$\Delta U = \frac{UT}{RC}$$

最后由 $L = 100$ H 得到

$$K' = \frac{\Delta U'}{U_0} = \frac{1}{2}\frac{T^2}{LC} = 1.4 \times 10^{-3} \tag{9}$$

可以看出：用 LC 整流后，脉动率降为仅用电容器整流的 $K'/K = \frac{1}{12}$．

说明：就交变成分的过滤作用而言，LC 整流器可看作两个整流器的串联．我们知道

$$K_C = \frac{f_C}{f} = \frac{1}{fRC}$$

$$K_L = \frac{f_L}{f} = \frac{R}{fL}$$

因此，$K_{\text{total}} = \frac{1}{f^2 LC}$，与式(9)相一致，过滤器的效果随 f 的增加而增加，不依赖于负载电阻（这里，$X_C \ll R \ll X_L$）．

例 61 假设你是一个体操运动员．在体操运动中，我们来看两个平行导体杆的问题．考虑两个长的平行导体杆，两个导体杆具有相同方向的电流．导体杆 A 中的电流为 100 A，并且放置在固定位置．导体杆 B 中的电流为 147 A．其被约束在 A 导体杆的正上方，可在竖直方向上无摩擦移动，如果 B 杆平衡时两个平行杆的距离为 2 cm，导体的质量线密度为多少？已知导体杆的长度远大于 2 cm．

解析 下面提及的各方面的力都与导体 B 有关．在匀强磁场中，导体受到的磁场力可以表示为

$$F = I_B \boldsymbol{l} \times \boldsymbol{B}_A$$

其中，$\boldsymbol{l}$ 表示沿着导体 B 的位移矢量，$\boldsymbol{B}_A$ 表示导体 A 在导体 B 处的磁感应强度．上面的表达可以简化为

$$F = I_B l B_A \sin\theta = I_B l B_A \quad (因为 \boldsymbol{B}_A \perp \boldsymbol{l})$$

根据安培环路定理，在距离通有电流 I_A 的导线 r 处，磁感应强度 $\boldsymbol{B}_A$ 可以表示为

$$B_A = \frac{\mu_0 I_A}{2\pi r}$$

其中，μ_0 表示真空中的磁导率．

因此导体 B 处单位长度上的磁场力可以表示为

$$\frac{F}{l} = \frac{\mu_0 I_A I_B}{2\pi r}$$

导体 B 的重力为 mg，忽略导体杆间的引力，那么有
$$\frac{mg}{l} = \lambda_B g$$
其中，λ_B 表示导体 B 的质量线密度，g 为重力加速度．

在平衡位置，有
$$\frac{F}{l} = \frac{mg}{l}$$
$$\frac{\mu_0 I_A I_B}{2\pi r} = \lambda_B g$$
$$\lambda_B = \frac{\mu_0 I_A I_B}{2\pi r g} = \frac{12.566 \times 10^{-7} \times 200 \times 147}{2\pi \times 0.02 \times 9.8}$$
$$= 1.5 \times 10^{-2} = 0.15 (\text{g/cm})$$

例 62 假设你是一个工程师，现在要设计一个电阻，对该电阻的要求是在 20 ℃时，电阻温度系数为零．该设计为一个两相同形状电阻串联，其截面为八角形（八角形每边长为 $d = 0.25$ mm）．两种材料的电阻率比为 $\rho_1/\rho_2 = 3.2$，长度比为 $l_1/l_2 = 2.6$．假设在两个导体上的温度是相同的，且不考虑其尺寸的变化，求两个材料的电阻温度系数之比 α_1/α_2．

解析 电阻随温度的变化可以表示为
$$R(T) = R_0(1 + \alpha_t \Delta T) \Rightarrow \frac{R(T) - R_0}{\Delta T} = R_0 \alpha_t \Rightarrow \frac{\Delta R_t}{\Delta T} = R_0 \alpha_t$$

在 20 ℃时，$\alpha_t = 0$，因此
$$\frac{\Delta R_t}{\Delta T} = 0$$

对于每一个电阻，有
$$\frac{\Delta R_1}{\Delta T_1} = (R_0)_1 \alpha_1, \quad (R_0)_1 = \frac{\rho_1 l_1}{A}$$

其中，A 是八角形棒的横截面积，则
$$\frac{\Delta R_1}{\Delta T_1} = \frac{\rho_1 l_1 \alpha_1}{A}$$

同样地，有
$$\frac{\Delta R_2}{\Delta T_2} = \frac{\rho_2 l_2 \alpha_2}{A}$$

当把两块材料串联在电路中时，有
$$\frac{\Delta R_t}{\Delta T} = \frac{\Delta R_1}{\Delta T_1} + \frac{\Delta R_2}{\Delta T_2} = 0$$

考虑到 $\Delta T_1 = \Delta T_2$，即 $\Delta R_1 = -\Delta R_2$，即
$$\rho_1 l_1 \alpha_1 = -\rho_2 l_2 \alpha_2 \Rightarrow \frac{\alpha_1}{\alpha_2} = -\frac{\rho_2 l_2}{\rho_1 l_1} = \frac{-1}{3.2 \times 2.6} = -0.12$$

例 63 现在是2236年,由于一些未知原因,联盟已经禁止了你们部门所有的光纤通信.由两个同轴的电介质构成替换装置,介电常数分别为 $\varepsilon_1, \varepsilon_2$. 内部导体的电势为 V_0,外端接地.

(1) 写出单位长度电缆上电容的表达式.

(2) 当 $V_0 = 1.2$ kV, $\varepsilon_{r1} = 4.5/(36\pi) \times 10^{-9}$ F/m, $\varepsilon_{r2} = 3.0/(36\pi) \times 10^{-9}$ F/m, $r_3 = 2r_2 = 4r_1 = 40$ mm 时,每个介质中,电场强度的最大值为多少?

注意,对于同种电介质电缆,单位长度的电容可以表示为 $c = \dfrac{2\pi\varepsilon}{\ln(b/a)}$,其中 ε 表示介电常数, a, b 表示导体的半径, $a < b$. 根据高斯定理,上述同轴电缆的电场强度可以表示为 $E = \dfrac{q}{2\pi r \varepsilon}$,其中 $a < r < b$, q 是在半径为 r 的环形回路单位长度上的电量.

解析 (1) 单位长度的电容可以表示为

$$c_1 = \frac{2\pi\varepsilon_1}{\ln(r_2/r_1)}, \quad c_2 = \frac{2\pi\varepsilon_2}{\ln(r_3/r_2)}$$

两电容为串联关系,可以表示为

$$c = \frac{c_1 c_2}{c_2 + c_1} = \frac{2\pi\varepsilon_1\varepsilon_2}{\varepsilon_2 \ln(r_2/r_1) + \varepsilon_1 \ln(r_3/r_2)}$$

(2)

$$c_1 = \frac{2\pi \times \dfrac{4.5}{36\pi} \times 10^{-9}}{\ln 2} = 0.36 \, (\text{nF/m})$$

$$c_2 = \frac{2\pi \times \dfrac{3}{36\pi} \times 10^{-9}}{\ln 2} = 0.24 \, (\text{nF/m})$$

$$\frac{V_2}{V_1} = \frac{c_1}{c_2} = \frac{0.36}{0.24} = 1.5$$

$$V_1 + V_2 = 1200 \text{ V}$$

我们解出 $V_1 = 480$ V,所以 $q = c_1 V_1 = 172.8$ nC/m.

在电介质中 r 越小,电场强度越大.即在 $r = r_1$ 处:

$$E_{\max}(r_1) = \frac{172.8 \times 10^{-9}}{2\pi \times 0.010 \times 4.5 \times 10^{-9}/36\pi} = 69.1 \, (\text{kV/m})$$

同样地,当 $r = r_2$ 时,

$$E_{\max}(r_2) = \frac{172.8 \times 10^{-9}}{2\pi \times 0.020 \times 3.0 \times 10^{-9}/36\pi} = 51.8 \, (\text{kV/m})$$

例 64 有两个导体球,一个半径为 6 cm,另一个半径为 12 cm,每个导体球具有的电量为 3×10^{-8} C,两球放置在相距很远的位置,将两个导体球用一导线连接起来.

(1) 电荷转移的方向和大小为多少?

(2) 最终，每个球体上的电量和电势为多少？

解析 首先计算球体最开始时的电势，对于小球，其电压为

$$V_1 = \frac{q}{4\pi\varepsilon r_1} = \frac{9\times 10^9 \times 3\times 10^{-8}}{0.06} = 4.5\times 10^3(\text{V})$$

对于大球，其电压为

$$V_2 = \frac{q}{4\pi\varepsilon r_2} = \frac{9\times 10^9 \times 3\times 10^{-8}}{0.12} = 2.25\times 10^3(\text{V})$$

由于 $V_1 > V_2$，电荷会向直径为 12 cm 的大球运动. 当用导线将其连接起来时，两个球的电势保持一致，则有

$$\frac{1}{4\pi\varepsilon}\frac{q_1}{r_1} = \frac{1}{4\pi\varepsilon}\frac{q_2}{r_2}$$

$$\frac{q_1}{r_1} = \frac{q_2}{r_2}, \quad q_1 = \frac{q_2 r_1}{r_2}$$

因为

$$q_1 + q_2 = 6\times 10^{-8}\text{ C}$$

$$q_2\left(\frac{r_1}{r_2} + 1\right) = 6\times 10^{-8}\text{ C}$$

所以大球上的最终电量变为 $q_2 = 4\times 10^{-8}\text{ C}$. 小球上的最终电量变为 $q_1 = 6\times 10^{-8}\text{ C} - 4\times 10^{-8}\text{ C} = 2\times 10^{-8}\text{ C}$.

因此，转移电荷量的大小为 $1\times 10^{-8}\text{ C}$.

每个球的最终电势为

$$V_{\text{小球}} = \frac{q_1}{4\pi\varepsilon r_1} = \frac{9\times 10^9 \times 2\times 10^{-8}}{0.06} = 3\times 10^3(\text{V})$$

$$V_{\text{大球}} = \frac{q_2}{4\pi\varepsilon r_2} = \frac{9\times 10^9 \times 4\times 10^{-8}}{0.12} = 3\times 10^3(\text{V})$$

例65 假设一个长的铜质导体，其截面为菱形，边长为 $\sqrt{5}\text{ mm}$，对角线长度分别为 $2\text{ mm}, 4\text{ mm}$. 导体中通有 10 A 的电流. 对于 100 mm 长的导体，每秒有多少比例的传导电子会离开这段导体？

解析 首先计算单位体积的电量. 根据阿伏伽德罗常数 $N = 6.02\times 10^{26}$ 原子/kmol，铜的密度为 $8.96\times 10^3\text{ kg/m}^3$，铜的摩尔质量为 63.54 g/mol. 假设一个原子有一个传导电子，那么单位体积中的电子个数为

$$N_e = 6.02\times 10^{26} \times (1/63.54) \times 8.96\times 10^3 \times 1 = 8.49\times 10^{28}\ (\text{个}/\text{m}^3)$$

菱形的截面面积为

$$\frac{1}{2}\times 2\times 4\times 10^{-6} = 4\times 10^{-6}(\text{m}^2)$$

在 100 mm 长度中的电子个数为
$$N = 4 \times 10^{-6} \times 0.100 \times 8.49 \times 10^{28} = 3.40 \times 10^{22}$$
10 A 的电流每秒需要有 $10/(1.6 \times 10^{-19}) = 6.25 \times 10^{19}$ 个电子通过某截面.

对于 100 mm 长的导体,每秒离开的传导电子的百分比为
$$\frac{6.25 \times 10^{19}}{3.40 \times 10^{22}} = 0.184\%$$

例 66 吉尔·贝特是具有十亿身价的 Sicromoft 公司创始人,创造了 Screen Doors 96(一个如此受欢迎的操作系统).几乎没有人知道,在吉尔十几岁的时候,她曾经利用整个暑假在安大略的一个电子工厂中设计电源供应器.有一年,她设计了一个 $\frac{5}{2\pi}$ kHz 的电路,如图 2.102 所示.她的老板立即想将它投入到市场中,因而要求她写出一个详细的说明,包括以下物理量的幅度与相位:

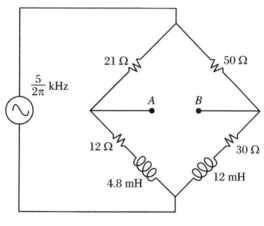

图 2.102

(1) A,B 两端的开路电压.

(2) A,B 两点的阻抗(设电源内阻为零).

解出这些量,也许有一天你也会身价十亿.

解析 吉尔的电路是一个桥型电路,我们可以使用戴维南定理中的等效电压与等效阻抗来解出它的电压和阻抗.在电阻和电感组成的系统中,阻抗的表达式为 $Z = R + i\omega L$,其中 R 为电阻,ω 为角频率,L 为电感系数.$X_L = \omega L$ 叫作感抗.

在 A,B 端的等效电阻为
$$Z' = \left[\frac{1}{12\ \Omega + i(5\text{ kHz} \cdot 4.8\text{ mH})} + \frac{1}{21\ \Omega}\right]^{-1} + \left[\frac{1}{30\ \Omega + i(5\text{ kHz} \cdot 12\text{ mH})} + \frac{1}{50\ \Omega}\right]^{-1}$$

可以简化为
$$Z' = 47.3\ \Omega,\quad 辐角为 26.8°$$

A,B 端是开路,令电源电压初相位为 0,则左侧桥上的电流为

$$I_1 = \frac{20 \text{ V}}{21 \text{ Ω} + 12 \text{ Ω} + \text{i}(5 \text{ kHz} \cdot 4.8 \text{ mH})}$$

右侧桥上的电流为

$$I_2 = \frac{20 \text{ V}}{50 \text{ Ω} + 30 \text{ Ω} + \text{i}(5 \text{ kHz} \cdot 12 \text{ mH})}$$

如果我们假设 A 点的电势比 B 点的电势高,那么有

$$V' = V_{AB} = I_1[12 \text{ Ω} + \text{i}(5 \text{ kHz} \cdot 4.8 \text{ mH})] - I_2[30 \text{ Ω} + \text{i}(5 \text{ kHz} \cdot 12 \text{ mH})]$$

得到

$$V' = 329 \text{ mV}, \quad 辐角为 170.5°$$

辐角体现了和电源电压的相位差.

例 67 鲍勃·汉克斯是一个粗野疯狂的人.白天他在通用汽车公司做电工,晚上他有一个秘密身份——没有一个人知道这件事——他是一位物理问题解决者.鲍勃经常用直径为 80.8 密耳的 12 号电缆铜线进行工作.他知道 50 英尺长的导线可通过 20 A 的电流,铜的导电率为 $\sigma = 5.8 \times 10^7/(\text{Ω} \cdot \text{m})$,在 20 ℃时电子迁移率为 $\mu = 0.0032 \text{ m}^2/(\text{V} \cdot \text{s})$.在上述条件下,你能帮助鲍勃计算出其电场强度 E 吗?50 英尺长导线两端的电压降和其电阻分别是多少?电子在导体内部移动 1 cm 需要的时间是多少?

已知 1 密耳 $= \frac{1}{1000}$ 英寸,1 英寸 $= 2.54 \text{ cm}$,1 英尺 $= 12$ 英寸.

(电子迁移率:固体物理学中用于描述金属或半导体内部电子在电场作用下移动快慢程度的物理量.电子运动速度等于迁移率乘以电场强度,也就是说相同的电场强度下,载流子迁移率越大,运动得越快;迁移率越小,运动得越慢.)

解析 导线的横截面积为

$$A = \pi \times \left(\frac{0.0808}{2} \times \frac{2.54 \times 10^{-2}}{1}\right)^2 = 3.31 \times 10^{-6} \text{ (m}^2\text{)}$$

因此电流密度为

$$J = \frac{I}{A} = \frac{20 \text{ A}}{3.31 \times 10^{-6} \text{ m}^2} = 6.04 \times 10^6 \text{ A/m}^2$$

电场强度为

$$E = \frac{J}{\sigma} = \frac{6.04 \times 10^6 \text{ A/m}^2}{5.8 \times 10^7/(\text{Ω} \cdot \text{m})} = 1.04 \times 10^{-1} \text{ V/m}$$

电压降为

$$V = El = 1.04 \times 10^{-1} \text{ V/m} \times 50 \text{ ft} \times 12 \text{ in/ft} \times 0.0254 \text{ m/in} = 1.59 \text{ V}$$

电阻为

$$R = \frac{V}{I} = \frac{1.59 \text{ V}}{20 \text{ A}} = 7.95 \times 10^{-2} \text{ Ω}$$

因为 $\sigma = \rho\mu$，所以电荷密度为

$$\rho = \frac{\sigma}{\mu} = \frac{5.8 \times 10^7/(\Omega \cdot m)}{0.0032\ m^2/(V \cdot s)} = 1.81 \times 10^{10}\ C/m^3$$

因为 $J = \rho U$，所以漂移速度为

$$U = \frac{J}{\rho} = \frac{6.04 \times 10^6\ A/m^2}{1.81 \times 10^{10}\ C/m^3} = 3.34 \times 10^{-4}\ m/s$$

根据上述漂移速度，电子在 12 号铜导线中经过 1 cm 的距离大约需要的时间为 30 s.

例 68 读高中的弟弟正在玩带有网孔的金属丝网络和电池组，他突然有几个问题想请教你：

(1) 如果正方形网孔的金属丝网络在平面内无限延伸，如图 2.103 所示，在网络上的 X 节点处有 1 A 的电流流入网络，在网络上的 Y 节点处有 1 A 的电流流出，则通过 XY 导线的电流为多大？

(2) 如果把正方形网孔变为等边三角形网孔，那么结果又如何？

(3) 把正方形网孔的无穷金属丝网络裁剪成无限长的梯形网络，如图 2.104 所示，则梯形网络两端的电阻为多大？

解析 (1) 我们将这个问题分为两部分，当只有 1 A 的电流在 X 点处流入网络时，根据对称性，通过导线 XY 的电流为 1/4 A；当只有 1 A 的电流在 Y 点处流出网络时，根据对称性，通过导线 XY 的电流也为 1/4 A；根据电流叠加原理，通过 XY 导线的电流为 1/2 A.

(2) 同理，通过 XY 导线的电流为 $1/6 + 1/6 = 1/3$(A).

(3) 由于正方形网孔的梯形金属丝网络是无限长的，增加或去掉一个正方形网孔不会影响梯形无穷网络的阻值，因此，可以看成自身与 2 个阻值为 R 的金属丝边串联后再与一个阻值为 R 的金属丝边并联，则有 $\frac{1}{R'} = \frac{1}{R} + \frac{1}{R'+2R}$，得出 $R'^2 + 2RR' - 2R^2 = 0$，解得 $R' = (\sqrt{3}-1)R$.

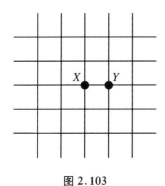

图 2.103

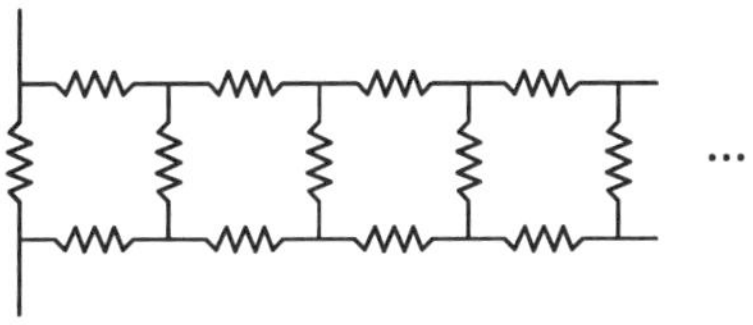

图 2.104

第3模块 热 学

例1 吹好一个气球 B_1，吹气口插入塑料吸管并密封，以杜绝和外界气体的流通。再吹起一个体积比 B_1 小的气球 B_2，将其吹气口通过塑料吸管和气球 B_1 相导通，等整个系统平衡时，两个气球将发生什么变化？请加以解释。

解析 小气球 B_2 各部分曲率半径都要比 B_1 的小，各部分所承受的张力也更大，张力越大内部空气压强也越大，所以小气球 B_2 内部气体的压强 P_2 比 B_1 内的压强 P_1 大。

一旦气球的气体相互导通，两者之间的压强差会使气体从 B_2 压入到 B_1 中去。所以小气球 B_2 会变小而大气球 B_1 会变大。

例2 有一个充满气体的气缸，其截面面积为 A。气缸顶端有一个质量为 m 的活塞，起初活塞距离圆筒底部的高度为 h。我们需要再往活塞上加多少质量的重物，才能使得活塞的高度变为初始高度的一半。设大气压强为 P_0，气体温度恒为室温。

解析 若气缸内的初始压强为 P_i，活塞处于平衡位置，根据受力平衡得
$$P_0 A + mg = P_i A$$
我们在活塞上方额外加上质量为 M 的重物，再次平衡后，有
$$P_0 A + (m + M)g = P_f A$$
其中，P_f 为气缸内最终的压强。

由于气缸内部温度不变，且等于室温；必须保证在活塞上放上重物前后，压强与体积的乘积 PV 保持不变。已知活塞的高度变为初始高度的一半，则
$$PV = P_i \cdot hA = P_f \cdot \frac{h}{2} A$$
$$\Rightarrow \quad P_f = 2P_i$$
联立可得
$$Mg = P_0 A + mg$$

例3 如图 3.1 所示，两个形状、大小完全一样的烧瓶用一根细管连接。瓶内装有初始温度相同的水。如果把水加热，求水流方向：(1) 加热左边的烧瓶；(2) 加热右边的烧瓶。水温改变时，另一个瓶子内部的水温度保持不变。假设水温始终在 4 ℃ 之上。

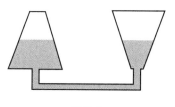

图 3.1

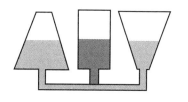

图 3.2

解析 水温在 0 ℃ 与 +4 ℃ 之间出现反常膨胀现象:在这个变化范围内升高温度,密度增加.

为了简化问题,我们假定水温总是高于 +4 ℃,这样加热升温导致水的体积增加,密度减小.思考如图 3.2 所示的第三个圆柱形烧瓶,可以更简单地帮助我们理解.当我们加热圆柱形烧瓶内的水时,高度的增加恰好补偿了密度的减小,因为圆柱的体积与它的高度成正比,没有任何附加条件.这就是为什么加热圆柱形容器的水不会导致瓶底的压强变化的原因.

假设现在加热左边的烧瓶,水的高度的增加比其密度的减小要快(比较左边烧瓶与圆柱形烧瓶高度的变化:体积变化多少,密度随之变化多少).这就是加热左边的烧瓶,水流从左向右流动的原因.

类似地,比较圆柱形烧瓶与右边的烧瓶内水的高度的变化,我们得到了相反的结果.加热右边的烧瓶,导致水的密度的减小比其高度的增加要快.所以无论加热左边的还是右边的烧瓶,水都要从左边流向右边.

例 4 (1) 如果用力吸一根吸管,在你的嘴里会产生部分"真空"现象.如果一个人可以在他的嘴里制造出压强为一半大气压的"真空"现象,那么吸管中水柱能上升的最高高度为多少?

(2) 仅仅通过人的肺部一次性吸气,有可能产生一半大气压的真空吗?是否可以采用其他吸气方法减小吸管中的气压?吸管的尺寸(直径)是否会影响水的最大高度?

提示:你可以选用不同尺寸的吸管,用实验记录水所能达到的高度,得到数据后可以估算产生的压强的大小.

解析 (1) 当用嘴吸吸管产生部分"真空"现象时,吸管中的压强为
$$P = 0.5 P_{atm} = 5.05 \times 10^4 \text{ Pa}$$
由于吸管内外存在气压差,吸管中的水可以上升一定的高度 h,根据受力平衡有
$$P_{atm} = P + \rho g h$$
所以有
$$h = (P_{atm} - P)/(\rho g)$$
$$= (1.01 \times 10^5 \text{ Pa} - 5.01 \times 10^4 \text{ Pa})/(1000 \text{ kg/m}^3 \times 9.8 \text{ m/s}^2)$$
$$= 5.15 \text{ m}$$

(2) 实验结果:从商店里分别找到长为 3 m,1.5 m,直径为 1.58 cm,1.90 cm,2.54 cm 的管子.管子被固定在洗衣机的一侧,使管子保持竖直.管子的一端浸没在水桶中,另一端放到嘴口.然后尽自己最大的努力吸水.当管子中的水达到一定高度后,液面将越来越难升高.

一旦管子里的水停止上升,立刻用舌头堵住管子的一端,以防止液面下降影响测量.每种直径的管子做 5 次实验,测量管子中水的高度,得到如表 3.1 所示的结果.

表 3.1

管直径(cm)	1.58	1.9	2.54
实验 1	112	99	106
实验 2	105	114	105
实验 3	112	115	111
实验 4	106	108	117
实验 5	100	109	103
平均	107 ± 2	109 ± 3	108 ± 2

尽管大直径管子内的水柱重力比较大,但管子的横面积也大,根据压强的定义(F/A)可知,管子直径大小对水柱高度影响很小.表 3.1 呈现了在误差范围内不同尺寸的管子中水柱的高度,这也就是多次实验显示的通过肺部一次性吸气的极限值(误差范围为 ±5 cm).下面我们取高度平均值 108 cm 来估计管内的大气压.

$$\bar{h} = (P_{\text{atm}} - P)/(\rho g)$$
$$1.08 = [1.01 \times 10^5 \text{ Pa}(1 - C)]/(1000 \text{ kg/m}^3 \times 9.8 \text{ m/s}^2)$$

解得

$$C = 0.895$$

这说明一次性吸气仅可以制造出 0.895 atm 的压强.通过吸入、停下、再吸入的方法(在此过程中舌头相当于一个活塞)比仅使用肺部一次性吸气能使水柱达到更高的高度.这两种方式可以做对比实验.

采用一根 5 m 长的管子来做这个实验.水桶放在地面上,人站到高的台阶上开始吸水.需要呼气时,用舌头堵住管子的一端以防液面下降,然后再吸气,重复上述实验直到水面不能上升为止.记录的数据如表 3.2 所示.

表 3.2

管直径为 1.3 cm	高度(m)
实验 1	4.5
实验 2	4.2

实验结果表明水柱最终可以达到大约 4.5 m 高的位置,这是通过嘴巴吸气使水柱在这

个尺寸的管子中达到的最大高度.这与之前的计算结果十分相近.

例 5 假设我们有一个半径为 R_0、内部压强为 P 的肥皂泡,外部大气压强为 P_0(忽略其表面张力).

(1) 如果稍微改变肥皂泡的体积,肥皂泡内部压强的改变量为多少?

(2) 现在使肥皂泡表面均匀带电,带电量为 Q,当带电后其半径改变量为多少?

备注:也许你熟悉带电球体内、外部的电场分布,但是带电球体表面上的电场是怎样的呢? 正确的答案是一种平均……

解析 (1) 气泡内的温度和外界环境温度始终相等,稍微改变气泡体积是一个等温过程,所以 PV 为定值,其中 V 是气泡的体积.

假设体积的改变量为小量 ΔV,即有

$$\Delta(PV) = \Delta P \cdot V + P \cdot \Delta V = 0 \Rightarrow \Delta P = -P\frac{\Delta V}{V}$$

(2) 给肥皂泡带上同种电荷后,由于相互排斥,气泡的体积会增加,这会导致其内部压强降低.

带电气泡紧贴表面外部的电场可以表示为 $\dfrac{Q}{4\pi\varepsilon R_0^2}$,其中,$R_0$ 是气泡的半径.带电气泡内部电场强度为零.严密的理论证明告诉我们,气泡表面处的电场强度为内、外两部分的电场强度的平均值,即表面处的电场为 $\dfrac{Q}{8\pi\varepsilon R_0^2}$.

因此,单位面积受到的静电力为

$$P_E = \frac{E\sigma\Delta A}{\Delta A} = \frac{Q}{8\pi\varepsilon R_0^2} \cdot \frac{Q}{4\pi R_0^2} = \frac{Q^2}{32\pi^2\varepsilon R_0^4}$$

其中,σ 为气泡表面电荷的面密度,E 为气泡表面的电场强度,ΔA 为气泡表面的面元面积.

此压强的改变量与气泡内部气体压强的改变量相等.故有

$$P_E = -\Delta P$$

即为

$$\Delta V = \frac{V}{P} \cdot \frac{Q^2}{32\varepsilon\pi^2 R_0^4}$$

所以

$$\Delta R = \frac{Q^2}{96\varepsilon\pi^2 R_0^3 P}$$

例 6 氦气储存在钢罐中,如果使用钢罐中的氦气来给气球充气,充满氦气的气球能将这个钢罐升起来吗? 请验证你的答案.如果受到的张应力超过其屈服强度 $5\times10^8 \text{ N/m}^2$ 时,钢罐将破裂.你可以从互联网上找到你需要的氦气和空气的数量值.请写出在计算过程中所使用到的具体数量值.建议:你可以考虑一个半径为 r,厚度为 t,充满高压氦气的不锈

钢球形外壳,且钢球处在即将爆裂成两个半球的临界点张应力下.

解析 假设球形钢罐的内半径为 r,厚度为 t($t \ll r$),充满氦气后的压力为 P. 当它充满氦气后,达到爆裂为两个半球的最大压力点时,我们有

$$P\pi r^2 = (5 \times 10^8 \text{ N/m}^2) 2\pi r t$$

设钢的密度为 ρ_s,则钢罐的质量为

$$\rho_s V = \rho_s 4\pi r^2 t = \rho_s 4\pi r^2 \frac{Pr}{10^9 \text{ Pa}}$$

对于钢罐中的氦气,由

$$PV = nRT$$

可得

$$P \frac{4}{3}\pi r^3 = nRT = \frac{m_{\text{He}}}{M_{\text{He}}} RT = 1 \text{ atm} V_{\text{气球}}$$

气球所产生的浮力等于气球排开的空气所受到的重力,表达式为

$$1 \text{ atm} V_{\text{气球}} = \frac{m_{\text{空气}}}{M_{\text{空气}}} RT = P \frac{4}{3}\pi r^3$$

气球对悬挂在它下面钢罐产生的净上升力为

$$m_{\text{空气}} g - m_{\text{He}} g - m_{\text{钢}} g = \frac{M_{\text{空气}} P 4\pi r^3 g}{3RT} - \frac{M_{\text{He}} P 4\pi r^3 g}{3RT} - \frac{\rho_s P 4\pi r^3 g}{10^9 \text{ Pa}}$$

气球是否能够将钢罐升起来决定于上述表达式的值的正负,即取决于表达式 $\frac{M_{\text{空气}} - M_{\text{He}}}{3RT} - \frac{\rho_s}{10^9 \text{ Pa}}$ 的正负.

当在 20 ℃ 条件时,上述表达式的值为

$$\frac{(28.9 - 4.00) \times 10^{-3} \text{ kg/mol}}{3 \times 8.314 \text{ J/(mol·K)} \times 293 \text{ K}} - \frac{7860 \text{ kg/m}^3}{10^9 \text{ N/m}^3}$$

$$= 3.41 \times 10^{-6} \text{ s}^2/\text{m}^2 - 7.86 \times 10^{-6} \text{ s}^2/\text{m}^2$$

$$= -4.45 \times 10^{-6} \text{ s}^2/\text{m}^2$$

在这里,我们使用铁的密度 7860 kg/m³ 作为钢的密度. 由计算结果可得,气球对钢罐的净力方向向下,所以这个氦气球不能升起钢罐.

例 7 在一个实验中,你需要在一个绝热的容量为 1 L 的容器里收集和识别一种未知气体. 这个容器可以和其他实验器材分离开来,以便于用精确度高的天平来测量它的质量.

(1) 为了测量标准和检查系统的敏感度,你首先要把容器抽成 10^{-6} bar 气压的真空,并把它加热到 450 K,从而可以蒸发掉容器里所有的水气. 假设剩下的都是空气,可以用理想的气体定律来计算近似值,那么容器中剩下的气体的质量是多少?

(2) 进一步测试,当你把氩气充入这个容器,直到气压达到 2 bar,容器温度是 300 K 时,容器质量为 418.207 g. 计算容器本身的质量.

(3) 重新把容器抽成气压为 10^{-6} bar 的真空,充入一种不明气体,气压充至 100 mbar. 容器在 280 K 时质量为 415.562 g,请识别出这种不明气体是什么.

解析 (1) 对于理想气体,有
$$PV = nRT = mRT/\mu$$
其中,m 为质量,μ 是气体的摩尔质量.

例如空气,如果 21% 为 O_2,79% 为 N_2,那么空气的平均分子质量是 28.86 g.

容器的容量为
$$V_C = 1 \text{ L} = 10^3 \text{ cm}^3 = 10^{-3} \text{ m}^3$$

而容器内的压强为
$$10^{-6} \text{ bar} = 10^{-6} \times 10^5 \text{ Pa} = 0.1 \text{ Pa}$$

则
$$m = \frac{\mu PV}{RT} = \frac{28.86 \times 0.1 \times 10^{-3}}{8.314 \times 450} = 0.774 (\mu\text{g})$$

(2) $m_{Ar} = \dfrac{\mu PV}{RT} = \dfrac{40.0 \times 2 \times 10^5 \times 10^{-3}}{8.314 \times 300} = 3.207 (\text{g})$,容器的质量为
$$418.207 - 3.207 = 415 (\text{g})$$

(3) 收集的气体质量为
$$415.562 - 415 = 0.562 (\text{g})$$
$$\mu(?) = \frac{mRT}{PV} = \frac{0.562 \times 8.314 \times 280}{0.1 \times 10^5 \times 10^{-3}} = 130.8 (\text{g/mol})$$

如果查看元素周期表,你会发现 130.8 位于碘(126.9)和氙(131.3)之间,所以你也许会考虑到一定的实验误差,那么该气体就是氙. 然而,如果你拓宽调查面去查看同位素表,会发现 ^{131}I 相对原子质量是 130.909,而 ^{131}Xe 相对原子质量是 130.905. 因为碘在气态情况下通常是以分子 I_2 的形式存在的,这就意味着 μ 应该是 261.8,所以不明气体很可能是 ^{131}Xe.

例 8 如图 3.3 所示的容器中装有 2 m 深的水,在容器一个侧壁的底部装有一个高为 1 m、宽为 2 m 的矩形舱门,舱门可以绕其顶部的铰链转动. 求:

(1) 容器中的水作用于矩形舱门上的力.

(2) 水的作用力(以铰链为转轴)对舱门产生的力矩.

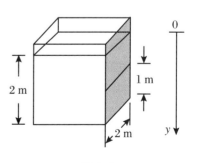

图 3.3

解析 容器外部的空气和容器内部水上方的空气均对舱门产生大气压力,所以,舱门受到的净压力只由

容器中的水压 $P = \rho g h$ 产生，水压是关于深度的线性函数，图 3.4 中绘制了水压与深度和舱门宽度乘积的线性函数图像，根据压强的定义式：

$$P = \frac{F_\perp}{A}$$

压强等于正压力除以表面积，因此作用于舱门表面的正压力可以通过 P-A 图像下方的面积求出，此种图像法是经常用来取代数值运算的简便方法．

(1) 选取水的液面位置为深度 y 的原点，竖直向下为 y 轴的正方向．

考虑到水的总深度 $H = 2$ m，舱门的宽度 $l = 2$ m，舱门的高度 $h = 1$ m，铰链位置的深度 $h_0 = H - h = 1$ m，舱门面积 $A = l(y - h_0)$．

由图像面积得出作用于舱门的正压力为

$$F_\perp = \frac{\rho g H + \rho g h_0}{2} l (H - h_0) = \frac{\rho g l}{2}(H^2 - h_0^2) = 2.97 \times 10^4 \text{ N}$$

(2) 舱门受到的合力矩可根据力矩的定义通过积分的方法求出．如图 3.5 所示，选取舱门上深度为 y 到 $y + dy$ 间的舱门微元作为研究对象．舱门微元受到的压力为

$$dF(y) = (\rho g y)(l\, dy)$$

力臂为舱门微元到铰链的距离 $y - h_0$，舱门微元受到的力矩为

$$dM = dF(y) \cdot (y - h_0)$$

通过积分求出舱门受到的合力矩为

$$M = \int dM = \int_{h_0}^{H} dF(y)(y - h_0)$$

$$= \int_{h_0}^{H} (\rho g y)(l\, dy)(y - h_0)$$

$$= \rho g l \left(\frac{y^3}{3} - h_0 \frac{y^2}{2} \right) \Big|_{h_0}^{H}$$

$$= 1.63 \times 10^4 \text{ N} \cdot \text{m}$$

值得注意的是，在求合力矩的过程中，因为力不是深度的线性函数，平均值的方法不适用于力矩的求解，所以只有通过积分的方法来求解．

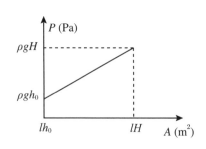

图 3.4

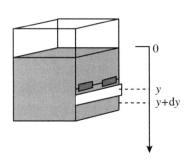

图 3.5

例9 一个质量为 2 g、直径为 9 mm 的球形弹珠以 250 m/s 的速度从枪口射出,进入绝热气缸的首端.绝热气缸圆筒长为 15 m,直径为 1 m,里面装有温度为室温、气压为 20 atm 的氩气.当子弹通过气缸时,受到气体拖曳的阻力为

$$F_{阻} = -\frac{1}{2}\varepsilon\rho Av^2$$

其中,ε 为阻力系数,$\varepsilon_{球} = 0.5$,ρ 为气体密度,A 为横截面积,v 为速度.不考虑重力,气体视为理想气体.氩气的摩尔质量 $M_m = 39.948$ g/mol,氩气的定容比热容 $C_V = 312.5$ J/(kg·K).最终弹珠击中气缸的尾端并陷在其中.

(1) 弹珠飞到气缸尾端需要多长时间?

(2) 计算弹珠飞到气缸尾端时的速度.

(3) 计算由于弹珠运动导致气体温度的变化.

解析 弹珠在气缸内运动时其加速度并不是恒定的,阻力是速度的函数.根据牛顿第二定律,质量为定值,其加速度与速度有函数关系.因此,匀变速直线运动的方程将不再适用.

在这个问题中,我们可以使用:

$$v = \frac{dx}{dt}, \quad a = \frac{dv}{dt}, \quad F = ma$$

已知变量和未知变量的信息如表 3.3 和表 3.4 所示.则弹珠的最大横截面积为

$$A = \pi r^2 = \pi \times (4.50 \times 10^{-3})^2 = 6.362 \times 10^{-5} (\text{m}^2)$$

表 3.3

变量符号	描 述	数 值
v_0	弹珠初速度	250 m/s
m	弹珠质量	2.00×10^{-3} kg
r	弹珠半径	4.500×10^{-3} m
L	气缸长度	15.0 m
R	气缸半径	0.500 m
T	气体初始温度	300 K
P	气缸内气体压强	2.027×10^6 Pa
ε	阻力系数	0.500
M_m	氩气摩尔质量	39.948 g/mol
C	氩气定容比热	312.5 J/(kg·K)

表 3.4

变量符号	描 述
v_t	弹珠穿过气缸后的末速度
t	弹珠穿越气缸的时间
V	气缸容积
A	弹珠最大横截面积
ΔT	气体温度变化量
M	缸内氩气质量

气缸的体积为

$$V = \pi L R^2 = \pi \times 15.0 \times (0.500)^2 = 11.78 (\text{m}^3)$$

气缸内氩气的密度为

$$PV = nRT \Rightarrow \frac{n}{V} = \frac{P}{RT}$$

$$\rho = \frac{n}{V} M_\text{m} = \frac{P M_\text{m}}{RT}$$

$$= \frac{2.027 \times 10^6 \times 39.948}{8.31451 \times 300}$$

$$= 3.246 \times 10^4 (\text{g/m}^3)$$

$$= 32.46 (\text{kg/m}^3)$$

计算气缸内氩气的质量:

$$M = \rho V = 32.46 \times 11.78 = 382.4 (\text{kg})$$

(1) 弹珠通过气缸的时间:

$$ma = F_\text{阻} = -\frac{1}{2} \varepsilon \rho A v^2$$

$$m \frac{\text{d}v}{\text{d}t} = -\frac{1}{2} \varepsilon \rho A v^2$$

即

$$\frac{\text{d}v}{\text{d}t} = -\frac{\varepsilon \rho A}{2m} v^2 = -\beta v^2$$

$$\beta = \frac{\varepsilon \rho A}{2m}$$

$$= \frac{0.5 \times 32.46 \times (6.362 \times 10^{-5})}{2 \times 2.00 \times 10^{-3}}$$

$$= 0.2581 (\text{m}^{-1})$$

故

$$\frac{\mathrm{d}v}{v^2} = -\beta \mathrm{d}t$$

两边积分可得

$$\int_{v_0}^{v_t} \frac{\mathrm{d}v}{v^2} = -\beta \int_0^t \mathrm{d}t$$

有

$$\frac{1}{v_t} - \frac{1}{v_0} = \beta t$$

即

$$\frac{1}{v_t} = \beta t + \frac{1}{v_0} = \frac{v_0 \beta t + 1}{v_0}$$

$$\Rightarrow \quad v_t = \frac{v_0}{v_0 \beta t + 1}$$

此方程给出了速度和时间的函数关系.

因为 v_t 未知,所以并不能求出时间.但距离已知,所以可利用速度的定义:

$$v = \frac{\mathrm{d}x}{\mathrm{d}t}$$

即有

$$\frac{\mathrm{d}x}{\mathrm{d}t} = \frac{v_0}{v_0 \beta t + 1}$$

这是另一个微分方程. 即

$$\mathrm{d}x = v_t \mathrm{d}t = \frac{v_0}{v_0 \beta t + 1} \mathrm{d}t$$

两边积分得

$$\int_0^L \mathrm{d}x = v_0 \int_0^t \frac{1}{v_0 \beta t + 1} \mathrm{d}t$$

所以有

$$L = \frac{v_0}{v_0 \beta} \ln(v_0 \beta t + 1) = \frac{1}{\beta} \ln(v_0 \beta t + 1)$$

整理可得

$$\ln(v_0 \beta t + 1) = L\beta$$

即

$$v_0 \beta t + 1 = \mathrm{e}^{L\beta}$$

所以弹珠通过气缸的时间为

$$t = \frac{\mathrm{e}^{L\beta} - 1}{v_0 \beta}$$

代入数值得

$$t = \frac{e^{0.2581 \times 15.0} - 1}{250 \times 0.2581} = 0.726(s)$$

(2) 利用(1)中求出的速度和时间关系可以得到

$$v_t = \frac{v_0}{v_0 \beta t + 1} = \frac{250}{250 \times 0.2581 \times 0.726 + 1} = 5.23(\text{m/s})$$

(3) 弹珠减少的动能转化为气体增加的内能, 则

$$\Delta E_k = \Delta Q$$

即

$$\frac{1}{2}mv_t^2 - \frac{1}{2}mv_0^2 = \frac{1}{2}m(v_t^2 - v_0^2) = CM\Delta T$$

整理得氩气温度变化方程为

$$\Delta T = \frac{m(v_t^2 - v_0^2)}{2CM}$$

代入数值可得

$$\Delta T = \frac{2.00 \times 10^{-3} \times (250^2 - 5.23^2)}{2 \times 312.5 \times 382.4} = 5.23 \times 10^{-4}(\text{K})$$

例10 实验题.

1. 理论简介

液体呈现表面张力是由于液体表面层中的分子受到指向液体内部的合外力. 因此, 弯曲液面的表面分子将对物体产生一个附加压强. 表面张力与反映物质性质的表面张力系数 α 有关, 对于半径为 R 的球形液面, 由于液体表面张力而产生的附加压强满足:

$$\Delta P = \frac{2\alpha}{R} \tag{1}$$

2. 实验器材

① 两根不同内径的管子.

② 一把直尺.

③ 肥皂液.

3. 实验步骤

利用吸管和肥皂液制造两个不同内径的肥皂泡, 测量这两个肥皂泡的直径, 然后, 小心地混合两个肥皂泡, 使它们变成一个肥皂泡, 并测出这个肥皂泡的直径. 你需要快速地操作这个实验, 这需要一些练习. 在测量的过程中, 当肥皂泡静止且体积没有明显变化时, 测量的结果可以认为是合理的.

4. 计算

使用测量所得的三个肥皂泡的直径和肥皂液的平均表面张力系数($\alpha = 45.0 \times 10^{-3}$ N/m)进行公式推导并计算出大气压. 将计算得到的结果与天气预报中的大气压值进行比较,

并解释产生误差的原因.

解析 本例中的实验操作部分是相当困难的,这也是为什么只要求根据设置的实验步骤进行公式推导计算大气压强的原因.

依据理想气体的状态方程,得到肥皂泡中空气的质量为

$$m = \frac{(P_0 + \Delta P)VM}{RT} \tag{2}$$

其中,P_0 为大气压强,ΔP 为液面分子表面张力引起的附加压强,V 为肥皂泡的体积,M 为空气的平均摩尔质量 0.029 kg/mol,$R = 8.31$ J/(mol·K) 为气体普适常量,T 为空气的温度.

重要的是将含有空气质量分别为 m_1 和 m_2 的两个肥皂泡合成为一个肥皂泡后,肥皂泡中空气的质量没有发生变化:

$$m = m_1 + m_2 \tag{3}$$

为了计算 P_0,我们需要将每个肥皂泡内径的测量值代入方程(1)~(3)并联立求解,则球状肥皂泡的体积为

$$V = \frac{4}{3}\pi r^3 = \frac{\pi D^3}{6}$$

$$\frac{(P_0 + \Delta P)VM}{RT} = \frac{(P_0 + \Delta P_1)V_1 M}{RT} + \frac{(P_0 + \Delta P_2)V_2 M}{RT}$$

$$\left(P_0 + 2\frac{2\alpha}{D/2}\right)\frac{\pi D^3}{6} = \left(P_0 + 2\frac{2\alpha}{D_1/2}\right)\frac{\pi D_1^3}{6} + \left(P_0 + 2\frac{2\alpha}{D_2/2}\right)\frac{\pi D_2^3}{6}$$

由于肥皂泡液面的内、外两个表面均产生附加压强,所以要对方程(1)中的附加压强 ΔP 进行加倍. 即

$$P_0(D^3 - D_1^3 - D_2^3) = 8\alpha(D_1^2 + D_2^2 - D^2)$$

$$P_0 = \frac{8\alpha(D_1^2 + D_2^2 - D^2)}{D^3 - D_1^3 - D_2^3} \tag{4}$$

当混合后得到的肥皂泡的体积不等于混合前的两个肥皂泡的体积之和时,根据式(4)计算的值是合理的. 实际情况下,由于液体表面张力的原因,混合后得到的肥皂泡的体积比混合前两个肥皂泡的体积之和要大.

例 11 为了准备假日活动,买了一对气球想在空中放飞. 设法让已知质量的物块系在气球下面绳子的末端以使绳子伸直并处于竖直状态,且气球处于静止的平衡状态(图 3.6). 请尝试通过设计剩下的实验部分来确定气球里面是何种气体.

图 3.6

解析 为了确定气球里的气体种类,我们需要计算气体某一重要的特征参量,比如密度或摩尔质量. 由于气球外壳材料的表面张力对气球内的气体产生额外的附加压强 ΔP,这将使气体密度相对于正常情

况发生改变,因此,唯一能揭示气体种类的参数就是它的摩尔质量 M.

如果认为实际气体的性质非常接近于理想气体的性质,则气体的摩尔质量可以通过理想气体状态方程来求解. 为了实现我们的实验目的,我们认为气球中的气体为理想气体,由理想气体状态方程得

$$(P_0 + \Delta P)V_G = \frac{m_G}{M}RT$$

或者

$$M = \frac{m_G RT}{(P_0 + \Delta P)V_G} \tag{1}$$

其中,P_0 为正常状态的大气压,V_G 为气球中气体的体积,m_G 为气体的质量,$R = 8.31$ J/(mol·K)为气体的普适常量,T 为气体的绝对温度.

式(1)右边的三个参量 m_G、ΔP 和 V_G 的值是难以直接测量的. 我们需要考虑到如下的实际情况:

(1) 一般情况下,气球具有不规则的形状,不能直接通过测量计算出气球的体积.

(2) 试图采取将气球放入盛满水的容器中,通过测出排出水的体积来得到气球的体积是无意义的. 因为水的温度和压力将改变气球的初始体积. 为了确定上面指出的三个参量的数值,我们需要准备三个实验来提供三个额外的独立方程. 当然,下面的测量也不是很精确.

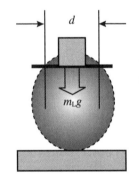

为了估算 ΔP,我们可以设计如下实验:选取一个表面积约为 4~5 cm² 的透明薄板,将其放置于气球的上表面,如图 3.7 所示,在忽略质量的薄板上装载质量为 m_L 的物块,测出透明薄板与气球的接触区域的面积(因为薄板的透明性才能允许这样测量),计算

$$\Delta P = \frac{m_L g}{\pi d^2/4}$$

这种估算接近于 ΔP 的真实值,如果气球体积的改变量非常小且可以忽略不计的话.

图 3.7　　　　为了得出 m_G 和 V_G,我们使用如图 3.6 所示的实验.

首先,需要测出小物块质量 m_B,气球外壳材料的质量 m_S,绳子的质量 m_R,选取适当的 m_B,使系统处于图 3.6 所示的平衡状态. 为了便于分析,可将定值量 m_S 和 m_R 用 $m = m_s + m_R$ 表示,此外,为了忽略物块受到空气浮力的影响,选取的物块的密度要大,体积相对于气球的体积要小得多. 平衡状态下,有

$$(m + m_B + m_G)g = \rho_{air}V_G g \quad \Rightarrow \quad m + m_B + m_G = \rho_{air}V_G \tag{2}$$

其中,ρ_{air} 是气球周围空气的密度,方程(2)还有两个未知量,因此我们需要再设计一个实验来得到一个独立的方程.

稍微增加物块的质量至 m_{BB},利用计时器和直尺测出系统向下运动的加速度 a.

根据牛顿第二定律,得

$$(m + m_{BB} + m_G)a = (m + m_{BB} + m_G)g - \rho_{air}V_G g \qquad (3)$$

将 V_G 用式(2)得到的值替换,得到如下结论:

$$m_G = \frac{(m_{BB} - m_B)g}{a} - (m + m_{BB}), \quad V_G = \frac{(m_{BB} - m_B)(g-a)}{\rho_{air} a} \qquad (4)$$

将式(4)的结果代入式(1),得

$$M = \frac{RT}{P_0 + \Delta P}\frac{m_G}{V_G} = \frac{RT\rho_{air}}{P_0 + \Delta P}\frac{(m_{BB} - m_B)g - (m_{BB} + m)a}{(m_{BB} - m_B)(g-a)}$$

$$= \frac{RT\rho_{air}}{P_0 + \Delta P}\left[1 - \frac{(m_B + m)a}{(m_{BB} - m_B)(g-a)}\right] \qquad (5)$$

我们知道空气的摩尔质量大约为 $M_{air} = 29\ \mathrm{g/mol}$,气球中的气体要比空气轻,下面给出气球中气体摩尔质量 M 与空气摩尔质量 M_{air} 的定量关系.

对于同样体积 V_G 的空气,有

$$P_0 V_G = \frac{m_{air}}{M_{air}} RT$$

$$M_{air} = \frac{m_{air}}{V_G}\frac{RT}{P_0} = \frac{\rho_{air} RT}{P_0} \qquad (6)$$

由式(5)、式(6)得

$$M = \frac{M_{air}}{\dfrac{P_0 + \Delta P}{P_0}}\dfrac{1}{1 - \dfrac{(m_B + m)a}{(m_{BB} - m_B)(g-a)}} \qquad (7)$$

例 12 一个盒子中充有压强为 P 的气体,当在其中一个面上开出一个小孔时,请估计气体分子从孔中冲出来时的速度.

解析 假设小孔是矩形的,其截面积为 A,长度为 z.每个分子离开小孔时的动能为 $\frac{1}{2}mv^2$.如果这里有 N 个分子,那么单位体积中的总能量为

$$\frac{N\frac{1}{2}mv^2}{Az} = \frac{\frac{1}{2}(mN)v^2}{Az} = \frac{1}{2}\rho v^2$$

其中,$\rho = \dfrac{Nm}{Az}$ 是气体分子的质量密度.单位体积内的能量即能量密度和压强有相等的量纲.

为估算分子速度,令压强 P 等于能量密度,故有

$$P = \frac{1}{2}\rho v^2 \quad \Rightarrow \quad v = \sqrt{\frac{2P}{\rho}}$$

例 13 在尺寸为 $L \times L \times L$ 的盒子中装有由相对论性粒子构成的理想气体.气体的气压、体积、总能量分别为 P,V,U.每个微粒的能量为 $E = pc$,其中 p 为动量,c 为真空中的光速.证明:$PV = \dfrac{1}{3}U$.

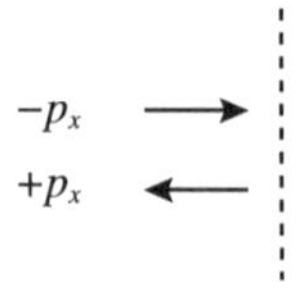

解析 设在很短的时间间隔 Δt 内,微粒移动距离为 Δx,将与墙壁发生一次碰撞.如图 3.8 所示,其中动量变化量为 $\Delta p = 2p_x$. Δt 时间内撞击次数为 $\frac{1}{2}n(A\Delta x)$,A 为墙的面积,n(数密度)为微粒数 N 除以体积 V. 粒子施加的压强等于单位时间内每个微粒的动量变化乘以时间间隔内的撞击次数再除以面积 A,也等于每单位面积上微粒产生的合力.

图 3.8

$$P = \frac{\left(\frac{1}{2}nA\Delta x\right)\left(\frac{\Delta p}{\Delta t}\right)}{A} = \left(\frac{1}{2}n\Delta x\right)\left(\frac{2p_x}{\Delta t}\right)$$
$$= nv_x p_x = nv_x(E_x/c) = nc(E_x/c)$$
$$= nE_x = n(1/3E) = NE/(3V) = U/(3V)$$

其中,$v_x \approx c$,气体的总能量 $U = NE$.

根据大量分子无规则运动的统计假定,大量分子的速度分量的平方的平均值应该相等,即 $\overline{v_x^2} = \overline{v_y^2} = \overline{v_z^2}$,所以 $\overline{v_x^2} = \frac{1}{3}\overline{v^2}$,$E_x = \frac{1}{3}E$.

综上可得

$$PV = \frac{1}{3}U$$

例 14 月球上为什么没有大气层?

解析 假设月球表面有一个大气层,大气分子质量为 m_0. 月球是否可以吸引住这些分子,取决于分子在月球表面的逃逸速度(第二宇宙速度)v_e:

$$\frac{1}{2}m_0 v_e^2 = \frac{Gm_0 M_M}{R_M}$$

$$\Rightarrow \quad v_e = \sqrt{\frac{2GM_M}{R_M}} \tag{1}$$

其中,M_M 为月球的质量,R_M 为月球的半径.

物体的动能大小等于把物体从月球表面移动到无穷远处所做的功. 将 $M_M = 7.36 \times 10^{22}$ kg,$R_M = 1.74 \times 10^6$ m,$G = 6.67 \times 10^{-11}$ m³/(kg·s²)代入式(1),可以解得

$$v_e \approx 2.4 \text{ km/s}$$

根据麦克斯韦速率分布律,理想气体分子的方均根速率为

$$v = \sqrt{\frac{3k_B T}{m_0}}$$

其中,玻尔兹曼常数 $k_B = 1.381 \times 10^{-23}$ J/K,T 为气体的绝对温度.

设月球温度为 $T = 100\ ℃ = 373$ K,氧分子的质量为 $m_0 = 5.32 \times 10^{-26}$ kg,因此氧分子的均方根速率为

$$v \approx 0.54 \text{ km/s}$$

尽管 v 小于 v_e,但是由于速率分布的原因还是有很多氧分子的速度高于方均根速率 v. 这些分子最终将会离开月球表面,所以月球没有大气层留存.

例 15 你是否思考过分子运动的速率,例如你肺部的气体分子. 我们呼吸的空气由不同的气体颗粒组成,这些颗粒的动能与它们的热运动有关. 这些气体粒子相互碰撞,影响各自的速率. 因此,讨论某一个粒子的速率是毫无实际意义的. 我们可以说的只是速率的概率分布——粒子拥有这个速率或那个速率的可能性.

麦克斯韦速率分布律描述了粒子在不同速率范围的分布概率:

$$P(v) = 4\pi \left(\frac{M}{2\pi RT}\right)^{3/2} v^2 e^{-Mv^2/(2RT)}$$

其中,M 为气体的摩尔质量,T 为气体的绝对温度,R 为理想气体常数. 该分布给出了气体粒子速度为从 v 到 $v + dv$ 之间的概率(最大为 $1.0 = 100\%$),其中 dv 为一个增量.

(1) 计算当温度 $T = 300$ K 时,氧气分子的最概然速率. 氧的摩尔质量为 $M = 0.0320$ kg/mol,$R = 8.31$ J/(mol·K).

(2) 画出麦克斯韦速率分布图.

解析 (1) 在大量分子中,分子处于不同速率的概率是不同的. 速率太大或太小的概率实际上都比较小,而具有中等速率的分子数占总分子数的比率却很大. 与 $P(v)$ 极大值对应的速率叫作最概然速率,求 $P(v)$ 对速率 v 的一阶导数并令其等于零. 则

$$v = (2RT/M)^{1/2}$$

温度 $T = 300$ K 时,摩尔质量为 $M = 0.0320$ kg/mol 的氧气分子最概然速率为

$$v \approx 395 \text{ m/s}$$

(2) 温度 $T = 300$ K 时,麦克斯韦速率分布图如图 3.9 所示.

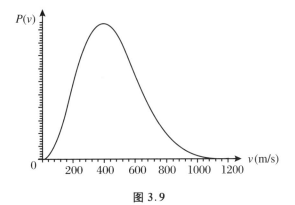

图 3.9

例 16 一定量的惰性气体氪(Kr)存储在一个长期绝热的容器里,温度 $T = 200$ K,压强 $P = 0.1$ Pa. 氪的摩尔质量为 84×10^{-3} kg/mol. 该容器是一个直圆柱体,有一个底为活

塞．活塞开始从某一瞬间以1000 m/s的速度向里运动，然后当气体体积比原体积少1%时，活塞停止运动．

求出活塞停止运动且气体达到平衡时气体的温度．

解析 在给定的温度下，可以根据所谓的能量按自由度均分定理计算分子的速度．能量按自由度均分定理指出，一个单原子分子的每个自由度都为该分子的平均平动能贡献了同量的平动动能．在三维空间中，一个单原子分子可看成自由质点，有3个自由度．每个自由度的能量等于 $kT/2$，在温度 T 的平衡态下，该分子运动的平均平动能在三个平均自由度之间是均匀分配的，所以该分子的平均平动能为 $\frac{3}{2}kT$，其中 k 是玻尔兹曼常数．即

$$\left\langle \frac{mv^2}{2} \right\rangle = \frac{3}{2}kT = \frac{3}{2}\frac{R}{N_A}T$$

其中，$R = 8.31$ J/(mol·K)为普适气体常量，且 N_A 为阿伏伽德罗常数．这个关系式给出了该分子的方均根速率（v_{rms}）：

$$v_{rms} = \sqrt{\langle v^2 \rangle} = \sqrt{\frac{3RT}{mN_A}} = \sqrt{\frac{3RT}{M}}$$

$$= \sqrt{\frac{3 \times 8.31 \times 200}{0.084}} = 240 \ (\text{m/s}) \tag{1}$$

其中，M 为氪的摩尔质量．可以将这个值视为一个氪分子的速率估计值．在移动活塞的参考系里，有1/6的分子向活塞移动，它们以(240 + 1000) m/s = 1240 m/s的速率撞向活塞．考虑到碰撞的弹性，分子以同样的速率(1240 m/s)从活塞上反弹回来．在实验室参考系下，碰撞后的分子速度大小为1240 m/s + 1000 m/s = 2240 m/s．另外1/6与活塞同向移动的分子所获得的速度大小为(-240 + 1000 + 1000) m/s = 1760 m/s．其余4/6分子与活塞平面平行移动，碰撞后的速度约为2000 m/s．此时，我们可以通过把所有分子都看作与活塞碰撞来简化答案，获得一个碰撞后约为2000 m/s的速率．低压导致活塞和气体中分子的碰撞减少，因此，活塞停止运动后，1%的分子速率约为2000 m/s，而99%的分子以式(1)给出的速率移动．一个"快速"的原子的能量是其他原子的$(2000/240)^2 \approx 69.4$倍；总动能是其他原子的$0.99 + 0.01 \times 69 \approx 1.684$倍．当气体中原子的平均动能与气体温度直接成正比时，可以使用动能增加的倍数来计算新的平衡状态下的温度．在气体平衡、气体温度变得均匀后，温度为

$$T = 200 \ \text{K} \times 1.684 = 337 \ \text{K}$$

如果我们认为分子碰撞后以确切的速率朝着不同的方向运动，即上面计算的速率(1/6分子的速率为2240 m/s, 1/6分子的速率为1760 m/s, 2/3分子的速率为2000 m/s)，则温度 $T = 338$ K, 相差0.3%．这意味着，我们可以接受在运动的活塞和静止的分子间发生完全弹性碰撞的这一近似值．

例17 装有惰性气体氩的密封玻璃管以恒定的加速度 a 沿管的轴线做加速直线运

动,玻璃管首尾两端气体分子数密度将出现偏差.管的长度 $l = 100$ cm,管中气体的温度为 $T = 330$ K,如果管的首末两端氩气分子的数密度的相对偏差为 1.00% 时,管的加速度为多大?

(提示:重力场中空气分子数密度遵循玻尔兹曼分布定律:

$$n(h) = n_0 e^{-\frac{Mgh}{RT}} \tag{1}$$

其中,$n(h)$ 为单位体积内高度为 h 处的分子数,n_0 为地表处的分子数密度,M 为空气的平均摩尔质量,g 为重力加速度,$R = 8.31$ J/(mol·K)为普适气体常量.

玻尔兹曼证明了任何保守力场中的气体分布也遵循类似的分布定律,为了推广这个定律,他将指数中的分子写成摩尔质量气体分子的势能形式.)

解析 根据玻尔兹曼分布定律的通式,分子数密度 n(单位体积内的分子数)与摩尔气体分子的势能 E_{Mp} 满足

$$n = n_0 e^{-\frac{E_{Mp}}{RT}} \tag{2}$$

其中,n_0 为零势能处分子的数密度,k 为玻尔兹曼常数,E_{Mp} 为摩尔质量气体分子的势能.

如图 3.10 所示,装有氩气的管子是一个加速参考系(非惯性系),管子在实验室参考系中运动的实际加速度为 a,当管子向左加速时,管内的气体由于惯性要保持静止,以加速管作为参考系,气体具有向右的 $a_{fic} = -a$.假定的加速度为 a_{fic},引入对应的假想惯性力后才便于在非惯性系里运用牛顿运动定律研究问题.惯性力并不是物体真实受到的作用力.

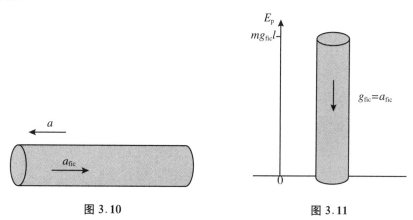

图 3.10   图 3.11

我们可以设想一种如图 3.11 所示的模型,氩气分子在惯性力 ma_{fic} 的作用下的表现与在重力场中静止管子中的氩气的表现类似.

对于管子"上端"(图 3.10 中管子的左端)的氩气的数密度有如下形式:

$$n(l) = n_0 e^{-\frac{Mal}{RT}} \tag{3}$$

在管子的"底部"(图 3.10 中管子的右端)分子的数密度为 n_0,题中给出的管子首尾两端气体分子数密度的相对偏差为

$$\frac{n_0 - n(l)}{n_0} = \frac{n_0(1 - e^{-\frac{Mal}{RT}})}{n_0} = 1 - e^{-\frac{Mal}{RT}} = 0.01$$

$$e^{-\frac{Mal}{RT}} = 0.99, \quad -\frac{Mal}{RT} = \ln 0.99 = -0.01$$

$$a = \frac{0.01RT}{Ml} = \frac{0.01 \times 8.31 \times 330}{0.04 \times 1} = 686 \text{ m/s}^2 = 70|g|$$

例18 费米是20世纪著名的物理学家,他经常会向学生提出一种特殊类型的问题,即众所周知的"费米问题".其中的一个"费米问题"是"芝加哥有多少钢琴调音师".为了解决这个问题,你可以通过猜想来估算在本地能拥有的调音师.例如,你可以以你朋友或者邻居为对象思考:对于有钢琴的人,大约多少年需要聘请一位调音师来调音.最后可以推导出在像芝加哥这么大的城市中每年需要的调音师的数量.请通过假设和估算回答下列问题.

(1) 在多伦多有多少个钢琴调音师?

(2) 今年暑假,我看到好多流星条纹横跨天空,它们每秒走过45°的角度.请问流星运动的速度为多少?

(3) 加拿大人每年丢掉的牙刷有多少千克?

(4) 假设地球两极的冰不会融化,地球海洋里的水需要多长时间结冰于两极?

(5) 每走一步,单只运动鞋有多少原子磨损在人行道上?

解析 (1) 多伦多大约有350万人口,假设其中20%的家庭有钢琴,则钢琴数量约为70万台.其中大约有10%的家庭每年需调音两次,其他的可能每两年调音一次,则一年里需要调音次数为 $2 \times 70000 + 0.5 \times 630000 = 455000$.

假设调音需要1.5 h,外加0.5 h的车程.一天有8 h可以进行4次调试,如果一个调音师每年工作280天,则多伦多需要的调音师约为400人.考虑到一部分会弹钢琴的人是可以自己调音的,所以这个数字可能会更小一些.

(2) 我们可以先估算流星的高度,首先这应该是一个高于大气层的高度,当然也不是在大气层的边缘处.国际宇宙空间站轨道离地高度大约是240英里①,当俄罗斯的和平号下降到离地约190英里时将遇到危险.现在人们可以在与飞机飞行高度差不多的珠穆朗玛峰顶(约10000 m)呼吸,所以估计流星高于珠峰6英里之上是合理的.实际上,流星在比上述高度稀薄得多的空气中就会燃烧,而航天飞机高于40英里之上就会和空气摩擦出现"烧蚀"现象.综上所述,流星应该是在20~40英里高的位置.在这种情况下,每秒45°即 $\frac{\pi}{4} \times 30$,流星运动的速度大约是每秒25英里.

通常航天飞机绕地周期约是90 min,地球直径约为8000英里,所以航天飞机在90 min飞行了约25000英里,其飞行速度约为每小时17000英里,或约为每秒5英里,因此以上数

---

① 1英里 = 1609.344米.

值是可能的.

流星通常来自彗星的尘埃,比如狮子座流星雨每年在 11 月 14 日至 21 日出现(这个现象与坦普尔·塔特尔彗星的周期密切相关).地球在其轨道上运动时穿过尘埃的速度约为每秒 20 英里.在夜晚视线状况下,两组数据的搭配是合理的.

(3) 很少有人听从牙医的建议 3~6 个月换一次牙刷.假设每个加拿大人每年买 1.5 只牙刷(加拿大一共约有 3000 万人口),或许更少,每年买 1 只.再考虑到一些家庭还会给客人买牙刷,如此估计得到每年约要丢弃 3750 万只牙刷.考虑到牙刷大约为 20 cm 长,横截面积约为 1 cm,体积约为 20 cm³,如果它和水有一样的密度,那么大约应该重 20 g.

所以一年有 37500000×0.020 kg = 750000 kg 牙刷被丢掉(我在想这些塑料是否可以重复利用).

(4) 这是最棘手的一个问题.冬天房间里的水分会在窗户上结冰,这犹如"抽湿泵"抽去空气中的水分,从而使得房间干燥起来,起到了除湿的作用.通常冬天比较干燥是因为室外空气比较冷,即使在相对湿度达到 80% 时,空气中也仅含有少量的水分.如果你只加热室外空气,相对湿度将会迅速下降.这是因为尽管温暖的室内空气可能含有很多水分,但是在冷空气中仍然只含有少量的水分.

尽管空气并不是很流畅地从南极到北极如此循环,但是它最终会通过两极冰盖.假设所有空气中的水分化为冰雪落在两极冰盖上并且不再离开,那么最终所有的水分将被困在两极冰盖上(科学家猜测火星表面现状就是如此形成的).然而在极地地区很少下雪.人们曾经钻取冰心来寻找数百年前的花粉和孢子.这是测试地球气候是否变暖的一种实验,它根据生物在不同的深度冻结情况来估计远古的温度.观察南极冰盖 1000 年前的古代冰层,我们不必要挖到 1 km 深,这是因为每年雪的厚度小于 1 m.

实际上,两极是十分干燥的,其年降水量小于 10 英寸①.不妨将年降水量取值为 10 英寸并覆盖在冰盖上.这个冰层有多大?北极圈(南极圈)纬度约 66°,与地轴之间的夹角约为 23°,作为估计,取值为 20°,将地球的半径取为 8000 英里,则北极圈的面积大约为 $2\pi r \cdot r(1-\cos 20°) \approx 6000000$ 平方英里,故两极约为 1200 万平方英里.

两极冰盖有每年固定 10 英寸的降水量,地球表面总的面积为 $4\pi r^2 = 78000$ 万平方英里,再考虑到地球表面 70% 为海洋,所以每年地球其他地方水量的损失为 $10 \times \dfrac{12}{(780-12)\times 70\%} \approx 0.2$ 英寸,也就是说,海洋和湖泊每年会损失 0.2 英寸的水量.假设冰层不崩解或者蒸发,那么在人的一生里(约 80 年),大洋会下降 16 英寸,这个变化可以用肉眼观察到.大约 30 万年海洋水平面可以下降 1 英里.大洋仅仅几英里深,平均深度甚至还要浅,那么不用 100 万年,地球上全部海洋里的水就将凝结到两极冰盖上了.

---

① 1 英寸 = 2.54 厘米.

(5) 一般来说,一直在户外步行的鞋的寿命是 18 个月.鞋底大约厚为 1 cm,但是只有大约 1/3 的面积会被磨损.我的鞋号为 12 s,长不到 1 英尺①,宽为 4 英寸,估计鞋面积为 24.5 cm×10 cm,则磨损部分的体积为 1 cm×(25.4 cm×10 cm)/3≈80 cm³,鞋子一般是由橡胶或者塑料制成的.橡胶是碳氢化合物,它们大多含有 C,H 元素,其平均相对原子质量为 6.5,这意味着每摩尔 6.5 g.鞋的密度比水略大一点,大约是 1.5 g/cm³,所以磨损部分大约含有 120 g 的橡胶,单只鞋大约损失 20 mol 的原子.

我每天去工作大约要走 2.2 km,假设步长为 1 m(因为我很高),则需要走 2200 步.在我工作的时候,约有 1 h 的时间穿梭在办公室和教室之间,再花 20 min 吃饭,粗略地估计,一秒走一步,则我工作时大约需要走 $\frac{4}{3}$ h×3600 s/h×1 步/s=4800 步.再加上回家所走的步数,我每天大约要走 7000 步.一年里穿运动鞋的时间约 300 天,则 18 个月大约要走 300 万步,约需要损失 20×6×10²² 个原子.

所以每一步我要留下大约 4×10¹⁷ 个原子.(噢哟,也许哪一天人们可以根据组合立式真空吸尘器和质谱仪跟踪我一天的行迹!)

提醒:以上所有的数据近似都是十分粗糙的,如福尔摩斯所说的,最重要的是推理.

例 19 容器里装满了未知气体.已知在一个标准大气压下,使 1 kg 气体温度升高 1 ℃ 需要 907.8 J,如果保持体积不变,把 1 kg 未知气体的温度升高 1 ℃ 需要 648.4 J,请问容器装有何种气体?

解析 气体加热时若体积恒定,则这个过程称为等体积或等容积过程,吸收的热量 ΔQ 仅仅用来改变气体的内能 ΔE_i.如果气体加热过程中压强不变(等压加热),体积增加,质心位置变化,那么这种情况下加热结果不仅改变气体内能,同时气体膨胀对外做的功为 $W = P\Delta V$.

这就是两种加热情况比热容不同的原因:等容加热过程为 c_V;等压加热过程为 c_P.一般吸收的热量表示为

$$\Delta Q = mc\Delta t$$

本例中 c_V 与 c_P 的值已知.

根据能量守恒定律,写出等压加热与等体积加热满足的关系:

$$mc_P\Delta t = \Delta E_i + W \tag{1}$$

$$mc_V\Delta t = \Delta E_i \tag{2}$$

内能 ΔE_i 仅由气体种类和气体温度决定.因此两个加热过程的 ΔE_i 数值相等:

$$P\Delta V = W = m\Delta t(c_P - c_V) = m\Delta T(c_P - c_V) \tag{3}$$

此外,由理想气体状态方程,根据下面的等压过程的等式可以得到气体的摩尔质量:

---

① 1 英尺 = 12 英寸 = 30.48 厘米.

$$P\Delta V = \frac{m}{M}R\Delta T \qquad (4)$$

其中,普适气体常量 $R = 8.314$ J/(mol·K).

联立式(3)、式(4),得

$$c_P - c_V = \frac{R}{M}$$

所以未知气体的摩尔质量为

$$M = \frac{R}{c_P - c_V} = \frac{8.314}{907.8 - 648.4} = 32.0 (\text{g/mol})$$

显然,这种气体为氧气.

例20 如图 3.12 所示,内部带有一个挡板的绝热容器,右侧有一个绝热活塞,内部装满了氦气.挡板上有一个阀门,只有当右边的压强大于左边的压强时,阀门才会打开.活塞截面积为 $A = 100$ cm².

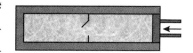

图 3.12

如图 3.12 所示,最初挡板与容器左壁距离和挡板与活塞距离相等,都为 $l_i = 112$ cm.

实验最初,容器左侧氦气质量为 $m_1 = 12$ g,右侧氦气质量为 $m_2 = 2$ g,最初温度 $T_i = 273.15$ K,外部气压为 $P_0 = 1×10^5$ Pa.氦的定容比热容与定压比热容分别为 $c_V = 3.15×10^3$ J/(kg·K),$c_P = 5.25×10^3$ J/(kg·K).

根据以下条件进行实验:活塞缓慢推入容器(当阀门开启时活塞停止,稍等片刻后继续左行),直到碰到中间的挡板为止.

(1) 施加在活塞上的外力做功为多少?不计摩擦.

(2) 为什么阀门开启时,活塞有必要稍等片刻?

解析 容器完全绝热,大气压力和外力对活塞做的总功等于容器内气体内能的变化:$W = \Delta E_{\text{int}}$.设气体最终温度为 T,则

$$\Delta E_{\text{int}} = c_V(m_1 + m_2)(T - T_i)$$

(1) 计算外力对活塞做的功必须减去大气压对活塞做的功:

$$W = c_V(m_1 + m_2)(T - T_i) - P_0 A l_i \qquad (1)$$

最初阶段 $m_1 > m_2$,右侧的气体被绝热压缩,直到其压强等于左侧气体的压强 P_1,右侧气体体积由 V_i 变为 V_1,然后阀门打开.

$$P_1 = \frac{m_1}{M}\frac{RT_i}{Al_i} \qquad (2)$$

其中,M 表示氦气的摩尔质量.

理想气体绝热压缩过程:

$$P_1 V_1^\gamma = P_2 V_i^\gamma \qquad (3)$$

其中,P_2 指右侧气体的初始压强,则

$$P_2 = \frac{m_2}{M}\frac{RT_i}{Al_i}, \quad \gamma = \frac{c_P}{c_V} \tag{4}$$

可解得体积 V_1(其中 $V_i = Al_i$)为

$$V_1 = V_i\left(\frac{P_2}{P_1}\right)^{\frac{1}{\gamma}} = V_i\left(\frac{m_2}{m_1}\right)^{\frac{1}{\gamma}}$$

当阀门打开时,右侧气体的温度为

$$T_f = \frac{P_1 V_1 M}{R m_2} = T_i \frac{P_1 V_1}{P_2 V_i} = T_i\left(\frac{m_2}{m_1}\right)^{\frac{1}{\gamma}-1}$$

当容器两侧压强相等时,阀门打开,气体混合.混合后气体温度 T_m 可以由下式得到:

$$c_V m_1 (T_m - T_i) = c_V m_2 (T_f - T_m)$$

$$\Rightarrow \quad T_m = \frac{m_1 T_i + m_2 T_f}{m_1 + m_2} = T_i \frac{m_1}{m_1 + m_2}\left[1 + \left(\frac{m_2}{m_1}\right)^{\frac{1}{\gamma}}\right]$$

绝热压缩下一阶段的气体总体积从 $V_1 + V_i$ 变为 V_i,温度从 T_m 变为 T.为了计算温度,我们需要知道另外一个绝热过程等式:

$$TV_i^{\gamma-1} = T_m(V_1 + V_i)^{\gamma-1}$$

则

$$T = T_m\left(\frac{V_1 + V_i}{V_i}\right)^{\gamma-1}$$

$$= T_i \frac{m_1}{m_1 + m_2}\left[1 + \left(\frac{m_2}{m_1}\right)^{\frac{1}{\gamma}}\right]^{\gamma}$$

根据等式(1)计算外力对活塞做的功为

$$W = c_V(m_1 + m_2)T_i\left\{\frac{m_1}{m_1 + m_2}\left[1 + \left(\frac{m_2}{m_1}\right)^{\frac{1}{\gamma}}\right]^{\gamma} - 1\right\} - P_0 Al_i = 3674 \text{ J}$$

(2) 阀门打开后,混合过程开始.只有当两边气体密度和压强相等时,混合过程才停止.换言之,只有等到气体达到热平衡,我们才可以对此研究对象写出状态方程.

例21 怎样才能打好棒球?除了有一点天分,还需要有一些物理知识——马格纳斯效应.

球所受的阻力大小与它在空气中运动的速度有关.当球在空气中飞行同时参与了一个转动时,球两侧的空气流速将不相等,导致球两侧受到的压力也不相等,所以球的运动路径发生偏向,走过的路线为一条曲线(例如,足球运动中的"香蕉球").

有一个简单的实验可以验证此效应,实验器材如下:

在一卷纸巾中心找到的一个纸板筒,一个至少 5 cm 长的细橡皮筋,一张便利贴(即可再贴便条纸).

我们要让纸筒在空中下落的同时发生旋转.把橡皮筋的一端用胶布粘贴在便利贴上,便利贴贴在纸筒中间,然后以此为基点将橡皮筋缠绕在纸筒上.将纸筒平放在高处(阳台上或者梯子上),抓住橡皮筋的自由端将其释放,纸筒在橡皮筋的作用下会转动起来,等橡皮筋全部旋出时便利贴将被剥离,此后纸筒在空中旋转着下落.

已知空气密度为 1.2928 g/L,纸筒的质量约为 25 g,纸筒的圆面直径为 $d = 4.5$ cm,圆柱长为 28 cm.通过实验回答前三个问题.

(1) 纸筒下落时会发生什么现象?如果纸筒不旋转又会怎样落下?纸筒转动的方向不同是否对其下落轨迹有影响?请解释这个现象,说明转动对纸筒运动产生了怎样的影响.

(2) 阐述纸筒下落的轨迹,测量纸筒落下的距离和轨迹横向偏转的距离,需要多次测量取平均值(可能需要借助摄像机来观察每次运动的轨迹).

(3) 通过(2)的结果找出纸筒轨迹偏离竖直线的角度.你可能很快会发现纸筒下落最后会达到收尾速度,此时重力等于阻力(跳伞运动员空中下落的收尾速度大约是 200 km/h),请估计其收尾速度的大小.

(4) 理论分析:能否利用空气拖曳阻力公式($F_{阻} = \varepsilon \rho A v^2$,$\varepsilon_{圆筒} = 1$)求出旋转纸筒的收尾速度?这与前面估计的数值相差大不大?还可以计算出水平方向的终端速度吗(这需要分析水平方向的受力情况)?

(5) 求出下落纸筒的转动频率.

解析 (1) 没有发生转动的纸筒是沿着直线下落的.如果它旋转起来则将不会沿着直线下落,下落偏离方向和转动方向有关系.当纸筒旋转时其中一面(记为 A 面)随着空气的运动转向后面,而另一面(B 面)则逆着空气的运动转向前面,则纸筒会向远离 B 面的方向偏离直线轨道.

当纸筒下落比较慢时,其周围空气是分层流动的,没有出现严重的湍流(这将使得问题变得十分复杂),我们称为层流.空气具有一定的黏滞性(流体的物理属性,如糖浆的黏性比水大,水的黏性比酒精大),这意味着随着筒的转动,空气就与筒面发生摩擦,旋转着的筒就带动周围的空气层一起同向转动.

如图 3.13 所示,假如纸筒静止,空气飞快地流过纸筒(比如在风洞中),假如纸筒做顺时针方向转动,则空气流相对于筒除了向右流动外,被筒旋转带动的四周空气环流层随之在顺时针方向转动.这样在筒上方的空气的运动除了向右的平动还有转动,两者方向一致;而在球的下方,平动速度(向右)与转动速度(向左)方向相反,因此其合速度小于球上方空气的合速度.

根据流体力学的伯努利定理,在速度较大一侧的压强比速度较小一侧的压强小,所以筒上方的压强小于筒下方的压强.筒所受上方的空气压力小于下方的空气压力,合力向上,这使得筒轨迹发生偏转.

"在纸片上面吹气,纸片将随之升起"以及"飞机起飞时机翼产生上升力"基本都可以用伯努利定理加以解释.马格纳斯效应曾被用来借助风力推动船舶航行,用几个迅速转动的竖直圆柱体代替风帆,使用风的力量使帆船前行.

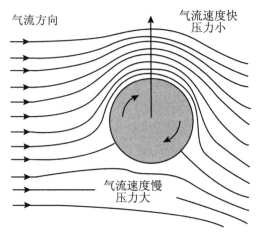

图 3.13

(2) 借助于电子设备拍摄这个实验,按时间顺序截取帧照片,如图 3.14 所示,可以给每张图片做上相关的备注来分析整个运动.

利用电脑测量视频帧(如果使用摄像机,也可以在电视屏幕上测量),每隔相同的时间作记号标出其轨迹,可以发现这个轨迹是一条曲线,如图 3.15 所示;开始的时候轨迹是向右的,这是因为弹性绳使它转动起来,下落后其转动使得其轨迹向左偏离.

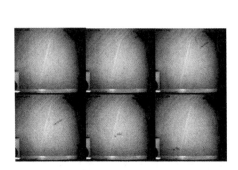

图 3.14

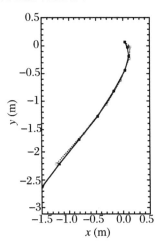

图 3.15

(3) 下落轨迹偏离竖直线的角度大约为 45°,所以纸筒水平方向和竖直方向的分速度相等,在它达到收尾速度约 1 s 后落到地面.如果站在学校的阳台上做这个实验效果会更好,估计其收尾速度约为 3.8 m/s.

(4) 不旋转的纸筒受重力和阻力二力平衡后,加速度为零,达到收尾速度匀速下落.
因为空气拖曳阻力:
$$F_{阻} = \varepsilon \rho A v^2$$

纸筒的质量大约为 25 g,其横截面积大约为 125 cm². 根据平衡条件,在收尾速度时,有

$$mg = F_{阻}$$

解出最终速度为

$$mg = \varepsilon \rho A v_{收尾}^2$$

代入数值,得

0.025 kg × 9.8 m/s² = 1.0 × 1.2928 g/L × (10³ L/m³) × 0.0125 m² × $v_{收尾}^2$

所以 $v_{收尾}$ = 3.9 m/s,这与前面我们测量的 3.8 m/s 相近.

转动纸筒呈 45°角的轨迹显示合力的方向为左下偏 45°,所以在这种情况下,水平方向的马格纳斯力和重力大小是相等的. 应该还要考虑相等的水平速度分量,所以最终的收尾速度大约为水平方向的终端速度的 $\sqrt{2}$ 倍.

(5) 空气拖曳阻力 $F_{阻} = \varepsilon \rho A v^2$ 可以用前面表面压强差 ΔP 与风(或者空气)冲击面面积的乘积来表述. 由于压强差 ΔP 取决于相对速度,如果纸筒发生旋转,那么其两个侧面受力会有所不同. 马格纳斯力为

$$F_{马格纳斯} = \Delta P_{左-右} A = \varepsilon \rho A (v_{右}^2 - v_{左}^2)$$

其中

$$v_{右} = v + 2\pi rf$$
$$v_{左} = v - 2\pi rf$$

式中,f 为转动频率(以 r/s 为单位),代入得

$$v_{右}^2 - v_{左}^2 = (v + 2\pi rf)^2 - (v - 2\pi rf)^2 = 8\pi vrf$$

所以

$$F_{马格纳斯} = \varepsilon \rho A (8v\pi rf)$$

对于 45°的下落角,$F_{阻} = F_{马格纳斯}$,所以我们可以得到转动频率 f:

$$8v\pi rf = v^2$$

解得

$$f = 6.9 \text{ r/s}$$

现有的橡皮筋可以提供这个转动速度. 实际上,释放纸筒的手势不同会对气流的方向造成影响. 即使如此,误差仍在一定的范围内,其主要取决于 v,f.

例 22 我们想要在一个轻型薄壁容器中煮沸 1 L 水. 为了达到这个目的,我们开始用标有"500 W 仙境制造"的电加热器加热. 但是,当水温达到 60 ℃时它就停止了升温. 我们不想再等待下去,于是关闭了加热器. 测量结果表明,前 20 s 内水温下降了 2 ℃.

请问"仙境的 1 瓦特"等于多少瓦特?

解析 当水温达到最大值时,系统处于动态平衡状态:单位时间内吸收的热量和耗散的热量相等.

耗散功率取决于水温和外界环境的温度差. 为了简化问题, 在开始冷却的前 20 s, 温度改变量仅为 $\Delta T = 2\ ℃$, 我们可以认为这个温度改变量很小, 不足以影响耗散功率. 因此加热器的实际功率为

$$P = \frac{cm\Delta T}{\tau} = \frac{4200\ \text{J}/(\text{kg}\cdot\text{K}) \times 1\ \text{kg} \times 2\ \text{K}}{20\ \text{s}} = 420\ \text{W}$$

其中, c 为比热容, m 为 1 L 水的质量, $\Delta T = 2\ ℃ = 2\ \text{K}$.

也就是说, 标注的 "500 W" 实际功率只有 420 W.

所以, 我们可以得出"仙境的 1 瓦特"等于 $420/500 = 0.84$（W）.

例 23 质量为 $m = 200$ g, 体积为 $V = 8$ L 的排球内充入了比标准大气压高 $\Delta p = 0.2 \times 10^5$ Pa 的空气, 将排球上抛至 $h = 20$ m 的空中, 下落与地面撞击后, 能反弹至相同的高度, 周围环境的空气温度为 $T = 300$ K. 空气的比热为 $C = 0.7$ kJ/(kg·K).

估算撞击的过程中排球内空气的最高温度.

解析 由于排球反弹后近似上升到同样的高度, 我们可以认为排球与地面相互作用的过程为完全弹性碰撞, 这意味着相互作用的过程中没有能量损失, 因此可以认为球内气体经历了没有热量吸收的绝热压缩过程.

根据热力学第一定律, 传递给气体的热量 Q、对气体所做的功为 W 和气体内能的改变量 ΔU 的关系为

$$Q + W = \Delta U$$

考虑到绝热过程中 $Q = 0$, 有

$$W = \Delta U \tag{1}$$

气体内能的变化不依赖状态变化的具体过程, 则有

$$\Delta U = c_V m_g (T_{\max} - T) \tag{2}$$

这里, c_V 是定容比热, m_g 是气体的质量, $T_{\max}$ 是气体在变化过程（本例中的绝热压缩过程）中的最大温度. 球与地面发生相互作用的过程经历了几个变化过程, 我们不知道有关地面和球的弹性性质的信息, 因此只能忽略这些过程中球与地面间能量的转换. 方程(1)中的总功可以通过重力做功来计算:

$$W = mgh \tag{3}$$

根据理想气体（标准状态下, 实际气体非常近似于理想气体）状态方程可以计算出球内气体的质量, 再根据方程(1)~(3)可以计算出 $T_{\max}$.

$$m_g = \frac{(p_0 + \Delta p)VM}{RT} \tag{4}$$

这里, $p_0 = 1.01 \times 10^5$ Pa 为标准状态下的大气压强, $M = 0.029$ kg/mol 为空气的摩尔质量, $R = 8.31$ J/(mol·K) 为普适气体常量. 联立以上方程, 可计算出

$$T_{\max} = T\left[1 + \frac{mghR}{M(p_0 + \Delta p)Vc_V}\right] = T \times 1.017 = 305 \text{ K}$$

最后一个方程中包含 c_V,为了计算需要,我们用本例中给出的空气的比热替代了它.但是,问题中并没有说明给出的是何种组成成分的空气比热,这里我们用理想气体的一些基本理论来估算 c_V,并将计算的结果与题中给出的比热进行比较.

理想气体的热力学理论表明,任何理想气体分子的运动均可分解为三个方向分运动的平动,多原子分子的运动除了平动还包含可能的振动和三个转轴的转动.每个分运动对分子动能的贡献为 $kT/2$,$k = 1.38 \times 10^{-23}$ J/K 为玻尔兹曼常数.这种表述称为能量均分定理.基于能量均分定理的所有理论计算均与实验结果高度符合,现在应用这个理论来解决我们的问题.

空气是一种混合气体,其中氮气约占 78%,氧气约占 20%,可以认为空气是由双原子分子构成的,考虑到空气分子平动的三个方向的分运动(v_x,v_y 和 v_z),空气双原子分子具有相对于转轴 OO' 和 QQ' 的两个转动成分,如图 3.16 所示,QQ' 垂直于 OO',且每个转轴均垂直于分子连线上的轴.空气分子的总动能等于 $(3+2) \cdot \frac{1}{2}kT$,同时,理想气体分子模型认为所有分子的总动能就是气体分子的内能.在我们的问题中

$$U = \frac{5}{2}NkT = c_V m_g T \qquad (5)$$

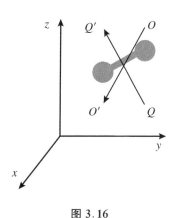

图 3.16

其中,N 为分子总数.将式(5)除以气体的物质的量 $\nu = \frac{N}{N_A}$,其中 N_A 为阿伏伽德罗常数,得

$$\frac{5}{2}N_A kT = c_V MT$$

其中,$N_A \cdot k = R$,对于双原子分子气体,有

$$c_V = \frac{5}{2}\frac{R}{M} = \frac{5 \times 8.31}{2 \times 0.029} = 716 \text{ (J} \cdot \text{kg}^{-1} \cdot \text{K}^{-1}) \approx 0.7 \text{ (kJ} \cdot \text{kg}^{-1} \cdot \text{K}^{-1})$$

这个值就是问题中已知的值,若此值题中没有给出,我们只能通过上述方法进行计算.有意思的是定压比热

$$c_P = c_V + \frac{R}{M}$$

通常,此类问题通过摩尔比热容 C,C_V 和 C_P 来解答.对于空气(双原子)分子,有

$$C_V = \frac{5}{2}R, \quad C_P = C_V + R = \frac{7}{2}R$$

对于单原子气体(惰性气体)分子,没有分子的转动,有

$$C_V = \frac{3}{2}R, \quad C_P = C_V + R = \frac{5}{2}R$$

例24 1 mol 的单原子分子理想气体经历一个线性变化过程 1-2,理想气体的压强 P 和体积 V 的变化关系如图 3.17 所示.

(1) 求此线性变化过程中气体温度的最大值.

(2) 气体膨胀过程中,在某段体积变化范围内气体吸热(吸热过程),在另一段体积变化范围内气体放热(放热过程),求出以上吸热过程和放热过程临界点的气体体积.

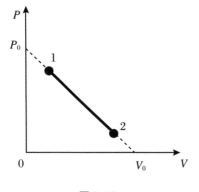

图 3.17 　　　　　　图 3.18

解析 (1) 图 3.17 中所给图像的方程为

$$P = P_0 - (P_0/V_0)V \tag{1}$$

理想气体状态方程为

$$PV = \nu RT \tag{2}$$

其中,ν 代表理想气体的物质的量,$R = 8.31$ J/(mol·K) 为普适气体常量,T 为理想气体的绝对温度.

为了求理想气体状态变化过程中的最大温度,需要求出 PV 乘积的最大值:

$$PV = \frac{P_0}{V_0}(VV_0 - V^2) = \frac{P_0}{V_0}V(V_0 - V) \tag{3}$$

其中,$\frac{P_0}{V_0}$ 为常量. PV 乘积达到最大值时,$V(V_0 - V)$ 也达到最大值,得

$$V = V_0 - V$$

即

$$2V = V_0 \tag{4}$$

联立式(1)~(4)得,当 $V = \frac{V_0}{2}$,$P = \frac{P_0}{2}$ 时,有

$$T_m = \frac{P_0 V_0}{4\nu R}$$

1 mol 的理想气体的最大温度为

$$T_\mathrm{m} = \frac{P_0 V_0}{4R} \tag{5}$$

(2) 温度升高并不意味着吸收热量($Q>0$);温度降低也不意味着放出热量($Q<0$).因此不能将式(5)的结果作为(2)的温度临界值.

热力学第一定律给出

$$Q = \Delta U + W \tag{6}$$

其中,ΔU 为气体内能的改变量,W 为气体对外界所做的功.对于 1 mol 的单原子分子理想气体,有

$$\Delta U = \frac{3}{2} R \Delta T$$

功 W 可由 P-V 图像下方的面积求出.因此从初态 $P_1 V_1 = \frac{3}{2} R T_1$ 到最大温度为 T_m 状态的过程中,内能和功都在变大,气体一直在吸热,属于我们研究的吸热过程.

待求的未知临界状态满足下列条件:

$$T_2 < T_x < T_\mathrm{m}; \quad P_2 < P_x < \frac{P_0}{2}; \quad \frac{V_0}{2} < V_x < V_2$$

为了避免求导,可以通过函数 $Q(V)$ 的顶点形式,得到

$$\frac{\Delta Q}{\Delta V} > 0 \quad (\text{即吸热过程的体积变化范围})$$

和

$$\frac{\Delta Q}{\Delta V} < 0 \quad (\text{即放热过程的体积变化范围})$$

式(6)可重新改写为

$$\begin{aligned} Q &= \frac{3}{2} R(T - T_1) + \frac{1}{2}(P + P_1)(V - V_1) \\ &= \frac{3}{2}(PV - P_1 V_1) + \frac{1}{2}(PV + P_1 V - PV_1 - P_1 V_1) \\ &= 2PV + \frac{1}{2} P_1 V - \frac{1}{2} PV_1 - 2 P_1 V_1 \end{aligned} \tag{7}$$

将式(1)代入式(7),得到 Q 关于变量 V 的二次函数形式:

$$\begin{aligned} Q &= -2 \frac{P_0}{V_0} V^2 + \frac{5}{2} P_0 V - 2 P_0 V_1 \left(\frac{5}{4} - \frac{V_1}{V_0} \right) \\ &= -2 \frac{P_0}{V_0} \left[V^2 - \frac{5}{4} V_0 V + \left(\frac{5}{4} - \frac{V_1}{V_0} \right) V_1 V_0 \right] \\ &= a(x - p)^2 + q \quad (\text{顶点形式}) \end{aligned} \tag{8}$$

式(8)中参数 P_0, V_0, V_1 是常量.将式(8)代入二次函数的定点形式得到

$$a = -2 \frac{P_0}{V_0}, \quad p = \frac{5 V_0}{8}, \quad q = 2 \frac{P_0}{V_0} \left(V_1 - \frac{5}{8} V_0 \right)^2$$

图 3.19 绘制了 Q-V 二次函数在部分区间 $[V_1, V_2]$ 上的图像,其中 V_2 是未知且任意选取的.

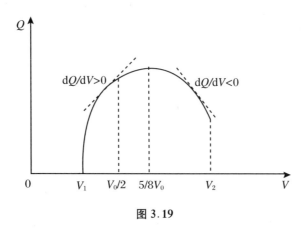

图 3.19

综上分析,得到了如下符合理想气体膨胀过程的结论:

(ⅰ)气体体积由 V_1 膨胀到 $\dfrac{V_0}{2}$ 过程中,气体膨胀吸热,温度升高至 $T_m = \dfrac{P_0 V_0}{4R}$.

(ⅱ)气体体积由 $\dfrac{V_0}{2}$ 膨胀到 $\dfrac{5V_0}{8}$ 过程中,气体温度降低但仍吸热.

(ⅲ)气体体积超过 $\dfrac{5V_0}{8}$ 后,吸热过程转变为放热过程,气体开始对外放热.

值得注意的是,将式(1)代入式(7)直接求导并解方程 $\dfrac{\mathrm{d}Q}{\mathrm{d}V} = 0$,也可快速得出同样的结论.

例 25 在日常生活中,"无序"具体指:丢失的记事本可能在很多地方被发现.记事本可能被发现的位置越多,家里就越混乱无序.

数以亿计的分子有着各自的速度与位置,在热力学中用特殊的物理量——熵来度量分子运动的混乱程度.系统的微观态是从微观角度对系统的描述,当组成系统的每个分子的位置和速度等微观量都已明确时,对应于系统的一个确定的微观状态.而系统的宏观态是对系统的宏观性质的描述,是对系统的温度、压强、物质的量等状态参量都已知时所确定的宏观状态.一个确定的宏观态必定与许多不同的微观态相对应.

为了方便计算熵,可以按下式定义:

$$S = k \ln \Gamma$$

其中,$k = 1.38 \times 10^{-23}$ J/K 为玻尔兹曼常数;Γ 是任一给定宏观态相对应的微观状态数(热力学概率).选择对数函数是为了达到以下目的:把系统各部分的熵相加以得到系统的熵.

熵的最小值 $S = 0$,对应于 $\Gamma = 1$,这时系统中所有的粒子全部都处于能量最低的状态.这是绝对温度 $T = 0$ K 的状态(热力学第三定律).

在我们的问题中,有一个容器系统,容器内部有块起初位于最左侧容器壁的隔板和一个惰性气体 He 原子.如图 3.20 所示,当我们仅仅移动隔板至容器中间而没有其他变化时,系统的熵会如何变化?

如果容器内有两个 He 原子,则系统的熵会如何变化?

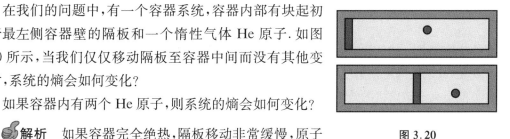

图 3.20

解析 如果容器完全绝热,隔板移动非常缓慢,原子速度不发生改变.原子速度对熵值的贡献保持不变.另一方面,隔板移动之后,氦原子所在的空间是之前的二分之一.空间微观状态数减少至二分之一.熵值的变化为 $\Delta S_1 = S_f - S_i$,其中,S_f 为最终的熵值,S_i 为最初的熵值.根据熵的统计定义,我们可以得到

$$\Delta S_1 = k(\ln \Gamma_f - \ln \Gamma_i) = k\ln\frac{\Gamma_f}{\Gamma_i} = k\ln\frac{1}{2} = -k\ln 2 = -9.6 \times 10^{-24} \text{ J/K}$$

熵值的变化量为负表示熵在减少.即便不知道熵的初始值和最终值,我们也可以计算熵值的变化.熵值的变化比熵值本身更令人关注、更有价值.

系统中如果有两个完全相同的氦原子,最终状态就是"两个原子在容器右半边".这是容器被划分成左、右两个部分后,四种系统状态中的一种:

(1) 两个分子都在容器左半边.

(2) 两个分子都在容器右半边.

(3) 第一个分子在容器左半边,第二个分子在容器右半边.

(4) 第一个分子在容器右半边,第二个分子在容器左半边.

由此我们可以得到微观态数之比为 $\frac{\Gamma_f}{\Gamma_i} = \frac{1}{4}$.熵值的变化为

$$\Delta S_2 = k\ln\frac{1}{4} = -k\ln 4 = -1.9 \times 10^{-23} \text{ (J/K)}$$

例 26 热机从一个高温热源吸取热量,一部分用于对外做功,剩余部分向低温热源或者低温环境放出.汽车中的汽油发动机就是一个热机.我们可以根据定义来计算热机的效率,现在我们需要查阅资料来研究"卡诺热机"的效率.

如果要尽可能提高卡诺热机的效率,你可以在保持低温热源 T_L 不变的情况下提高高温热源的温度 T_H,或者是在保持高温热源温度 T_H 不变的情况下降低低温热源的温度 T_L,其中热源温度升高量和降低量保持相同.请通过定量计算说明你会选择哪种方式.

请问在什么情况下卡诺热机的效率可以达到 100%?在充分保证研究设备和资金的前提下,你会选择什么物体来充当热机的最佳低温热源?

解析 1824 年法国工程师萨迪·卡诺提出了一种效率为 η_i 的理想热机,与其他热机相比它获得了最高的理论效率值.除此之外,卡诺热机的效率只由低温热源和高温热源的温度决定,即

$$\eta_i = 1 - \frac{T_L}{T_H}$$

与工作物质无关.你可以在网上搜索到很多关于卡诺热机的资料.

现在,我们要确定在温度差 ΔT 一定时,"提高高温热源"和"降低低温热源"这两种方式哪种更能提高卡诺热机的效率.在第一种情况下,我们可以得到的效率为

$$\eta_{i+} = 1 - \frac{T_L}{T_H + \Delta T}$$

在第二种情况下效率为

$$\eta_{i-} = 1 - \frac{T_L - \Delta T}{T_H}$$

我们可以比较"两者之差与0的大小关系",或者比较"两者比值与1的大小关系"来得出结论.

$$\begin{aligned} \eta_{i+} - \eta_{i-} &= -\frac{T_L}{T_H + \Delta T} + \frac{T_L - \Delta T}{T_H} \\ &= \frac{-T_H T_L + T_H T_L + T_L \Delta T - T_H \Delta T - \Delta T^2}{T_H(T_H + \Delta T)} \\ &= \frac{-[\Delta T(T_H - T_L + \Delta T)]}{T_H(T_H + \Delta T)} \end{aligned}$$

这个分数的分母为正,分子为负,因此两效率之差小于零,这意味着 $\eta_{i+} < \eta_{i-}$,即"降低低温热源 ΔT 的温度"比"提高高温热源 ΔT 的温度"效率更高.同样的结论可以通过计算比值 $\frac{\eta_{i+}}{\eta_{i-}}$ 得到,因为这个比例小于1.

卡诺热机是一种除了向低温热源放出热量没有其他任何能量损失的理想热机.卡诺循环的效率只与两个热源的热力学温度有关,如果高温热源的温度 T_H 越高,低温热源的温度 T_L 越低,则卡诺循环的效率越高.100% 效率意味着 $\eta_i = 1$.只有当低温热源接近 0 K(绝对零度)时才有可能发生,实际上绝对零度是不能达到的.

那么什么物体可以作为最理想的低温热源?首先,它必须具有恒定的温度,并且维持这个温度的费用越小越好,这就是为什么我们会选择温度尽可能低且体积巨大的天然水库作为低温热源的原因.

地球上最理想的低温热源是大海,尤其是深海.如果你在宇宙空间站,那么你可以选择具有无限体积、温度仅约为 2.7 K 的外太空作为低温热源.

例 27 已知 1.00 mol 理想气体的样品的 $\gamma = \frac{C_P}{C_V} = 1.40$,进行如图 3.21 所描述的卡诺循环.在 A 点,压力为 25.0 个大气压,温度是 600 K.在 C 点,压力为 1.00 个大气压,温度为 400 K.求热机每次循环所做的净功.

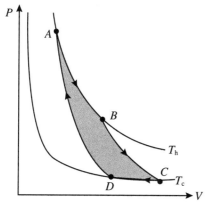

图 3.21

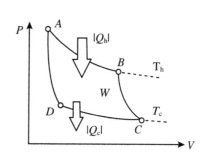

图 3.22

解析 热机任何一个循环所做的净功为

$$W = \varepsilon Q$$

其中,ε 为热机的效率,Q 为热机从外界吸收的热量.

在本例中的卡诺循环,有

$$\varepsilon = \frac{T_h - T_c}{T_h} = 1 - \frac{T_c}{T_h} = 0.333 = \frac{W}{Q_h}$$

其中,$T_h = 600$ K,$T_c = 400$ K,Q_h 为 AB 等温过程中吸收的热量.在这个热交换过程中,内能保持恒定:

$$Q_h = W_{AB}$$

其中,W_{AB} 为 AB 这个热交换过程中气体所做的功.为了求出 W_{AB},我们必须知道 V_A 和 V_B,因为

$$W_{AB} = \int_{V_A}^{V_B} P dV$$

由理想气体状态方程 $PV = nRT$,可得

$$V_A = \frac{nRT_A}{P_A} = 1.97 \times 10^{-3} \text{ m}^3, \quad V_C = \frac{nRT_C}{P_C} = 32.8 \times 10^{-3} \text{ m}^3$$

因为 AB 过程是等温的,所以

$$P_A V_A = P_B V_B$$

又因为 BC 过程是绝热的,所以

$$P_B V_B^\gamma = P_C V_C^\gamma$$

将上述表达式联立,得到

$$V_B = \left(\frac{P_C}{P_A} \cdot \frac{V_C^\gamma}{V_A}\right)^{\frac{1}{\gamma-1}} = \left[\frac{1.00}{25.0} \times \frac{(32.8 \times 10^{-3})^{1.40}}{1.97 \times 10^{-3}}\right]^{\frac{1}{0.400}} = 11.9 \times 10^{-3} (\text{m}^3)$$

$$W_{AB} = \int_{V_A}^{V_B} \frac{nRT_h}{V} dV = nRT_h \ln \frac{V_B}{V_A}$$

$$= 1.00 \text{ mol} \times 8.31 \text{ J/(mol·K)} \times 600 \text{ K} \times \ln\frac{11.9}{1.97} = 8.97 \text{ kJ}$$

根据 $Q_h = W_{AB}$ 和热机效率 ε，我们可以计算出热机所做的净功为

$$W = 0.333 \times 8.97 = 2.99 \text{ (kJ)}$$

例 28 热机是一种利用内能做功的机械设备，理想的卡诺热机工作的循环过程由等温过程、绝热过程、再次等温过程和再次绝热过程四个过程组成. 工作物质(可视为理想气体)从温度为 T_H 的高温热源中吸收热量 Q_H，向温度为 T_C 的低温热源释放热量 Q_C，且在此过程中工作物质膨胀并对外界做功 W，在两种不同温度的热源下工作的所有热机中卡诺热机的效率 e 是最大的.

$$e = \frac{T_H - T_C}{T_H} = \frac{Q_H - Q_C}{Q_H} = \frac{W}{Q_H} \tag{1}$$

理想冰箱或热泵的工作过程相当于卡诺热机进行逆循环工作，从低温热源吸收热量 Q_C，向高温热源释放热量 Q_H.(例如空调就是一种非理想化热泵.)

试求出理想冰箱工作时外界对工作物质所做的功 W，已知 T_H，T_C 和 Q_C.

解析 在理想热机的一个完整的循环过程中，内能的改变量 $\Delta U = 0$，而功为

$$W = Q_H - Q_C = Q_C \cdot \left(\frac{Q_H}{Q_C} - 1\right) \tag{2}$$

按照惯例，我们用正的数值表示 Q_H 和 Q_C. 式(1)给出

$$\frac{Q_H}{Q_C} = \frac{T_H}{T_C} \tag{3}$$

由式(2)和式(3)可以计算出理想冰箱完成一个循环工作过程中外界对工作物质所做的功为

$$W = \frac{T_H - T_C}{T_C} Q_C \tag{4}$$

一个理想冰箱的制冷系数(COP)可以定义为

$$COP = \frac{Q_C}{W} \tag{5}$$

将方程(4)中 W 的值代入方程(5)，我们可以得到一个著名的制冷系数公式：

$$COP = \frac{T_C}{T_H - T_C}$$

与式(1)热机效率表达式的结果总是小于 1 相比，制冷系数 COP 没有这种约束.

例 29 冰箱从温度为 T_c 的低温热源(冷库)吸收热量 Q_c，向温度为 T_h 的高温热源放出热量 Q_h. 外界对其做的功为 W.

1. 解释为何将 $K = Q_c / W$ 作为冰箱性能的衡量指标.

2. 下列情况有没有可能实现？如果能实现，求出 K.

(1) 冰箱从低温热源中吸收 200 J 热量,向高温热源放出 200 J 热量.

(2) 从 $T_c = 5\ ℃$ 的冷库吸收热量,向 $T_h = 20\ ℃$ 的高温热源放出热量.

解析 1. 因为制冷机是以消耗一定的机械功为代价而从低温热源吸收热量的,所以制冷机的效能用"从冷库中吸收的热量 Q_c"与"外界对系统所做的净功 $W = Q_h - Q_c$"的比值 $K = Q_c/W$ 来衡量. 一般我们希望 Q_c 大一些, W 小一些.

2.(1) 当 $W = Q_h - Q_c = 0$ 时,从低温向高温传热不需要做功. 这不可能发生,因为热量自发地只能从高温物体流向低温物体.

(2) 对于理想的冰箱,有

$$\frac{Q_h}{Q_c} = \frac{T_h}{T_c}$$

制冷系数 K 将变成

$$K = Q_c/W = Q_c/(Q_h - Q_c) = 1/(Q_h/Q_c - 1) = 1/(T_h/T_c - 1)$$
$$= T_c/(T_h - T_c) = 278\ \text{K}/(293\ \text{K} - 278\ \text{K}) \approx 18.5$$

例 30 已知热量从冰箱门泄漏的速度为每小时 190 千卡. 冰箱内部温度为 $t_1 = +5\ ℃$,房间室温为 $t_2 = +20\ ℃$. 求需要提供给冰箱的最小电功率.

解析 冰箱是一台工作物质做逆循环的热力学过程的制冷机. 冰箱从温度为 T_c 的冷源吸收热量 Q_c,并且传递热量 Q_h 给温度为 T_h 的热源. 外界需要做功 $W = |Q_h| - |Q_c|$ 才能完成这种不自发的热传递. 冰箱制冷效果用制冷系数 COP 来表示:

$$COP(冰箱) = \frac{|Q_c|}{W} \tag{1}$$

冰箱逆循环满足卡诺循环时,其制冷系数 COP 最大:

$$COP_{卡诺}(冰箱) = \frac{T_c}{T_h - T_c} \tag{2}$$

COP(冰箱)可以超过 1.

下面我们计算需提供给理想冰箱的电能 W 的最小值, 因为 $Q_c = COP \times W$, 则

$$W = Q_c \frac{T_h - T_c}{T_c}$$

我们需要计算的是功率,而不是功. 电功率可以由以下公式得到:

$$P = \frac{\Delta Q_c}{\Delta t} \frac{T_h - T_c}{T_c} \tag{3}$$

$$P = \frac{190 \times 10^3 \times 4.2 \times (293 - 278)}{3600 \times 278} = 12(\text{W})$$

例 31 设计一座能效尽可能高的新房,这需要研究热泵的用法. 热泵的制冷系数 $COP = \frac{\Delta Q_h}{W} \leq \frac{T_h}{T_h - T_c} =$ 最大热能效, ΔQ_h 表示传到热泵热的一边的热能, W 为热泵所用

能量，T_h 和 T_c 分别表示热泵热和冷的两边的温度(K)．你能找到的最优热泵的理论最佳制冷系数为 50%．

（1）如果房子外表面积为 560 m²，隔热值 R 为 20，当户外温度为 -20 ℃时，如果要保持房内温度为 21 ℃，计算热泵需要的功率．注：隔热值 R 的单位是 fr² · h · ℉ · BTU⁻¹（1 BTU[①] = 1054 J）．

（2）另外一个方法是利用地下空气，以此代替室外的空气作为热泵的输入．假设地下温度最低为 0 ℃，计算热泵节省的功率．

解析 （1）单位时间内房子损失的热量为

$$\Delta Q = \frac{\text{面积} \cdot (T_{in} - T_{out})}{R}$$

得到 R 的正确单位是一个难题：

$$R = 20 \frac{\text{fr}^2 \cdot \text{℉} \cdot \text{h}}{\text{BTU}}$$

$$= 20 \times \frac{0.3048^2 \times 0.5556 \times 3600}{1054} \frac{\text{m}^2 \cdot \text{℃}}{\text{W}}$$

$$= 3.526 \frac{\text{m}^2 \cdot \text{℃}}{\text{W}}$$

$$\Delta Q = \frac{560 \cdot [21 - (-20)]}{3.526} = 6512(\text{W})$$

对于最好的热泵：

$$COP = \frac{\Delta Q_h}{W} = 0.5 \times \frac{T_h}{T_h - T_c} = 0.5 \times \frac{294}{294 - 253} = 3.585$$

故得单位时间内消耗的能量为

$$W = \frac{\Delta Q_h}{3.585} = \frac{6512}{3.585} = 1816(\text{J})$$

如果要指定一种马达作为压缩机，你需要的功率为 2.45 hp[②]．

（2）如果用最低为 0 ℃ 的地下气体取代户外 -21 ℃ 的空气，那么 COP 方程式中 $\frac{\Delta Q_h}{W}$ 的值变成了 7.0．

单位时间消耗的能量为

$$W = \frac{\Delta Q_h}{7.0} = \frac{6512}{7} = 930 \text{ (J)} \quad (\text{对应功率为 1.25 hp})$$

---

① BTU 为英热单位，等于 1 磅（即 0.4535924 kg）纯水温度升高 1 ℉ $\left(1 \text{℉} = \frac{5}{9}\text{℃}\right)$ 所需的热量．

② 马力(hp)是工程技术上常用的一种计量功率的单位．

故马达节省了 886 W 的功率. 这就是在室外空气低于 0 ℃ 时利用空气的热泵会很少用的原因.

例 32 任何热机的工作原理都是一个循环过程：热机从高温热源处吸收热量对外做功,并且把部分热量传给低温热源,从而回到初始状态,然后开始新的循环.即热机利用某些工作物质,从高温热源吸收热量,膨胀做功,把部分热量转化为机械功,把剩余的热量传给低温热源.

理想情况下完全可逆的卡诺热机在两个热源之间工作,两热源分别保持恒定的温度 T_H 和 T_C ($T_H > T_C$),卡诺循环由两个等温过程和两个绝热过程构成.卡诺热机的效率为 $\varepsilon = 1 - T_C/T_H$. 为简单起见,我们假定热机的工作物质是理想气体.

真实的热源热容并非为零,我们可以设这两个热源热容都等于 C. 在这种情况下,热源的温度由于其有限的热容而发生改变. 假设两个热源无法保持恒定的温度 T_H 和 T_C, 而热量也无法从热源和热机系统中耗散出去.

(1) 类似于上文提及的可逆卡诺循环和两个非理想热源的运行原理,计算具有两个等温过程和两个绝热过程的非理想热机的功.

$\left(\text{计算提示：} \int_A^B \dfrac{dx}{x} = \ln B - \ln A = \ln \dfrac{B}{A}.\right)$

(2) 画出可逆卡诺热机一个循环的 T-S 图, T 为工作物质(即理想气体)的温度, S 为理想气体的熵.

(3) 用相同的 T-S 坐标系统描述上面提到的非理想热机的两个等温过程和两个绝热过程.

解析 热机在一个循环中的工作流程图如图 3.23 所示.

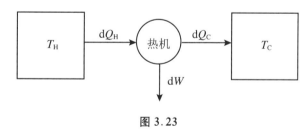

图 3.23

(1) 高温热源和低温热源的初始温度分别为 T_H 和 T_C. 高温热源放热温度降低,低温热源吸热温度升高,直到两者达到相同的温度 T_f, 在这种情况下运行的热机称为内可逆热机. 在卡诺热机的绝热过程中,熵没有变化. 根据热力学第二定律,变化的熵计算如下：

$$dS_H = \dfrac{dQ_H}{T_H}$$

$$dS_C = \dfrac{dQ_C}{T_C}$$

总的熵变化为零,因此

$$\frac{dQ_H}{T_H} + \frac{dQ_C}{T_C} = 0 \Rightarrow -\frac{dQ_H}{dQ_C} = \frac{T_H}{T_C} \tag{1}$$

并且

$$dT_H = \frac{dQ_H}{C}$$

$$dT_C = \frac{dQ_C}{C}$$

$$\Rightarrow \frac{dT_H}{dT_C} = \frac{dQ_H}{dQ_C} \tag{2}$$

联立式(1)和式(2)可以推出

$$\frac{dT_H}{T_H} = -\frac{dT_C}{T_C} \tag{3}$$

高温热源温度从 T_H 到 T_f,低温热源温度从 T_C 到 T_f,结合式(3)和前面的提示可以得到

$$\ln\frac{T_f}{T_H} = \ln\frac{T_C}{T_f} \Rightarrow T_f = \sqrt{T_C T_H}$$

做功为

$$W = |Q_{Hnet}| - |Q_{Cnet}|$$
$$= C(T_H - T_f) - C(T_f - T_C)$$
$$= C(\sqrt{T_H} - \sqrt{T_C})^2$$

(2) 画出的可逆卡诺热机一个循环的 T-S 图如图 3.24 所示.

(3) 四个过程如图 3.25 所示.

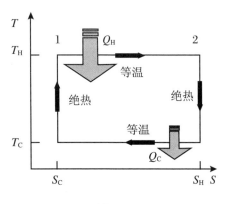

图 3.24

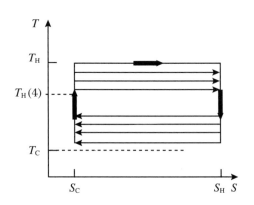

图 3.25

例 33 热机是一种能够将热源提供的一部分热量转化成对外输出的机械能的机器,发明者的目的是为了提升热机的工作效率和降低燃料的损耗.理论上使用理想气体工作的理想化热机具有最大的工作效率,这种理想化热机工作时遵循卡诺循环:通过等温膨胀→绝热膨胀→等温压缩→绝热压缩的循环过程回到初始状态,同时这种循环过程重新启动并可以重复循环任意次数.解决这个问题,需要了解卡诺热机循环工作过程中能量转换的理论.

不同的实际热机工作时具有不同的循环过程.图 3.26 所示为理想化的奥托循环,近似代表了传统的内燃汽油热机的工作循环过程.图 3.27 所示为理想化的狄塞尔循环,代表了柴油热机的工作循环过程.

(1) 确定热机在循环过程中产生的有用功.

(2) 求出热机的工作效率.

(3) 找出高温热源和低温热源的温度并计算出在这两个温度下卡诺热机的工作效率.

(4) 试将这两种热机的工作效率与卡诺热机进行比较,并在奥托热机和狄塞尔热机中选择可以获得更高工作效率的热机.

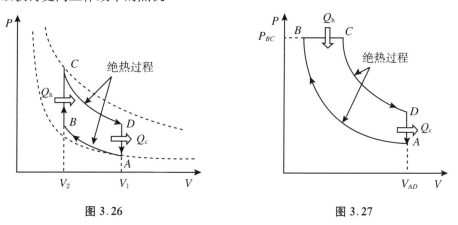

图 3.26   图 3.27

解析 本例的求解过程涉及两种摩尔热容:C_P 表示等压过程(压强为定值)的摩尔热容,C_V 表示等容过程(体积为定值)的摩尔热容,比值 $\gamma = \dfrac{C_P}{C_V}$ 为常用来表示物质属性的参数.

(1) 奥托热机在气体膨胀过程中产生有用功,例如,绝热过程 CD.狄塞尔热机在两个过程产生有用功,例如,等压过程 BC 和绝热过程 CD.然而,为了完成循环过程,需要消耗一部分有用功来改变工作物质的状态以及使热机及其组成部分回到初始状态.因此,一个循环过程的净功等于循环闭合曲线 $ABCD$ 所围的面积.

(2) 热机工作效率的表达式为

$$e = \frac{W_{\text{有用}}}{Q_h} = \frac{|Q_h| - |Q_c|}{|Q_h|} = 1 - \frac{|Q_c|}{|Q_h|}$$

其中,Q_h 表示热机从高温热源吸收的热量,Q_c 表示热机向低温热源放出的热量,$W_{\text{有用}}$ 表示一个循环过程中产生的有用功.按照惯例,我们习惯使用正的数值表示 Q_h 和 Q_c,并指明在流向热机的热量前面用"+"表示,在流出热机的热量前面用"-"表示.

两种热机循环过程中热量的流动情况如图 3.26 和图 3.27 所示.

(a) 在奥托热机循环过程中,沿路径 CD 和 BA 传递的热量为 0(因为是绝热过程).沿路径 BC:

$$Q_{BC} = nC_V(T_C - T_B) > 0$$

沿路径 DA：

$$Q_{DA} = nC_V(T_A - T_D) < 0$$

因此

$$Q_h = Q_{BC}, \quad |Q_c| = |Q_{DA}|$$

工作效率为

$$e_{奥托} = 1 - \frac{|Q_c|}{Q_h} = 1 - \frac{T_D - T_A}{T_C - T_B} = 1 - \frac{T_D\left(1 - \frac{T_A}{T_D}\right)}{T_C\left(1 - \frac{T_B}{T_C}\right)}$$

气体状态参数在绝热过程中满足的条件为

$$P_C V_C^\gamma = P_D V_D^\gamma$$
$$P_B V_B^\gamma = P_A V_A^\gamma \tag{1}$$

在等容过程中满足的条件为

$$\frac{P_A}{P_D} = \frac{T_A}{T_D}, \quad \frac{P_B}{P_C} = \frac{T_B}{T_C} \tag{2}$$

考虑到 $V_A = V_D$ 和 $V_B = V_C$，将式(1)中下面的方程除以上面的方程得到

$$\frac{P_A}{P_D} = \frac{P_B}{P_C}$$

结合式(2)易得工作效率为

$$e_{奥托} = 1 - \frac{T_D}{T_C} \tag{3}$$

由式(1)中第一个方程得

$$\frac{P_D}{P_C} = \left(\frac{V_C}{V_D}\right)^\gamma = \left(\frac{V_2}{V_1}\right)^\gamma = r^{-\gamma} \tag{4}$$

其中，$r = \dfrac{V_1}{V_2}$ 称为压缩比.

对于理想气体 $\dfrac{PV}{T}$ 为定值，因此

$$\frac{P_D}{P_C} = \frac{T_D V_C}{T_C V_D} = \frac{T_D}{T_C} \cdot \frac{1}{r} \tag{5}$$

由式(4)、式(5)得

$$\frac{T_D}{T_C} = r^{1-\gamma}$$

$$e_{奥托} = 1 - \frac{T_D}{T_C} = 1 - r^{1-\gamma} = 1 - \left(\frac{V_2}{V_1}\right)^{\gamma-1} \tag{6}$$

(b) 在狄塞尔热机循环过程中，路径 CD 和 BA 为绝热过程，热量传递为 0. 沿路径 BC：

$$Q_{BC} = nC_P(T_C - T_B) > 0$$

沿路径 DA：
$$Q_{DA} = nC_V(T_A - T_D) < 0$$
因此
$$Q_h = Q_{BC}, \quad |Q_c| = |Q_{DA}|$$
工作效率为
$$e_{\text{狄塞尔}} = 1 - \frac{|Q_c|}{Q_h} = 1 - \frac{(T_D - T_A)C_V}{(T_C - T_B)C_P}$$
$$= 1 - \frac{1}{\gamma}\frac{T_D - T_A}{T_C - T_B}$$

在尝试解决问题的过程中，如图 3.28 所示，发现只知道 V_{AD} 和 P_{BC} 的值并不能解决问题，除非知道 V_C 和 V_B。为了便于比较，在这里我们使用与奥托循环中相同的符号：最小体积 $V_B = V_2$，最大体积 $V_{AD} = V_1$，以及 $V_C = V_3$ 在绝热、等容、等压过程中使用气体状态方程，可得到工作效率为

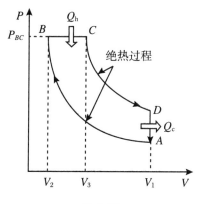

图 3.28

$$e_{\text{狄塞尔}} = 1 - \frac{\left(\frac{V_3}{V_2}\right)^{\gamma} - 1}{\gamma\left(\frac{V_1}{V_2}\right)^{\gamma-1}\left(\frac{V_3}{V_2} - 1\right)} \tag{7}$$

（3）（4）在同样的高温（T_h）热源和低温（T_c）热源环境工作的所有热机中，卡诺热机具有最大的工作效率为

$$e_C = \frac{T_h - T_c}{T_h} = 1 - \frac{T_c}{T_h} \tag{8}$$

为了将奥托热机和狄塞尔热机的效率与卡诺热机的效率进行比较，我们需要明确热机循环过程中的温度 T_h 和 T_c，对于两种热机，T_h 是状态 C 的温度，T_c 是状态 A 的温度，热机效率的表达式用 $T_h = T_C$，$T_c = T_A$ 可重新表示为

$$e_{奥托} = 1 - \frac{\text{const}}{C_P} \frac{\gamma}{T_h - T_c \left(\frac{V_1}{V_3}\right)^{\gamma-1}}$$

$$e_{狄塞尔} = 1 - \frac{\text{const}}{C_P} \frac{1}{T_h - T_c \left(\frac{V_1}{V_2}\right)^{\gamma-1}} \tag{9}$$

可以通过代入 V_1, V_2, V_3 的具体数值来对两种热机的效率进行比较,此外,还可以通过改变热机的燃料(和气体)来改变效率,这意味着改变了 γ 值. 在没有体积的准确数值和绝热常数的情况下,我们不能确定两种热机的工作效率的大小关系.

例 34 制作一些体积相等的冰块. 把它们从冰箱中拿出来,在一些冰块上面撒一些盐,在另一些冰块上面撒上等量的沙. 与干净的冰块相比较,撒盐与撒沙的冰块谁融化得更快? 简要加以解释.

解析 在相同的温度下,施加等量的盐与沙,盐可以更快地融化冰块. 这是因为盐可溶于水,会降低冰块的熔点. 沙不溶于水,它只是放置在了冰块表面.

冬天,我们可以在路面上撒盐以加速路面上冰的融化. 但是撒盐的负面影响十分严重:首先,对桥梁、道路等基础设施产生强烈的腐蚀;其次,撒盐对环境有污染,对植被有严重的破坏作用,尤其是对土壤和地下水资源的污染严重. 而沙子铺在结冰路面上可以增加人、车辆与冰面之间的摩擦.

例 35 一个烹饪容器中混合有 10.0 kg 的水和未知质量的冰块,并被慢慢加热. 在 0 ℃, $t = 0$ 时刻,冰水混合物处于平衡状态. 混合物的温度在不同时刻所测量得到的值如图 3.29 所示. 在最初的 50.0 min 里,混合物的温度仍保持在 0 ℃. 从 50.0 min 到 60.0 min,温度增加到 2.00 ℃. 忽略容器的热容量,请确定冰块的初始质量.

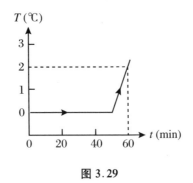

图 3.29

解析 加热的功率 $P = Q/t$ 恒定. 在从 50.0 min 到 60.0 min 的 10 min 时间间隔内,有

$$Q = mc\Delta T$$

$$P \times 10.0 \text{ min} = (10 \text{ kg} + m_{冰}) \times 4186 \text{ J/(kg}\cdot\text{℃)} \times (2.00 \text{ ℃} - 0 \text{ ℃})$$

即有
$$P \times 10 \text{ min} = 83.7 \text{ kJ} + m_{冰} \times 8.37 \text{ kJ/kg} \quad (1)$$
从 0 到 50.0 min 的时间间隔内,有
$$Q = m_{冰} L_f$$
其中,L_f 为冰的熔化热.
$$P \times 50.0 \text{ min} = m_{冰} \times 3.33 \times 10^5 \text{ J/kg}$$
将 $P = \dfrac{m_{冰} \times 3.33 \times 10^5 \text{ J/kg}}{50.0 \text{ min}}$ 代入式(1)得到
$$\dfrac{m_{冰} \times 3.33 \times 10^5 \text{ J/kg}}{5.00 \text{ min}} = 83.7 \text{ kJ} + m_{冰} \times 8.37 \text{ kJ/kg}$$
故得
$$m_{冰} = \dfrac{83.7 \text{ kJ}}{(66.6 - 8.37) \text{ kJ/kg}} = 1.44 \text{ kg}$$

例 36 你可以利用以下设备设计实验,阐述实验步骤,计算实验得到的汽化潜热,与标准值($L_v = 2.26 \times 10^6$ J/kg)比较,分析实验误差的来源.

一台家用冰箱,一个容积未知的平底锅,一个计时器,一个均匀工作的炉子,当然还有水.

解析 我们将平底锅注满自来水,然后放进冰箱,直到水温达到 0 ℃ 再拿出来.当水中出现小冰块的时候可以确保水温达到 0 ℃.

现在把平底锅放在炉子上加热并开始计时.设加热时间 τ_1 后水开始沸腾,经过时间间隔 τ_2,水完全蒸发.若炉子提供的功率为 q(J/s),我们可以写出两个吸热过程相应的等式,其中 Q_1 为水加热过程吸收的热量,Q_2 为蒸发过程吸收的热量.
$$Q_1 = mc(100 \text{ ℃} - 0 \text{ ℃}) = 100mc = q\tau_1 \quad (1)$$
$$Q_2 = mL_v = q\tau_2 \quad (2)$$
其中,m 表示水的质量,c 表示水的比热容(必须给出),L_v 表示水的汽化潜热.

联立(1)(2)两式,我们可以得到
$$\dfrac{100c}{L_v} = \dfrac{\tau_1}{\tau_2}$$
这个比例式意味着汽化潜热为
$$L_v = 100c \dfrac{\tau_1}{\tau_2}$$
误差主要来源是无法计算散发到周围环境中的热量.还有就是很难确定水开始沸腾的时间点.

例 37 山姆喜欢在炎热的夏天享用一杯冰柠檬水.他想知道,如果要使柠檬水降低一

定的温度,需要往一罐柠檬水中加入多少冰块.

如果要使 1 L 起始温度为室温(20 ℃)的柠檬水降温10 ℃,山姆需要把多少体积的水冻成冰块?山姆用来制冰块的冰箱温度为 -10 ℃.计算时将柠檬水当成纯水,柠檬水降温后,设所有的冰都已融化成水.

建议:你可以尝试做个实验来验证,测量一个小冰块可以使 1 L 水的温度发生多少变化.你可以使用真空瓶(比如"膳魔师"热水瓶)来做这个实验,以保证系统与外界绝热.将你的测量值与上述计算得到的理论值相比较并加以评价.

密度:$\rho_水 = 998 \text{ kg/m}^3$,$\rho_冰 = 917 \text{ kg/m}^3$.

比热:$C_水 = 4190 \text{ J/(kg·K)}$,$C_冰 = 2220 \text{ J/(kg·K)}$.

相变潜热:$H_{f冰} = 333000 \text{ J/kg}$.

解析 冰从柠檬水吸收热量(热能),直到冰与柠檬水的温度相等.

本例涉及两种类型的能量:内能和结晶能.第一种与液体、固体和气体内部分子或原子的动能有关.结晶能是把结晶体内部的分子与分子间的相互作用力或原子与原子间的化学键分开时所需要的能量——在本例中,它是在恒定温度下把冰(固体)相变成水所需要的能量,也被称为熔解热.

表3.5已经将已知量的单位转化成国际制单位.

表 3.5

变量名称	变量含义	变量值
$C_水$	水的比热	4190 J/(kg·K)
$C_冰$	冰的比热	2220 J/(kg·K)
$H_{f冰}$	冰的相变潜热	333000 J/kg
$V_水$	柠檬水的体积	1.00×10^{-3} m³
$\rho_水$	水的密度	998 kg/m³
$T_水$	柠檬水的初始温度	293 K
$T_冰$	冰的初始温度	263 K
T_f	柠檬水与冰的最终温度	283 K

表3.6给出了未知量的信息.

表 3.6

变量名称	变量定义
$m_水$	柠檬水的质量
$m_冰$	冰块的质量
V	需要冻成冰块的水的体积

1. 计算柠檬水的质量

$$m_{水} = \rho_{水}V_{水} = 998 \times 1.00 \times 10^{-3} = 0.998 \text{ (kg)}$$

2. 计算冰块质量

正如所有的热力学问题,我们需要用能量守恒定律(能量不能被创造或消灭)来求解这个问题.如果我们把冰和柠檬水当作一个封闭的系统(即热量不能进入或离开盛有柠檬水和冰的容器),冰与柠檬水的内部能量变化之和必须等于零,即

$$\Delta E_{水} + \Delta E_{冰} = 0 \tag{1}$$

3. 冰从柠檬水中吸收的热量分为三部分

(1) 冰从初始温度升到 0 ℃(273 K),吸收热量.

(2) 0 ℃时,冰融化成水需要吸收热量(这就是熔化热).

(3) 水从 0 ℃升温至最终温度,需要吸收热量.

由(1)式得

$$m_{水}C_{水}(T_f - T_{水}) + [m_{冰}C_{冰}(273 - T_{冰}) + m_{冰}H_{f冰} + m_{冰}C_{水}(T_f - 273)] = 0$$

解得

$$m_{冰} = \frac{m_{水}C_{水}(T_f - T_{水})}{C_{冰}(T_{冰} - 273) - H_{f冰} + C_{水}(273 - T_f)}$$

$$= \frac{0.998 \times 4190 \times (283 - 293)}{2220 \times (263 - 273) - 333000 + 4190 \times (273 - 283)} = 0.105 \text{(kg)}$$

为了使柠檬水降温10 ℃,山姆需要制成冰块的水的体积为

$$V = \frac{m_{冰}}{\rho_{水}} = \frac{0.105}{998} = 1.05 \times 10^{-4} \text{(m}^3\text{)} = 0.105 \text{(L)}$$

例 38 对于因为加热后温差引起的热量流和电势差引起的电荷流,其分析过程很接近.在导电材料中,热量的变化量 ΔQ 和电荷变化量 Δq 都可以利用自由电子来实现.因此,一个导电性能强的物体其导热能力一般也很强.假设有一个薄片状导体的厚度为 Δx,面积为 A,电导率为 σ,两端电势差为 ΔU.如下列两等式所示,请你通过电流定义 $I = \frac{\Delta q}{\Delta t}$ 来确定方程未知量 Y 和 Z 的具体值.

$$\frac{\Delta q}{\Delta t} = YA \left|\frac{\Delta Z}{\Delta x}\right|, \quad \frac{\Delta Q}{\Delta t} = kA \left|\frac{\Delta T}{\Delta x}\right|$$

解析 由电流 I 的定义,有

$$I = \frac{\Delta q}{\Delta t} \tag{1}$$

由欧姆定律可得电流 I、电阻 R 和电势差 ΔU 的关系:

$$\Delta U = I \times R \tag{2}$$

联立式(1)(2)可得

$$\frac{\Delta q}{\Delta t} = \frac{1}{R}\Delta U = \frac{1}{\rho \frac{\Delta x}{A}} \Delta U$$

$$= \frac{A}{\rho}\frac{\Delta U}{\Delta x} = \sigma A \frac{\Delta U}{\Delta x}$$

其中,ρ 为电阻率,σ 为电导率,Δx 为导体的长度,A 为导体的截面积,ΔU 为导体两端的电压.

所以,Y 可用 σ 替换,Z 可用 U 替换. 电流向着电势降低的方向流动,热量向着温度降低的方向流动.

例39 一个铝制球体加热至 100 ℃. 在此温度时,该球体直径为 25.4508 mm. 该球体被放在一个正被降温至 0 ℃ 的 20 g 的铜环上. 在这个温度下,环的内径是 25.4 mm,因此球体不能穿过这个环.

经过很长时间之后,整个系统达到热平衡(铝球和铜环的温度相等),铝球几乎可以穿过铜环. 假设没有热量损失,热量只在球体与环之间传导,请计算铝球的质量.

线性膨胀系数:$\alpha_{Cu} = 4.318 \times 10^{-7}\ \text{K}^{-1}$,$\alpha_{Al} = 5.842 \times 10^{-7}\ \text{K}^{-1}$.

比热:$C_{Cu} = 386\ \text{J/(kg·K)}$,$C_{Al} = 900\ \text{J/(kg·K)}$.

解析 铜环和铝球的直径的相对变化(每摄氏度)与它们各自的线性膨胀系数有关. 经过一段时间,最初温度为 0 ℃ 的铜环将与铝球在某个温度 T_{eq} 达到热平衡. 温度变化会使直径 D 产生一个变化量 ΔD:

$$\Delta D = (T_f - T_i)D\alpha \tag{1}$$

其中,T_f 和 T_i 为铜环(或铝球)的最终温度和初始温度,α 为金属线性膨胀系数.

已知当系统达到平衡时,铝球的直径等于铜环的内径:

$$D_{Cu} = D_{Al} \tag{2}$$

因此

$$D_{Cu(初始)} + \Delta D_{Cu} = D_{Al(初始)} + \Delta D_{Al} \tag{3}$$

解得共同温度为 $T_f = 50.38\ ℃$,此温度时系统达到热平衡.

由于系统达到热平衡过程中没有能量损失到外界环境,这就意味着热量只在两种金属间传导——铝球降温过程中热量减少,铜环吸收这些热量温度上升.

因此

$$C_{Cu}M_{Cu}\Delta T_{Cu} = C_{Al}M_{Al}\Delta T_{Al} \tag{4}$$

其中,C_{Cu} 与 C_{Al},M_{Cu} 与 M_{Al} 分别是两种金属的比热与质量.

已知铜环质量,前面也已经计算得到了两种金属的温度变化量.

联立四式,得到铝球质量为

$$M_{Al} = 8.71 \times 10^{-3} \text{ kg}$$

例40 家庭式供暖机械温控器、汽车转向灯(或者圣诞树装饰灯)的原理相同:把弹性性质(即杨氏模量)、长度 l、直径 d 都相同的铜和铁两根金属条并排固定在一起,但它们的线性热膨胀系数不同——如果把它们加热到更高的温度,其中一个伸展得将比另一个多,双层金属条将发生弯曲.如果温度变化为 ΔT,它们的线性热膨胀系数分别为 α_{Fe} 与 α_{Cu},请确定弯曲的角度.

解析 如果变化的温度为 ΔT,两根金属条最终长度为
$$l_{Fe} = l(1 + \alpha_{Fe} \Delta T)$$
$$l_{Cu} = l(1 + \alpha_{Cu} \Delta T)$$

由于两者绑在一起,它们必须弯曲才能伸展不同的长度.假定它们弯成一个圆弧,圆心角为 θ.连接圆弧两端,与原直线之间的偏转角为 $\theta/2$.

设圆弧半径(即金属条黏合处的曲率半径)为 R(θ 为弧度),则
$$l_{Fe} = \left(R + \frac{d}{2}\right)\alpha$$
$$l_{Cu} = \left(R - \frac{d}{2}\right)\alpha$$

联立所有等式,消去 R,得到偏转角,用弧度表示为
$$\theta/2 = \frac{l \Delta T (\alpha_{Fe} - \alpha_{Cu})}{2d}$$

例41 双面金属条经常用于简易恒温器.它们是由两块热膨胀系数不同的金属条沿着它们的长度方向黏合在一起构成的.当 $T = T_0$ 时,金属条是直的,当温度改变时,由于两者不同的膨胀程度,金属条就会弯曲.如果金属条由铁($\alpha_{Fe} = 12 \times 10^{-6} \text{ K}^{-1}$)和锌($\alpha_{Zn} = 31 \times 10^{-6} \text{ K}^{-1}$)组成,长度为 100 mm,厚度为1 mm(包含两层),计算它的弯曲角度.如果想提高灵敏度,要怎样改变设计?

解析 将弯曲的金属条当作圆弧的一部分,以 R 表示圆的半径,θ 表示弯曲金属条的弯向角.通过类似三角形原理,弯曲的角度 = θ(图3.30).

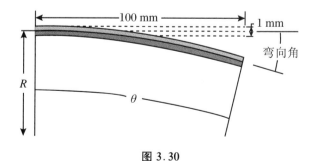

图 3.30

如果 l_0 为没有弯曲时的长度,ΔT 表示高于保持金属条平直需要的温度. 考虑每个因素,则平均长度为

$$l_{\text{Zn}} = l_0(1 + \alpha_{\text{Zn}}\Delta T)$$
$$l_{\text{Fe}} = l_0(1 + \alpha_{\text{Fe}}\Delta T)$$

如果 x 为金属条的总厚度(锌加铁的部分),则

$$l_{\text{Zn}} = \left(R + \frac{x}{4}\right)\theta$$
$$l_{\text{Fe}} = \left(R - \frac{x}{4}\right)\theta$$
$$l_{\text{Zn}} - l_{\text{Fe}} = \frac{x}{2}\theta = l_0(\alpha_{\text{Zn}} - \alpha_{\text{Fe}})\Delta T$$

解得

$$\theta = 2l_0(\alpha_{\text{Zn}} - \alpha_{\text{Fe}})\frac{\Delta T}{x}$$
$$= 2 \times 100 \times (31 - 12) \times 10^{-6} \cdot \Delta T$$
$$= 3.8 \text{ mrad}/℃ = 0.22(°)/℃$$

因此,如果这种双金属条是恒温调节器的电开关的一部分,那么所控制的电压和电流必须很低. 这对特定的 ΔT 提出了更高的要求,所以通常做成螺旋形而不是直线形.

例 42 容积为 1 L 的钢制薄壁气缸内部充满处于 1 个标准大气压、温度为 300 K 的氦气. 气缸放在一个加热装置上,加热装置用来改变气缸和气体的温度.

(1) 加热时,气体和气缸都会膨胀. 假设气体为理想气体,钢缸按照线性热膨胀,计算气缸内气体的最大压强以及最大压强时的温度. 该温度时气缸的体积为多少?

已知一维热膨胀方程为

$$\Delta x = \alpha x \Delta T$$

其中,Δx 为膨胀长度,α 为线膨胀系数,x 为初始长度,ΔT 为温度变化量.

$$\alpha_{\text{钢}} = 1.1 \times 10^{-5} \text{ K}^{-1}$$

(2) (1)中的计算结果是否有意义? 如果没有意义,请解释理由.

解析 充分理解方程的来源非常重要. 一些学生在解决问题时被诱惑而使用"套公式"的方法. 这种方法非常危险,因为我们使用的很多方程(如一些参考书中出现的方程)可能是:

(a) 在一个有限情况下使用的一般方程.

(b) 对一个复杂表达式的近似.

(c) 在特定条件下推导得到的.

(d) 以上所有情况.

"套公式"的方法总是产生有趣的解决方案,但是并不总是正确——事实上,你可能得到

一些疯狂的答案！你需要不断提问自己："我得到的答案是否有意义？"

（1）表3.7已将本例中的已知量的单位转化成国际制单位.

表 3.7

变量名称	变量含义	变量值
T_0	气体初始温度	300 K
P_0	气体初始压强	101325 Pa
V_0	气体初始体积	1.00×10^{-3} m³
α	钢的线性膨胀系数	1.10×10^{-5} K⁻¹

表3.8给出了未知量的信息.

表 3.8

变量名称	变量含义
T	气体压强最大时的温度
P	气体的最大压强
n	容器内气体的物质的量

在本例中，假设气体为理想气体，一维物体进行线性膨胀.

① 写出气缸体积关于温度的函数.

一维物体的长度是关于变化温度的函数：
$$\Delta x = \alpha x_0 \Delta T$$

一维物体的总长度是关于变化温度的函数：
$$x = x_0 + \Delta x = x_0(1 + \alpha \Delta T) = x_0[1 + \alpha(T - T_0)] \tag{1}$$

定义体积为
$$V = x^3 \tag{2}$$

把式(1)代入式(2)，得
$$V = x^3 = x_0^3[1 + \alpha(T - T_0)]^3 = V_0[1 + \alpha(T - T_0)]^3 \tag{3}$$

其中
$$V_0 = x_0^3$$

② 写出气缸内部气压关于温度的函数.

根据理想气体方程
$$P = \frac{nRT}{V} \tag{4}$$

把式(3)代入式(4)，得

$$P = \frac{nRT}{V_0[1+\alpha(T-T_0)]^3} \tag{5}$$

③ 解得气体的最大压强.

当气压最大时,$\frac{dP}{dT} = 0$.

$$\frac{dP}{dT} = \frac{nR}{V_0[1+\alpha(T-T_0)]^3} - \frac{3\alpha nRT}{V_0[1+\alpha(T-T_0)]^4}$$

$$= \frac{nR[1-\alpha(2T+T_0)]}{V_0[1+\alpha(T-T_0)]^4}$$

解得

$$\frac{nR[1-\alpha(2T+T_0)]}{V_0[1+\alpha(T-T_0)]^4} = 0$$

$$T = \frac{1}{2}\left(\frac{1}{\alpha} - T_0\right) = \frac{1}{2}\left(\frac{1}{1.10 \times 10^{-5}} - 300\right) = 4.53 \times 10^4 \text{(K)} \tag{6}$$

④ 计算气缸内气体的物质的量.

$$n = \frac{P_0 V_0}{RT_0} = \frac{101325 \times 1.00 \times 10^{-3}}{8.31451 \times 300} = 0.0406 \text{(mol)}$$

⑤ 计算气体的最大压强.

将式(6)代入式(5),得

$$P = \frac{nRT}{V_0[1+\alpha(T-T_0)]^3}$$

$$= \frac{0.0406 \times 8.31451 \times 4.53 \times 10^4}{1.00 \times 10^{-3} \times [1+1.10 \times 10^{-5} \times (4.53 \times 10^4 - 300)]^3}$$

$$= 4.58 \times 10^6 \text{(Pa)} = 45.2 \text{(atm)}$$

⑥ 计算最大压强时的体积.

根据式(3),有

$$V = V_0[1+\alpha(T-T_0)]^3$$

$$= 1.00 \times 10^{-3} \times [1+1.10 \times 10^{-5} \times (4.53 \times 10^4 - 300)]^3$$

$$= 0.00334 \text{ (m}^3) = 3.34 \text{(L)}$$

(2) 如此,气体和气缸的温度将达到 40000 K,气压大约为 40 个标准大气压,气缸体积已经变成了原来的 3 倍.注意:钢的熔点为 2000 K.很显然,当气缸到达以上提及的温度、压强、体积时将会融化或炸裂.同时,温度发生巨大变化时,长度不再线性变化.

例43 图 3.31 所示是热线式瓦特计(r_1 远小于 r 和 R_L,其中 R_L 是负载电阻). AB 是一根通过滑轮的细金属丝,滑轮由弹簧拉着.固定一根指针在滑轮上,指针可以与滑轮一起转动.从金属丝传递到周围空气中的热量与它们之间的温差成正比.电阻丝 AB 由于升温以及受热膨胀伸长发生的阻值变化是可以忽略的.

证明:指针的角位移与负载 R_L 上消耗的电功率成正比.

解析 电流通过金属丝产生焦耳热,指针的角位移 θ 正比于金属丝 AC 段与 BC 段受热线膨胀之差.

设负载 R_L 的电流为 I_0,金属丝 CB 中的电流为 I_1,AC 中的电流为 I_2.

画出等效电路图如图 3.32 所示.

金属丝 AC 段与 BC 段的电阻远小于电阻 r. 因此将 KC 段与 DC 段的电阻近似为 r:

$$I_0 R_L = I_1 r, \quad I_1 = I_0 R_L / r \tag{1}$$

可得电流 I_2 和 I_3 分别为

$$I_3 = I_0 + I_1 = I_0\left(1 + \frac{R_L}{r}\right)$$

$$I_2 = \frac{I_0 R_L + I_3 r_1}{r} = I_0\left(\frac{R_L r_1}{r^2} + \frac{r_1}{r} + \frac{R_L}{r}\right) \tag{2}$$

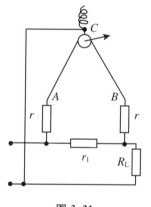

图 3.31

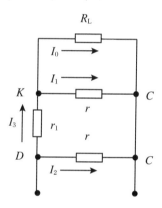

图 3.32

下面计算金属丝上通过的电流和金属丝线膨胀之间的关系. 热平衡时,金属丝上产生的热量等于传递到环境中的热量,即

$$I^2 R = k \Delta T \tag{3}$$

其中,ΔT 是金属丝与周围空气的温差.

金属丝线膨胀遵循以下规律:

$$l = l_0(1 + \alpha \Delta T) \tag{4}$$

其中,α 为线膨胀系数.

联立式(3)(4),可以得到

$$\Delta l = l - l_0 = l_0 \alpha \Delta T = \frac{I^2 R}{k} l_0 \alpha = k_1 I^2 \tag{5}$$

这表明 CB 段的线膨胀量 $\Delta l_1 \propto I_1^2$,AC 段的线膨胀量 $\Delta l_2 \propto I_2^2$.

指针转过的角度正比于

$$\Delta l_2 - \Delta l_1 \propto I_2^2 - I_1^2 = I_0^2\left(\frac{r_1^2}{r^2} + \frac{r_1^2}{r^2}\frac{R_L^2}{r^2} + 2\frac{r_1^2}{r^2}\frac{R_L}{r} + 2\frac{r_1}{r}\frac{R_L^2}{r^2} + 2\frac{r_1}{r}\frac{R_L}{r}\right)$$

其中，$r_1 \ll r$，$r_1/r \ll 1$. 此外，r 必须总是远大于 R_L，以确保由于连接瓦特计而不影响负载的电压. 所以，可以忽略式(6)中的前 4 项.

由此可得

$$\theta = K_1(\Delta l_2 - \Delta l_1) \propto K(I_2^2 - I_1^2) = KI_0^2 \left(2\frac{R_L}{r}\frac{r_1}{r}\right) = 2K\frac{r_1}{r^2}P$$

其中，P 为负载的功率，K 为比例系数.

例 44 热传导在科技和日常生活中扮演了重要的角色，在寒冷的冬天用手去触摸金属和木头的感觉是不同的，触摸金属物体会感觉到手马上就要被冻住了. 获得这种感觉是因为金属的热传导率比木头大. 热传导定律如下：

$$P = kA\left|\frac{\Delta T}{\Delta x}\right| \tag{1}$$

这里，P 为热传导速率——单位时间内沿 x 方向通过厚度为 Δx、横截面积为 A 的物质层的热传导热量，ΔT 为接触面处两个物质层的温差，k 为物质的导热系数，例如，铜的导热系数 $k = 397$ W/(m·K)，玻璃的导热系数 $k = 0.8$ W/(m·K).

如图 3.33 所示，长度分别为 l_1 和 l_2、导热系数分别为 k_1 和 k_2 的两根杆子首尾相连，杆子的侧面不导热.

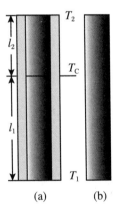

图 3.33

试求：与给出的两根杆子组成的系统传导相同热量的长度为 $l_1 + l_2$ 的一根杆子的导热系数.

解析 假设热量由有较高温度 T_1 的第一根杆子的一端传输到有较低温度 T_2 的第二根杆子的一端. 两根杆子接触面的温度为 T_C.

由傅里叶热传导定律式(1)可以得到下面的方程组：

$$\Delta T_1 = T_1 - T_C = \frac{P_1 l_1}{k_1 A}$$

$$\Delta T_2 = T_C - T_2 = \frac{P_2 l_2}{k_2 A}$$

$$\Delta T = T_1 - T_2 = \Delta T_1 + \Delta T_2 = \frac{P_1 l_1}{k_1 A} + \frac{P_2 l_2}{k_2 A} = \frac{P(l_1 + l_2)}{kA} \qquad (2)$$

这里，P 和 k 是与两根杆子组成的系统传输相同热量的那根杆子的对应热学量，这根杆子与两根杆子组成的系统具有相同的热传导速度．

考虑到杆子侧面是隔热的，第一根杆子的热传导速率与第二根杆子的热传导速率以及长度为 $l_1 + l_2$ 的杆子的热传导速率必然是相等的．

$$P = P_1 = P_2 \qquad (3)$$

联立式(2)、式(3)得出 k：

$$\frac{l_1 + l_2}{k} = \frac{l_1}{k_1} + \frac{l_2}{k_2} \Rightarrow k = \frac{l_1 + l_2}{\dfrac{l_1}{k_1} + \dfrac{l_2}{k_2}}$$

例 45 根据傅里叶定律，温度为 T_h 的高温热源与温度为 T_c 的低温热源（$T_h > T_c$）间，经过某一热传导介质的热传导速率 H 为

$$H = kA\frac{T_h - T_c}{L} \qquad (1)$$

其中，导热系数(热导率)为 k，正对面积为 A，传导介质长度为 L．

穿一件鹅羽绒大衣和两件羊毛衫相比，哪种方式更保暖？

已知鹅羽绒大衣以及羊毛衫与人的正对面积为 $A = 2 \times 20 \text{ cm} \times 20 \text{ cm}$．人的体表温度是 20 ℃，外界冷空气温度为 0 ℃．鹅羽绒大衣的导热系数 $k_{鹅} = 0.0250 \text{ J/(s·m·℃)}$，$L_{大衣} = 0.5 \text{ cm}$．羊毛衫的导热系数 $k_{羊毛} = 0.0400 \text{ J/(s·m·℃)}$，$L_{羊毛} = 0.2 \text{ cm}$．羊毛衫间空气层的导热系数 $k_{空气} = 0.0256 \text{ J/(s·m·℃)}$，$L_{空气} = 0.1 \text{ cm}$．

解析 穿一件鹅羽绒大衣的热传导速率为

$$\begin{aligned} H_{大衣} &= k_{鹅} A \frac{T_h - T_c}{L_{大衣}} \\ &= 0.025 \times 2 \times 0.2^2 \times (20 - 0)/0.005 \\ &= 8 \text{ (J/s)} \end{aligned} \qquad (2)$$

其中，T_h 为人体的温度，T_c 为外界冷空气的温度．

对于羊毛衫，热量通过三层介质进行传导：

身体｜羊毛(1)｜空气(2)｜羊毛(3)｜外界空气

这三层的热传导速率分别为

$$H_1 = k_{羊毛} A \frac{T_h - T_{12}}{L_{羊毛}}$$

$$H_2 = k_{空气} A \frac{T_{12} - T_{23}}{L_{空气}}$$

$$H_3 = k_{羊毛} A \frac{T_{23} - T_c}{L_{羊毛}}$$

其中，T_{12} 是第1层（羊毛衫）与第2层（空气）之间的边界温度，T_{23} 是第2层（空气）与第3层（羊毛衫）之间的边界温度.

稳态时，有

$$H_1 = H_2 = H_3 \equiv H_{羊毛衫}$$

所以可得穿两件羊毛衫的导热速率为

$$\begin{aligned} H_{羊毛衫} &= \frac{A(T_h - T_c)}{L_{羊毛}/k_{羊毛} + L_{空气}/k_{空气} + L_{羊毛}/k_{羊毛}} \\ &= 2 \times 0.2^2 \times (20 - 0)/(2 \times 0.002/0.04 + 0.001/0.0256) \text{ J/s} \\ &= 11.5 \text{ J/s} \end{aligned} \quad (3)$$

比较式(2)和式(3)可知，鹅羽绒大衣的导热速率小于羊毛衫的导热速率，所以穿一件鹅羽绒大衣更保暖.

例46 今天轮到你出去为你们的课题组买咖啡．这是一月份非常冷的一天（$-20\ ℃$），而且到邻近的咖啡厅要 5 min 的行程．其中有一个人的那杯要双份奶油（1 份奶油为 75 mL）．咖啡厅的咖啡有 50 ℃，用厚度为 2 mm、导热系数是 $0.04\ \text{W·m}^{-1}\text{·K}^{-1}$ 的可反复使用的纸杯来盛放．大杯子的可用容积为 0.5 L，表面积为 316 cm^2.

(1) 当你走到室外时，咖啡的热量损失率为多少？

(2) 估计一下当你买到咖啡 1 min 后走回到工作室时咖啡的温度，设想咖啡和水有一样的比热（$4190\ \text{J·kg}^{-1}\text{·K}^{-1}$）．

(3) 哪种情况咖啡会更加暖和些？是你在店里把奶油加入咖啡还是回工作室后再加？

解析 (1) 热量损失率 $\dfrac{dQ}{dt}$ 定义如下：

$$\frac{dQ}{dt} = \frac{kA\Delta T}{s}$$

其中，k 代表导热系数，$k = 0.04\ \text{W·m}^{-1}\text{·K}^{-1}$，$s$ 代表纸杯厚度为 2 mm，ΔT 为温度差，且有

$$\Delta T = 50 - (-20) = 70(℃)$$

则

$$\frac{dQ}{dt} = \frac{0.04 \times 0.0316 \times 70}{0.002} = 44.2\ (\text{J·s}^{-1}) = 44.2\ (\text{W})$$

(2) 半升咖啡有 0.5 kg，它能释放的热量 Q 为

$$Q = m \cdot C_p \cdot T$$

其中，m 为咖啡的质量，C_p 为比热容，T 为绝对温度，所以

$$Q(323\ \text{K}) = 0.5 \times 4190 \times 323 = 6.77 \times 10^5\ (\text{J})$$

咖啡的热损失率是 $\dfrac{dQ}{dt}$，在 1 min 里，这个热损失率是相对稳定的，所以短时间内的估计为

$$\frac{dQ}{dt} \approx \frac{\Delta Q}{\Delta t} \approx 44.2(\text{W})$$

所以

$$Q(60\text{ s 后}) = Q(323\text{ K}) - \frac{\Delta Q}{\Delta t} \cdot \Delta t$$
$$= 6.77 \times 10^5 - 44.2 \times 60$$
$$= 6.74 \times 10^5 (\text{J})$$

$$T(60\text{ s 后}) = \frac{Q(60\text{ s 后})}{C_p \cdot m} = \frac{6.74 \times 10^5}{4190 \times 0.5} = 321.7\text{ (K)}$$

然而更精确地讲，$\dfrac{dQ}{dt}$ 与 $\Delta T = T(t) - T_C$ 有关，T_C 为外部温度. 所以有

$$\frac{dT}{dt} = -\frac{1}{C_p m}\frac{dQ}{dt} = -\frac{kA}{sC_p m}(T(t) - T_C)$$

$$dT = -\frac{kA}{sC_p m}(T(t) - T_C) dt$$

$$dt = -\frac{sC_p m}{kA}\frac{dT}{T(t) - T_C}$$

$$t = -\frac{sC_p m}{kA} \int \frac{dT}{T(t) - T_C}$$

具体有

$$t = -\frac{sC_p m}{kA} \ln(T(t) - T_C) \Big|_{T=323}^{T(60)}$$

代入数值，得

$$60 = 3315 [\ln 70 - \ln(T(t) - 253)]$$
$$4.230 = \ln(T(60) - 253)$$
$$T(60) = 253 + 68.74 = 321.7(\text{K})$$

同理可得，当你回到课题组时，$T(300\text{ s}) = 316.9$ K 或 43.9 ℃.

(3) 因为能量损失与温差成比例，而且无论什么时候加入奶油都会降低温度，所以如果刚开始就加入奶油会使热量损失更少一些.

例 47 所有的物体都向外辐射能量. 辐射的能量通量密度 J 是单位时间、单位面积内辐射的能量. 根据斯特藩-玻尔兹曼定律 $J = e\sigma T^4$，其中理想辐射体的辐射系数（也称黑度）$e = 1$，σ 是一个常数，T 是辐射体的绝对温度. 问金星表面温度是多少？假设金星吸收的辐射都来自太阳. 金星与太阳都是理想的辐射体. 实际测量得到金星表面的温度是 700 K，如果与你计算得到的温度不同，请推测产生这个结果的原因.

已知:斯特藩-玻尔兹曼常数 $\sigma = (5.670400 \pm 0.000040) \times 10^{-8}$ W/(m^2·K^4),太阳与金星之间的平均距离 $R_{SV} = 1.08 \times 10^8$ km,太阳温度 $T_S = 5800$ K,太阳半径 $R_S = 6.96 \times 10^5$ km.

解析 太阳辐射的能量通量密度为
$$J_S = \sigma T_S^4$$
这是单位时间通过单位面积的辐射能量.单位时间通过太阳表面的总能量即为能量通量密度乘以太阳的表面积,也就是 $(4\pi R_S^2)J_S$.

如果在太阳与金星之间辐射能量没有损耗,那么单位时间内传到金星的能量也是这个值.热平衡时,金星辐射出的能量与吸收的能量相等:

$$(4\pi R_S^2)\sigma T_S^4 \frac{\pi R_V^2}{4\pi R_{SV}^2} = (4\pi R_V^2)\sigma T_V^4 \tag{1}$$

$$T_V^4 = \frac{R_S^2}{4R_{SV}^2}T_S^4 \tag{2}$$

$$T_V = \sqrt{\frac{R_S}{2R_{SV}}}T_S \tag{3}$$

代入 R_S, R_{SV} 和 T_S,得到

$$T_V \approx 330 \text{ K}$$

它比实际测量得到的温度 700 K 低.这是因为金星大气层中含有二氧化碳,二氧化碳是一种温室效应气体,它会阻碍金星的再次辐射,导致表面温度升高.思考这种现象是否也在地球上发生.

例48 理论简介:我们在使用室内加热器时,室内的空气会变得暖和,这是由于空气分子与加热器表面的热分子接触并交换动能,这个过程称为热传递.另一个热力学过程——热传导(固体导热)使冷热分子混合并向周围环境释放热量.此外,还有能使室内变暖的过程,即使是在室内空间为真空的情况下(没有空气分子),这就是热辐射,或者说加热器热表面向外辐射电磁波.物体的温度越高,热辐射的功率 P 就越大.物体单位表面积上的热辐射功率 P 称为辐射通量密度 J,如果物体吸收热辐射的强度与向外放出热辐射的强度平衡,这样的物体就被称为黑体.黑体能完全吸收外来辐射,是一个理想化的吸收体,同时又是能向外发射热辐射的理想辐射体.黑体发射热辐射的强度与温度之间的关系遵循斯特藩定律:

$$J = \sigma T^4$$

其中,$\sigma = 5.67 \times 10^{-8}$ W/(m^2·K^4) 是一个重要的基本能量常量.

你的家庭加热器有 3 个彼此独立且平行的可视为黑体的加热板,你可以独立地给每个加热板设置相应的温度,通过开关任意组合加热板进行工作,加热板间的距离与加热层的尺寸相比要小得多.

(1) 若只让中间的加热板工作且设置的温度稳定在 T,求出外面两个加热板的平衡温度 T_0.

(2) 若让左侧的加热板在 T 温度下工作,右侧的加热板在 $2T$ 温度下工作,求出中间的加热板的平衡温度 T_1.

解析 我们不知道加热板间空气的热传导率,因此可以通过假设加热板处于真空环境中来对问题进行分析,在这种情况下,加热板间的实际距离对问题的分析将不产生影响,又考虑到加热板间的距离比加热板的尺寸小得多,因此可忽略边缘效应.

(1) 图 3.34 给出了相应温度下 3 个加热板的组合.中间的加热板发射热辐射的功率为

$$P_2 = \sigma T^4 A_T \tag{1}$$

这里,A_T 为黑体发射辐射区域总的表面积,假设加热板每侧的表面积为 A,式(1)可改写为

$$P_2 = 2\sigma T^4 A$$

加热板 1 的右侧表面和加热板 3 的左侧表面吸收热辐射的功率为

$$P_{吸1} = P_{吸3} = \sigma T^4 A$$

加热板 1 和加热板 3 各自的全部表面发射热辐射的功率为

$$P_{辐1} = P_{辐3} = 2\sigma T_0^4 A$$

对于黑体,$P_{吸} = P_{辐}$ 成立,因此

$$T^4 = 2T_0^4$$

可得

$$T_0 = \frac{T}{\sqrt[4]{2}}$$

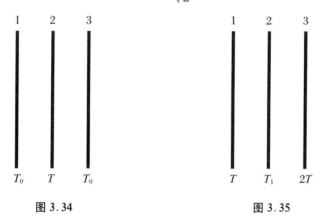

图 3.34 　　　　　　　　图 3.35

(2) 图 3.35 给出了第二种温度下 3 个加热板的组合.加热板 1 的右侧表面发射热辐射的功率为

$$P_{辐1} = \sigma T^4 A$$

加热板 3 的左侧表面发射热辐射的功率为

$$P_{辐3} = \sigma (2T)^4 A$$

加热板 2 的左、右表面吸收热辐射的功率为

$$P_{吸2} = \sigma T^4 A + \sigma (2T)^4 A$$

对于黑体,$P_{吸} = P_{辐}$成立,因此
$$T^4 + (2T)^4 = 2T_1^4$$
可得
$$T_1 = \sqrt[4]{\frac{17}{2}}T$$

例 49 海尔格·亥姆霍兹有一份很"酷"的暑期工作,为极致冰箱公司工作.她的上司要求她测试最新型的卡诺豪华模型,其内部有一台 50 W 的发动机.她被告知用冰水装满冰箱,液态部分质量为 2 kg,轮机组位于外部空气中,空气的温度为 27 ℃.她的任务是在最短时间内将剩下的水冰冻.海尔格恰好是一个聪明的物理系学生,她也不是按时间获得报酬的.所以,她决定待在空调房,计算出答案,然后早早回家.你希望在下个夏天为冰箱公司工作吗? 即使你不想,你仍旧可以尝试回答这个问题.(提示:水的熔解热为 6.0 kJ/mol.注意写下你做的任何一个假设.)

解析 首先计算在 0 ℃时,冷冻 2 kg 水需要释放的热量 Q_c:
$$Q_c = \frac{2 \times 10^3 \text{ g} \cdot 6.0 \text{ kJ/mol}}{18 \text{ g/mol}} = 667 \text{ kJ}$$
最大效率 $\eta_{\max}$ 为
$$\eta_{\max} = \frac{Q_c}{W_{\min}} = \frac{T_c}{T_h - T_c}$$
其中,$W_{\min}$ 是降温需要做的最小功,T_c 和 T_h 分别是低温(冰箱内部)和高温(外部空气).

因此
$$W_{\min} = \frac{T_h - T_c}{T_c}Q_c$$
(根据功率 P 与绝对温度)最短时间 $\tau_{\min}$ 为
$$\tau_{\min} = \frac{W_{\min}}{P} = \frac{300 \text{ K} - 273 \text{ K}}{273 \text{ K} \cdot 50 \text{ W}} \cdot 667 \times 10^3 \text{ J} = 1.3 \times 10^3 \text{ s}$$

做出以下假设:

(1) 冰箱,就像它的名字一样,可以看作一台卡诺热机,其中 $\frac{Q_c}{Q_h} = \frac{T_c}{T_h}$.

(2) 水和冰是热平衡的,因此液体温度为 0 ℃.

(3) 只有水被降温(而不是容器材料或者空气).

(4) 如果冷库(冰箱内部)完全装满了冰水,那么冰箱内部空间需要以某种方式膨胀,因为水在冻结时会膨胀.

例 50 假设有两种大肠杆菌,很多地方是一样的,除了一种是"米色",另一种是"紫红色".它们通过分裂成两半实现生殖(它们没有性别),经过 1 小时的分裂时间,米色→米色 + 米色,或者紫红色→紫红色 + 紫红色.5000 个"米色"大肠杆菌与 5000 个"紫红色"大肠杆菌

构成的族群被允许进食与再生产.为了使这个族群的数量减小,一只掠食者通过随机吞噬细菌以使族群数量保持在10000.

(1) 请确定经过很长一段时间后,"米色"细菌数量的概率分布.

(2) 估计需要经过多长时间的等待,才能验证(1)中的结果是正确的.

(3) 假设掠食者有1%程度更喜欢捕食"紫红色"细菌.这会对(1)与(2)的结果产生什么影响?

解析 (1) 经过足够长的时间,并且没有掠食者,细菌的数量非常大,$N \gg 10000$.由于掠食者随机吃两种细菌使数量保持在10000,也就是在细菌总数 N 中挑出 $n = 10000$ 个幸存细菌.既然 $N \gg n$,每次选择"米色"还是"紫红色"细菌的可能性是相等的,为 $1/2$.换句话说,有 2^n 种方式选出 n 个幸存者.在 n 个幸存者中,有 b 个"米色"细菌的可能组合有 C_n^b 种.大肠杆菌数目的分配情况可能是

$$\frac{C_n^b}{2^n} = \frac{1}{2^n} \cdot \frac{n!}{b!(n-b)!} \quad (b = 0, 1, \cdots, n)$$

(2) 要回答这个问题,需要决定花多长时间使 $N \gg n$.假定 $\frac{N}{n} \approx 10^2$ 时符合条件.即 $N = 2^t n$,其中 t 是生殖周期次数,$t = 6$ 或 7 小时就可以满足要求.

(3) p 是掠食者相对于"米色"细菌,对"紫红色"细菌的偏好程度.因而吃"米色"细菌的可能性为 $\frac{1}{2} - p$,吃"紫红色"细菌的可能性为 $\frac{1}{2} + p$.由此,第(1)问的结果变为

$$\left(\frac{1}{2} - p\right)^b \cdot \left(\frac{1}{2} + p\right)^{n-b} \cdot C_n^b = \left(\frac{1}{2} - p\right)^b \cdot \left(\frac{1}{2} + p\right)^{n-b} \cdot \frac{n!}{b!(n-b)!}$$

第(2)问的结果不受偏好程度 p 的影响.

例 51 可以放心地说,物理学家们最喜欢的药物是咖啡因.如果你泡了一杯热咖啡,你喜欢在咖啡里加冰牛奶.这时你有事走开了,使得你无法在10分钟内喝掉这杯咖啡.如果当你10分钟后回来的时候想要让咖啡尽可能热,那么你应该在什么时候加牛奶?请讨论.

解析 首先,假设室温在黑咖啡的温度与冰牛奶温度之间.主要有两种影响:

(1) 牛奶加入咖啡中,两者间发生热传递,使得咖啡冷却.

(2) "牛顿冷却定律"说明,当两热源之间的温度差(即咖啡与牛奶之间的温差,牛奶咖啡与室温之间的温差)越大时,热传递越快.

在这个简单的例子中,牛奶温度低于室温,事实上,在10分钟刚开始的时候加牛奶是最好的,这样会在10分钟后使得牛奶咖啡混合物的温度尽可能高.刚开始的时候就用牛奶冷却杯子里的咖啡,杯子内外温差减小,相比不加冰牛奶时,冷却速度变慢.

例 52 有一天,烤早餐吐司面包时,有一细长的灰尘颗粒(形状像针)在温度为 T 的气桶中漂浮着.平均来说,角动量是平行于还是垂直于灰尘的长轴?解释你的答案.

解析 设灰尘的长轴与 z 轴平行,坐标原点在灰尘几何中心.根据灰尘的形状,可以知道惯性矩满足

$$I_z \ll I_x, I_y$$

热平衡时,

$$\frac{1}{2}I_z\omega_z^2 = \frac{1}{2}I_x\omega_x^2 = \frac{1}{2}I_y\omega_y^2$$

其中,$\omega \equiv$ 平均角速度.这时由于热力学能量均分定理,热平衡时,每个自由度对整个分子能量贡献相等的动能(此处,灰尘被看作一个巨大的分子).

因此

$$|\omega_z| = \sqrt{\frac{I_x}{I_z}}|\omega_x| = \sqrt{\frac{I_y}{I_z}}|\omega_y|$$

$$|I_z\omega_z| = \sqrt{\frac{I_z}{I_x}}|I_x\omega_x| \ll |I_x\omega_x|$$

类似地,有

$$|I_z\omega_z| \ll |I_y\omega_y|$$

即平行灰尘长轴的角动量分量可以忽略,故其角动量几乎垂直于灰尘长轴.

例 53 如果你是 NASA 的一位科学家,负责地面远程火山探测模块的任务终止电路的设计.一旦模块温度过高,双金属片温控器中断电路,装置逃离火山.双金属开关由两块厚度相同的金属片紧贴在一起,总的厚度为 x.当温度为 T 时,它是直的.当升温至 $T+\Delta T$ 时,开关弯曲的半径 R 为多少?两块金属片的线性膨胀系数为 α_1 与 α_2,且 $\alpha_1 < \alpha_2$.已知两块金属片厚度相同,且 $x \ll R$.

解析 假设金属片初始长度为 l_0.加热之后,两块金属片的平均长度分别为

$$l_1 = l_0(1 + \alpha_1\Delta T)$$
$$l_2 = l_0(1 + \alpha_2\Delta T)$$

假设弯曲半径为 R,其对应圆心角为 θ,厚度变化可以忽略不计,则

$$l_2 = (R + x/4)\theta$$
$$l_1 = (R - x/4)\theta$$

因此

$$l_2 - l_1 = \frac{x}{2}\theta = \frac{x}{2} \cdot \frac{l_1 + l_2}{2R} = \frac{x}{4R}l_0[2 + (\alpha_1 + \alpha_2)\Delta T]$$

同时可知

$$l_2 - l_1 = l_0\Delta T(\alpha_2 - \alpha_1)$$

代入后得

$$l_0\Delta T(\alpha_2 - \alpha_1) = \frac{x}{4R}l_0[2 + (\alpha_1 + \alpha_2)\Delta T]$$

求得

$$R = \frac{x[2 + (\alpha_1 + \alpha_2)\Delta T]}{4\Delta T(\alpha_2 - \alpha_1)}$$

例 54 作为物理系的时髦酷男或靓妹的你,经常与学校的一些非物理专业学生一起聚会.你喜欢成为聚会的焦点,经常跟他们说起物理学中的夸克和胶子,但是这些常会扼杀聚会的氛围.因此你决定向他们展示物理系学生的另一项才能:快速估算,你知道对于一些问题有时不需要精确计算,只需要进行数量级估算即可.在最近的一次聚会中,你的非物理专业的朋友问了你如下两个问题:

(1) 杰克问道:如果我把地球上的所有人都变成流体,覆盖在地球表面上,则这些流体的深度为多少? 我需要准备橡皮艇、高跷或者一艘船来防止把我的新袜子弄湿吗?

(2) 珍妮问道:如果加拿大政府用1元加拿大硬币的形式支付全部债务,这些硬币的总重量为多少? 如果我把这些硬币叠放起来,将有多高? 如果每个硬币能买1磅的肉,然后把这些肉变成流体覆盖在地球表面,则流体的厚度与杰克问题中的流体的厚度相比如何?

解析 进行快速估算的核心是用一些常用量的数值对结果进行一系列近似计算,不用过度追求计算结果的精确性,估算往往是对问题进行精确计算的前提.

(1) 据推测,人的密度与水的密度相当,形成的流体密度约为 $\rho \approx 1 \times 10^3 \text{ kg/m}^3$,地球半径约为 $R \approx 6.4 \times 10^6$ m,地球上所有人占据的区域的面积远小于地球的表面积,因此形成流体后的深度 d 远小于地球的半径 R.流体的体积可以表示为 $V = 4\pi R^2 d$,得 $d = \frac{V}{4\pi R^2}$.需要计算流体体积 V,地球上约有 60 亿人①,平均每人的质量约为 $m = 50$ kg,则总质量为 $M = 60 \times 10^8 \times 50$ kg $= 3 \times 10^{11}$ kg,体积约为 $V = \frac{M}{\rho} = 3 \times 10^8 \text{ m}^3$,近似表示为 $4\pi \approx 12.5, R^2 \approx 6.4 \times 6.4 \times 10^{12} \text{ m}^2 \approx 40 \times 10^{12} \text{ m}^2$,则深度 $d = \frac{V}{4\pi R^2} \approx \frac{3 \times 10^8}{12.5 \times 40 \times 10^{12}} = 0.6 \times 10^{-6}$ m < 1 μm.你只需要穿上有橡胶底的鞋就可以避免弄湿你的袜子了.

你的问题应该改为比较文明的问法:若地球上的所有人都跳入海洋中,则海洋表面将升高多少? 显然,海洋表面升高的高度是你的不文明问题中高度的4/3倍,因为海洋占据了地球表面的3/4.

(2) 你也许听说过加拿大债务平分到每个加拿大人约为2万加拿大元,如果你没有听说过,你需要多看看新闻! 加拿大总人口约为2700万,得出总债务约为5500亿加元.1加元的硬币约为10克,100个硬币质量约为1千克,这些债务换成的加拿大硬币的总质量约为55亿千克.

每个硬币的厚度约为2毫米,这些硬币叠放在一起的高度约为11亿米,足以达到往返

---

① 1994年数据.——译者注

地球和月球的距离.

如果将一加币兑换成一磅肉,作为估算,将 1 磅约等于 0.5 千克,则这些加币换成的肉的总质量约为 2700 亿千克.肉的密度与水的密度相近,则把这些肉变成流体后的总体积约为 2.7 亿立方米,与杰克问题中人形成的流体的总体积 3 亿立方米相近,所以在地球表面形成的厚度也小于 1 微米.

例 55 你的叔叔巴乔代表意大利国家队参加 1994 年美国世界杯足球比赛,在决赛中踢丢了点球而失去了宝贵的大力神杯,他非常忧伤,你想做一个意大利比萨使他高兴起来.在倒橄榄油的时候,你不小心将少许油倒入了一杯水中,橄榄油在水表面迅速扩散形成油膜.巴乔叔叔正好看到了这些现象,让他想起了他以前物理课上学到的一个由瑞利勋爵做过的实验.巴乔叔叔告诉你,如果你能回答出他的问题,他将感到很高兴.

瑞利勋爵做了如下实验:他将 0.81 mg 的橄榄油滴在水面上,形成了直径为 84 cm 的单分子油膜圆形区域,则阿伏伽德罗常数为多大?

橄榄油的分子式为 $H(CH_2)_{18}COOH$,橄榄油分子的一端具有亲水性,而另一端具有不亲水性.橄榄油的密度为 0.8 g/cm^3.

解析 橄榄油 $H(CH_2)_{18}COOH$ 分子中的一端——COOH 具有亲水性,剩余部分不亲水,因此橄榄油分子会紧靠在一起直立于水表面形成单分子层油膜,油膜的厚度为 h,橄榄油样品的体积 $V = \dfrac{M}{\rho}$,油膜面积 $S = \pi \left(\dfrac{d}{2}\right)^2 = \dfrac{\pi d^2}{4}$,油膜厚度 $h = \dfrac{V}{S} = \dfrac{4M}{\pi \rho d^2}$.将橄榄油分子近似看成球体状,单个橄榄油分子的体积为 $v = \dfrac{4}{3}\pi \left(\dfrac{h}{2}\right)^3 = \dfrac{\pi h^3}{6}$,橄榄油分子的总数为

$$N = V/v = \dfrac{6M}{\rho \pi h^3} = \dfrac{3\pi^2 \rho^2 d^6}{32 M^2}$$

橄榄油的摩尔质量为

$$M_A = 38 \times 1 + 19 \times 12 + 2 \times 16 = 298 \text{ (g/mol)}$$

我们知道 $N/M = N_A/M_A$,则阿伏伽德罗常数

$$N_A = NM_A/M = \dfrac{3\pi^2 \rho^2 d^6 M_A}{32 M^3} \approx 1.2 \times 10^{23}$$

作为估算,可以得出阿伏伽德罗常数的数量级为 10^{23}.

第4模块 光 学

例1 如图 4.1 所示,在装有水的容器底部放有一个物体 O.试图通过调整视线方向从不同的角度观测物体 O.由于水的存在使人看到的水平距离发生变化,请定性解释这一现象.

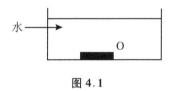

图 4.1

解析 光线从物体 O 发出,进入空气时会发生折射偏向水面.物体成像会比实际略高.

如果视线与水平面平行,那么距离 O 的水平距离不会发生改变.

如果视线是垂直的,那么到达左眼和右眼的光线会有一定的区别,折射程度也会出现一定差距,物体看上去会更近一些,在水平距离上也会有一定的改变.

例2 用一根细杆、装有水的玻璃杯和刻度尺测定水的折射率.画出示意图并描述实验原理,至少测量 5 组数据求平均值.

解析 利用给定的实验仪器测量水的折射率的实验方案有很多种,下面给出其中的一种.

如图 4.2 所示,把一根细杆放置在一只装满水的玻璃杯中,标记出细杆虚像和玻璃杯壁的接触点位置.然后把玻璃杯的水倒空,测量细杆和杯壁的实际接触点高度.人眼确定接触点的虚像至少需要两条直线.如图 4.3 所示为接触点和其虚像的两条光路图.

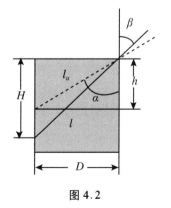

图 4.2

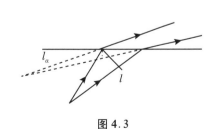

图 4.3

根据图示的几何关系可得

$$\frac{l\mathrm{d}\beta}{\cos\beta} = \frac{l_\alpha \mathrm{d}\alpha}{\cos\alpha}$$

其中

$$l = \frac{H}{\cos\beta}, \quad l_\alpha = \frac{h}{\cos\alpha}$$

由折射定律可得

$$\sin\alpha = n\sin\beta$$

所以有

$$\cos\alpha \mathrm{d}\alpha = n\cos\beta \mathrm{d}\beta$$

即

$$\frac{\mathrm{d}\alpha}{\mathrm{d}\beta} = n\frac{\cos\beta}{\cos\alpha}$$

$$\frac{H\mathrm{d}\beta}{\cos^2\beta} = \frac{h\mathrm{d}\alpha}{\cos^2\alpha}$$

$$\frac{H\cos^2\alpha}{h\cos^2\beta} = n\frac{\cos\beta}{\cos\alpha}$$

可得

$$n = \frac{H\cos^3\alpha}{h\cos^3\beta} = \frac{h^2}{H^2}\left[\frac{\sqrt{D^2+H^2}}{\sqrt{D^2+h^2}}\right]^3$$

例 3 利用一块方形小平面镜将太阳的光线投射到墙壁上. 当你把平面镜靠近或远离墙壁时,墙上光斑的形状如何变化? 你可以从本次实验中得到哪些有关太阳的信息? 写出你的测量值.

(提示:用一块圆形小镜子,在上面用胶带和纸片遮挡,只留出一个边长为 0.5 cm 的正方形;用这种方式可以很方便地制作出不同大小与形状的镜子. 镜子不一定是方形的,但它必须是平面镜,例如平时周围常见的化妆镜或穿衣镜,千万不要用放大镜或缩小镜. 更方便的是还可以将镜子固定,而通过移动纸板靠近或远离镜子,在平纸板上观察反射光.)

解析 平面镜面积为 $0.5 \times 0.5 \ \mathrm{cm}^2$. 为了能很好地观察实验效果,镜子不能是圆的. 当平面镜靠近墙壁时,光斑的形状与镜子相同,在本例中是方形的. 当距墙壁越来越远时,光斑形状逐渐变成圆形.

产生这种现象的原因是:由于太阳的形状,太阳发出的光线不是完全平行的.

我们可以用以下方法解决这个问题:把这个方形镜子看作由无数块非常小的镜子组成,每个小镜子都在墙上产生一个太阳的圆形的像.

如图 4.4 所示,如果墙与镜子之间的距离很小,所有的圆形像会叠加组合成镜子的形状.

如图 4.5 所示,当墙与镜子之间的距离很远时,这些圆形像都很大,它们之间会相互重叠,从而形成一个大圆.

根据几何光学分析可知,像的半径与镜墙距离的比值等于太阳半径与日地距离的比值.对 $0.5 \times 0.5 \text{ cm}^2$ 的镜子来说,镜墙距离不超过 50 cm 时墙上的光斑看起来是一个方形.我们越走越远,光斑逐渐变成圆形,当距离约为 1.5 m 时,圆光斑的半径为 0.75 cm.因此太阳直径与日地距离的比值大约是 0.01.

设当距离达到 x 时,光斑形状开始由方形变成圆形,这也是能得到的太阳最小的像.几何上,有

$$\frac{x}{像的直径} = \frac{日地距离}{太阳直径}$$

在本例中,x 为 0.5 m.

说明:

(图 4.4)镜墙距离很近时,圆形的像形成方形光斑.

(图 4.5)镜墙距离很远时,墙上的圆形像重叠,整个图像看起来像是一个圆形.

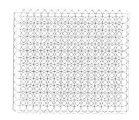

图 4.4   图 4.5

例 4 如图 4.6 所示,一束光通过厚度为 L、折射率 $n > 1.2$ 的玻璃介质,光束与介质表面的法线成一倾角 θ 射入玻璃.证明光束在从介质中出射时会发生侧移,求出射光和入射光之间的垂直距离 x,并用 θ, L, x 表示出其折射率.

解析 如图 4.7 所示,光从空气进入玻璃中,然后从玻璃进入空气,根据折射定律有

$$n_1 \sin\theta_1 = n_2 \sin\theta_2, \quad n_2 \sin\theta_2 = n_1 \sin\theta_3$$

其中,$\theta_1 \equiv \theta, n_2 = n$. 从而得出 $\theta_1 = \theta_3$,也就是说,入射光与出射光和玻璃表面法线的夹角是一样的.

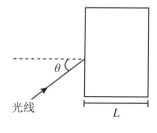 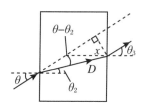

图 4.6   图 4.7

从图 4.7 给出的几何关系,我们可以得到

$$\cos\theta_2 = \frac{L}{D}, \quad \sin(\theta - \theta_2) = \frac{x}{D}$$

所以

$$x = D\sin(\theta - \theta_2)$$

只要 $\theta - \theta_2 \neq 0$,出射光束就存在侧移距离 x:

$$x = D\sin(\theta - \theta_2) = \frac{L}{\cos\theta_2}(\sin\theta\cos\theta_2 - \cos\theta\sin\theta_2)$$

可得

$$\frac{x}{L} = \sin\theta - \tan\theta_2\cos\theta$$

故有

$$\tan\theta_2 = \frac{\sin\theta - \dfrac{x}{L}}{\cos\theta}$$

综上可得,玻璃介质的折射率为

$$n = n_1\frac{\sin\theta}{\sin\theta_2} = n_1\frac{\sin\theta}{\sin\left[\arctan\left(\tan\theta - \dfrac{x}{L\cos\theta}\right)\right]}$$

例 5 在深海作业的潜艇里有一个半径为 R 的灯泡,其外部附着一层冰霜,所以并不是特别清楚. 你驾驶着潜艇在距离海底高为 H 的位置查看海底的生命. 潜艇底部有一个 $L \times L$ 的玻璃窗口如图 4.8 所示,其厚度为 d,水的折射率为 n_w,灯泡位于窗口顶端高 h 处. 可根据生活实际做合理的近似.

(1) 计算灯泡照亮海底的面积的大小.

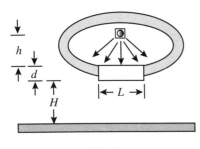

图 4.8

(2) 当你从潜艇向外看的时候,求你"认为"看到的面积的边长.

解析 (1) 如果将窗户和灯泡的大小考虑在内,几何关系将变得相当复杂. 根据生活实际,由于灯泡自身尺寸远小于其到玻璃窗口的距离,所以可以忽略灯泡的体积. 同时,与题中描述的距离 h 和 H 相比,玻璃的厚度也可以被忽略(只在表面折射),或将其看成厚度为零的平行玻璃砖.

根据题中的描述,灯泡在海底照亮的形状应该是一个边长为 X 的正方形,我们需要求出 X 的大小. 如图 4.9 所示,光线在潜艇中和水中与法线的夹角分别为 α, γ. 通过玻璃边缘出射的光线最终决定了照亮面积的大小. X 可以表示为

$$X = L + 2(H + d)\tan\gamma$$

根据斯涅耳折射定律,有

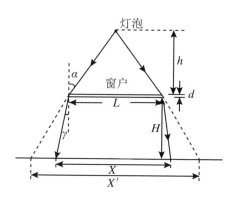

图 4.9

$$\sin\gamma = \frac{\sin\alpha}{n_w}$$

$$\Rightarrow \tan\gamma = \frac{\sin\alpha}{\sqrt{n_w^2 - \sin^2\alpha}}$$

其中,n_w 为水的折射率. 根据几何关系可以得到

$$\sin\alpha = \frac{L}{\sqrt{L^2 + 4h^2}}$$

$$\Rightarrow \tan\gamma = \frac{L}{\sqrt{(n_w^2 - 1)L^2 + 4n_w^2 h^2}}$$

所以

$$X = L\left[1 + \frac{2(H+d)}{\sqrt{(n_w^2 - 1)L^2 + 4n_w^2 h^2}}\right]$$

(2) 如果你在潜艇中,可以看到该灯泡在海底照亮的面积. 由反向延长线可得,你"认为"看到照亮面积的边长为

$$X' = 2(H + d + h)\tan\alpha = \frac{L(H + d + h)}{h}$$

例6 现在,大多数的网络传输和电话信号传输不再依赖于铜导线而是利用光纤,传播的信号不再是以前的电信号. 光纤上的信号是利用激光脉冲在微小的柔性玻璃管中传输的. 激光在光纤中传输的模型可以简化为:光从半径为 r 的玻璃管的一端入射,设光纤内所有的光线都与光纤轴线成 θ 角,并形成一个光锥,光纤的折射率为 n.

(1) 如果输入的脉冲时间间隔很小,在光纤末端得到脉冲的持续时间为多少? 假设光纤的长度为 L.

(2) 如果输入的脉冲持续时间为 T,时间间隔为 Δt,若要保证输出脉冲可以被区分开,光纤的最大长度为多少?(这是一个通信领域里的真实问题,因为我们需要知道最快的数字信号.)

(3) 已知输入脉冲的峰值强度为 I,求输出脉冲的峰值强度为多少.

解析 （1）在光纤中有很多传输的光通道，一些光可以直接沿着平行于轴线方向从光纤的一端传到另一端，另外有一些光线可能与轴线方向有一个角度为 θ 的夹角，这种光会在光纤中经过逐次全反射沿锯齿状路径传播到另一端. 如图 4.10 所示，对于直线传播的光，在传播距离为 L 时的时间为

$$t_1 = \frac{nL}{c}$$

其中，c 为光速，其他的光线所传播的路径要更长一些，为 $L/\cos\theta$，到达另一端的时间为

$$t_2 = \frac{nL}{c\cos\theta}$$

光纤输出端脉冲的持续时间我们通常取其脉冲峰值下降一半时对应的时间间隔（即脉冲半峰宽 FWHM）.

对于上述两种路径的光传播：

$$T_d = \frac{t_2 - t_1}{2} = \frac{nL}{2c}\left(\frac{1}{\cos\theta} - 1\right)$$

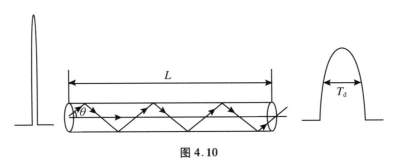

图 4.10

其中，T_d 是输出脉冲的持续时间，这种现象通常被称为模式色散. 在计算中假设输入脉冲的持续时间远小于输出脉冲，也远远小于在光纤里的传播时间.

否则，时间拉伸叠加到初始脉冲上符合勾股定理：

$$T = \sqrt{T_p^2 + T_d^2}$$

（2）再次假设输入脉冲的时间小于在光纤里的传播时间. 到达光纤另一端的脉冲之间彼此重叠得较小，以至于我们可以将其区分开，如图 4.11 所示. 所以，输出脉冲的持续时间应该小于间隔时间的一半：

$$T_d \leqslant \Delta t/2$$

$$\Rightarrow \quad L \leqslant \frac{c\Delta t}{n(1/\cos\theta - 1)}$$

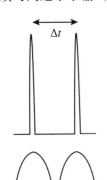

图 4.11

（3）一个脉冲的能量等于其强度在相应时间内的积分. 如果脉冲看起来像高斯脉冲，那么可以根据其峰值强度和脉冲持续时间来估计脉冲的能量. 如果光纤无损，则可以认为输出能量等于输入能量，因此

$$I_{\text{输入峰值}} T = I_{\text{输出峰值}} T_d$$

$$\Rightarrow \quad I_{\text{输出峰值}} = \frac{IT}{T_d}$$

其中,$I_{\text{输入峰值}} = I$,$I_{\text{输出峰值}}$分别是输入脉冲和输出脉冲的峰值强度.

我们假设光纤长度达到最大值,在这种情况下输出脉冲是可以区分的.

例 7 从地球上看,太阳就像一个圆,其直径两端对地球的张角为 $\alpha = 0.5°$,如图4.12所示.太阳射到地球的辐射强度(太阳常数)是

$$I_{\text{SE}} = 1.0 \text{ kW/m}^2$$

(1)考虑地球表面有一个焦距为 f_m 的凸透镜,假设太阳与地球的距离 $L \gg f_m$,求太阳通过透镜所成的像.

(2)使用你在身边可以找到的透镜的实际参数,对通过透镜所成像的面积进行估算.

(3)点燃一块木头需要的最低辐射强度 $I_w = 60 \text{ kW/m}^2$,一块木头位于一个如问题(1)描述的薄凸透镜的焦点上,焦距 $f_1 = 50$ m,透镜面积为 A.求点燃木头所需的透镜最小面积.

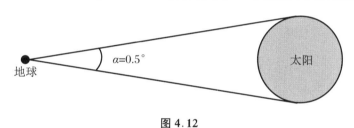

图 4.12

解析 (1) $\alpha = 0.5° = 8.7 \times 10^{-3}$ rad(所有给出的数字都用四舍五入的方法,保留两位有效数字,后同).

太阳可以被当成一个与透镜顶点距离为 l、半径为 r 的物体:

$$\frac{r}{l} = \frac{8.7 \times 10^{-3}}{2} \tag{1}$$

由于 l 很大,太阳近似成像在透镜的焦点处,我们用符号 f 代表焦距,p 为物到透镜顶点处的距离,q 为像到透镜顶点处的距离,r_i 为像的半径,则

$$\frac{p}{q} = \frac{r}{r_i}$$

$$\Rightarrow \quad q = \frac{pr_i}{r} \tag{2}$$

其中,q 用 f 代替,p 用 l 代替,利用式(1)的结论,我们得到像的半径为

$$r_i = \frac{r}{l}f = \frac{8.7 \times 10^{-3}}{2}f \tag{3}$$

由像的半径得到像的面积为

$$A_i = \pi r_i^2 = \pi \left(\frac{8.7 \times 10^{-3}}{2}\right)^2 f^2$$

(2) 若有一面焦距为 5 m 的透镜,则像的面积为

$$A_i = 1.5 \times 10^{-3} \text{ m}^2 = 15 \text{ cm}^2$$

这符合实际.

(3) 透镜的辐射通量和像的辐射通量相等.如果用 I 表示太阳的辐射强度,I_i 表示像的辐射强度,根据能量守恒定律,有

$$IA = I_i A_i$$

得到

$$I_i = I \frac{A}{\pi \left(\frac{\alpha}{2}\right)^2 f^2} \tag{4}$$

将 $I_i = 60 \text{ kW/m}^2$ 和 $I = 1 \text{ kW/m}^2$ 代入式(4),可以计算出最小的透镜面积为

$$A_{\min} = \frac{I_i}{I} \left[\pi \left(\frac{\alpha}{2}\right)^2 f^2 \right] = 8.9 \text{ m}^2$$

例 8 一个玻璃管的外径远大于内部(毛细管的)直径,玻璃的折射率为 $\frac{4}{3}$,从侧面观察内部毛细管的直径约为 $d = 2.66$ mm.求管内毛细管的实际直径.

解析 光通过圆柱形玻璃管的外表面时发生折射,人眼可观察到虚像.不妨将玻璃管看成一个圆柱面透镜.

玻璃管的光路图如图 4.13 所示,R 为管子的外部半径,$r' = \frac{d}{2} = OA'$ 是毛细管的表观半径(视半径).$OA = r$ 为毛细管的实际半径,OC 为柱面透镜的主轴线.

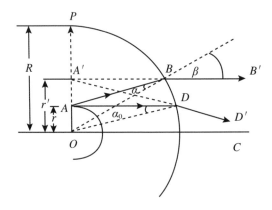

图 4.13

作图时任意选择从 A 点发出的两条光线 AB,AD,折射后反向延长即可得虚像 A',它们的折射光线 ABB' 和 ADD' 看起来好像是从表观点(像点)A' 发出来的.为方便起见,不妨让光线 AD 和 $A'B'$ 与轴 OC 平行.

像 A' 的位置与半径有关,一般情况下它位于垂直线 OP 的左侧.在不同的比率 $\frac{r}{R}$ 下,利

用给定的折射率数值,运用斯涅耳折射定律可以确定这个位置 A'. 如果 R 远大于 r,一般指超过 10 倍,则 A' 点会落在 OP 上.

现在假设 R 和 r 的关系为

$$\frac{r}{R} < 0.1$$

如图 4.13 所示,设 $\alpha = \angle ABO$,$\alpha_0 = \angle ADO$,$\beta = \angle A'BO$,毛细管的实际直径则用 y 表示. 根据斯涅耳折射定律可得

$$n\sin\alpha = \sin\beta \tag{1}$$

在 $\triangle A'BO$ 中,有

$$R = \frac{r'}{\sin\beta} \tag{2}$$

在 $\triangle ABO$ 中,由正弦定理可得

$$\frac{r}{\sin\alpha} = \frac{R}{\sin\left[\frac{\pi}{2} + (\beta - \alpha)\right]} \tag{3}$$

式(3)即为

$$\frac{r}{\sin\alpha} = \frac{R}{\cos(\beta - \alpha)} \tag{4}$$

联立式(1)(2)(4)可得

$$r = \frac{r'}{n\cos(\beta - \alpha)} \tag{5}$$

角度用弧度表示,下面来估计式(5)分母的值. 显然任一 $\angle ABO$ 小于 α_0. 前面假设 $\sin\alpha_0 = \frac{r}{R} \leqslant 0.1$,所以

$$\sin\alpha \leqslant 0.1$$

根据斯涅耳折射定律我们可以得到

$$\sin\beta \leqslant \frac{2}{15}$$

由于 $\sin\alpha$ 和 $\sin\beta$ 都很小,所以可以作相关近似:

$$\sin\alpha \approx \alpha, \quad \sin\beta \approx \beta$$

代入式(5)后可以得到

$$r = \frac{r'}{n(\sqrt{1-\alpha^2}\sqrt{1-\beta^2} + \alpha\beta)} \approx \frac{r'}{n} \tag{6}$$

所以毛细管的实际直径为

$$y = \frac{d}{n} = \frac{2.66 \times 3}{4} \approx \frac{8}{3} \times \frac{3}{4} = 2 \text{ mm}$$

例 9 X 行星大气层的折射率 n 随着高度 h 的增大而减小,变化规律为 $n = n_0 - $

αh,其中 α 是一常数,行星半径为 R. 问在高度为多少的时候,光线可以沿着星球表面(圆弧线)弯曲传播?

解析 在大气层中,折射率随着高度的增加而变化,所以光的传播可以不沿着直线,根据定义可知

$$n = \frac{c}{v}$$

其中,$c = 3.0 \times 10^8$ m/s.

随着高度的升高,光的传播速度 v 会随着 n 的减小而增大,如果波前不是水平的,则光会向界面方向偏折,光线不断偏折,最后将沿着曲线传播.

我们选择位于高度为 h_0 处、宽度为 Δh 的薄光层中的两条边缘光线,如图 4.14 所示.为了使光线沿着圆弧传播,我们必须限制

$$\Delta h \ll h_0 \tag{1}$$

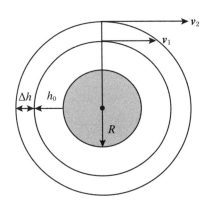

图 4.14

在高度为 h_0 处的下边缘光线绕行一周所需的时间为

$$t = \frac{2\pi(R+h_0)}{v_1} = 2\pi(R+h_0)\frac{n_0 - \alpha h_0}{c}$$

取薄光层的上边缘光线的高度为 $R + h_0 + \Delta h$,根据惠更斯原理,波前和波线处处垂直,两边缘光线绕行一周时间相同.所以对于上边缘光线,有

$$t = \frac{2\pi(R + h_0 + \Delta h)}{v_2}$$

$$= 2\pi(R + h_0 + \Delta h)\frac{n_0 - \alpha(h_0 + \Delta h)}{c}$$

考虑近似式(1),可以得到

$$h_0 = \frac{1}{2}\left(\frac{n_0}{\alpha} - R\right)$$

上述所描述的是一种圆折射的现象,例如在金星的大气层中可以被观察到.

例 10 非线性的光学材料其折射率主要取决于其入射光的强度.对于非线性光学材

料,有
$$n = n_1 + n_2 I$$
其中,I 为光束的强度,n 为折射率,n_1,n_2 为正数.

大多数激光在 z 轴方向传播,其光束光强在 xOy 平面呈高斯分布.为研究简便,我们仅考虑轴向方向,有
$$I(x) = I_0 e^{-\frac{x^2}{w^2}}$$

(1) 画出强度随 x 的变化图.在该公式中,哪个参数决定了线宽?

(2) 如果高斯光束打到了非线性材料上,它在材料内部将怎样传播?当光束聚焦后,又是怎样传播的?

(3) 估算光束聚焦点到表面的距离(即焦距).光束遵循费马定理:不同的光束在同一焦点相遇将传播相同的光程(光程 = 折射率×距离).你可以假设 $n_1 \gg n_2 I_0$.

(4) 如果 n_2 为负值,将会发生什么现象?

解析 (1) 画出强度 $\frac{I}{I_0}$ 随 $\frac{x}{w}$ 的变化图,如图 4.15 所示.

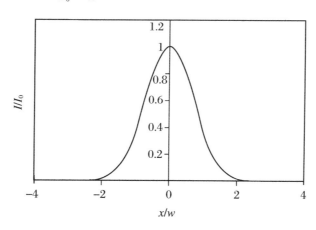

图 4.15

其线宽由参数 w 决定.

(2) 因为折射率和光的强度正相关,所以光束靠近轴聚焦.

根据斯涅耳折射定律或者第(3)问给出的光束传播定律(即费马原理),当通过折射率不同的介质时,光束会弯向光密介质,这是一个正反馈(因为光线的弯曲使得光密介质区的光强增加,这使得折射率越发增大),所以最终会形成一个细小的光束.

当它聚焦后会再次发散,然后在介质中重复聚焦和发散过程,但是最终会形成一束激光.

(3) n 随着 w 的不同而不同.如图 4.16 所示,根据几何关系,我们可以得到焦距为
$$L^2 = w^2 + f^2$$

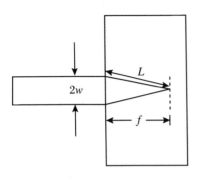

在边界处的折射率为 n_1，在中心处的折射率为 $n_1 + n_2 I_0$，根据费马原理，所有的光通过相同的光程后聚焦到焦点，所以有

$$Ln_1 \approx f\left(n_1 + \frac{n_2}{2} I_0\right)$$

其中，最外侧光线取中心和边缘处的折射率的平均值。所以

$$\sqrt{w^2 + f^2}\, n_1 \approx f\left(n_1 + \frac{n_2}{2} I_0\right)$$

图 4.16

即

$$(w^2 + f^2) n_1^2 \approx f^2\left(n_1 + \frac{n_2}{2} I_0\right)^2$$

$$= f^2\left(n_1^2 + n_1 n_2 I_0 + \frac{n_2^2}{4} I_0^2\right)$$

因此

$$f \approx \frac{w n_1}{\sqrt{\left(n_1 + \frac{n_2}{4} I_0\right) n_2 I_0}}$$

当 $n_1 \gg n_2 I_0$ 时，$f \to \sqrt{\dfrac{n_1}{n_2 I_0}}\, w$。

（4）如果 $n_2 < 0$，折射率会随强度的增大而减小，所以光束将发散而非聚焦。

例 11 以水滴为透镜可以制成一个简易的显微镜。

（1）直径为 5 mm 的水滴放在一个水平的透明塑料板上时，其焦距为多少？

（2）如果眼睛贴近水滴近距离观察，你会发现它对物体的放大作用很明显。请估算水滴的放大倍率（可以通过实验或者理论计算得到答案）。

（3）用不同的水滴做上述实验。根据选择水滴的直径的不同讨论不同的参数（焦距、放大系数）。

实验注意：从上面看水滴，水滴将呈现出一个透镜的形状。可以将水滴放到一个透明胶带、透明的食物包装纸或者透明 CD 光盘上。尽量保证水滴不要被污染，没有污染时，水滴会呈现出图 4.17(a)的形状而非图 4.17(b)的形状。

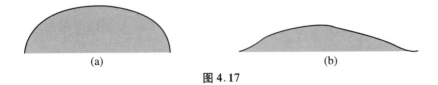

图 4.17

实验建议：可以用一根吸管轻轻地把水滴滴在塑料板上。水滴对振动十分敏感，所以最

好找东西支撑着塑料板而不是用手拿着它.例如,选择适当的样品(盐水滴)放在录音带上,始终维持着水滴的形状以保证它有一个固定的焦距.但最重要的是要确保有一道很好的光束,建议用明亮的日光或手电筒的灯光.

通常将距离眼睛 25 cm(即明视距离)时所看到的物体表观尺寸与物体尺寸之比定义为放大系数.用线形图表纸研究放大率和失真度十分有效,不妨利用头顶的灯作为简便的实验光源.为了看得更清楚,可以特意涂黑加浓一些线条.如果对焦不准,则在另一张图表中寻找水滴的焦点.

解析 利用办公室的灯作为光源,将水滴滴在透明 CD 上,再将一张方格纸(每小格边长为 1 mm)放在透明 CD 下方,以便于通过数格子的方法来得到水滴的直径.

我发现办公室有两个相距为 (128 ± 1) cm 的平行日光灯,在距离桌子上方 (203 ± 1) cm 高度处,测量出它们在方格纸上成两像的距离,再乘上 $\dfrac{203}{128}$ 即可得到焦距.水滴相对而言还是比较厚的(直径为 1.5~3 mm),所以将其当作薄透镜并不是很精确.也可以通过使用尺子测量水滴的高度来计算水滴的焦距.

比较麻烦的是测量放大倍率.如题目所说的那样,只有在眼睛贴近水滴近距离观察时,才能将其当作显微镜.不然水滴仅仅相当于一个放大倍率较小的放大镜.所以当眼睛靠近水滴时,要通过控制远近来找到焦点的位置.

为了测量水滴的放大倍率,首先可以利用方格纸测量水滴的直径和焦距.我把 CD 放在一个透明盒子上,盒子的厚度为 23 cm,它与 25 cm 的明视距离非常相近.放置两张方格纸,其中小的方格纸紧贴在放水滴的 CD 下,另一张则在桌面上.当眼睛贴近水滴近距离观察时(通常是睫毛接触光盘的情况下),通过调整小方格纸和移动观察距离直到小纸片清晰成像,比较桌面上的方格纸的方格和放大的(小纸片)方格"像"来计算其放大倍率.要注意当水滴很小时,实验难度会很大.同时实验时对手持纸片的稳定性要求也很高.多次实验后记录的数据如表 4.1 所示.

表 4.1

直径(mm)	焦距(mm)	放大率
3.1±0.3	4.4±0.6	40±5
3.9±0.3	4.8±0.6	32±4
5±1	6.0±0.8	30±3
6±0.4	8.2±0.8	22±3
7.7±0.5	13.5±1	17±2
12.5±0.5	29±3	9±1
18±1	54±6	4±1
5±1	6.0±0.8	30±3
3±0.3	3.5±0.5	40±3

(1) 从实验表格可知,5 mm 的水滴的焦距为(6±1) mm.

(2) 5 mm 的水滴的放大倍率为 30±3.

(3) 通常半径越大,焦距越大;视场越大,放大率越小.但是,这里会有几种不同的失真情况出现,水滴边缘会产生一定程度的变形(如方格纸的直线变弯曲).当水滴比较大时,所有视野的方格纸都同时成像是不可能的,同时水滴不是纯球状也将导致更大的镜头畸变.

另外,还可以发现支撑水滴的材料不同时,水滴的高度也不相同.例如,CD 作为支撑材料时,水滴很高,而其他材料作为支撑时,水滴较低.我认为这取决于材料的疏水性.可以通过"等待水滴蒸发"或者"用一个回形针戳它们"使水滴的高度减小.水滴高度越低,其焦距越大,放大倍率越小.

例 12 一个装有汞的圆柱形容器绕着竖直轴以角速度 ω 匀速旋转,天文学家用该实验此时的汞表面作为一个射电望远镜的反射面.试问:

(1) 汞的表面是什么形状?

(2) 在什么位置放置底片可以得到一张遥远恒星的清晰照片?

解析 (1) 如图 4.18 所示,旋转圆筒中的液体表面是一个抛物面,取一个液体质元 m 进行受力分析,质元在距离旋转轴为 x 的地方.质元受到重力和其他液体的作用力 F,作用力 F 与液面垂直,因为压强在表面是恒定的.质元 m 的向心力为

$$F_n = m\omega^2 x$$

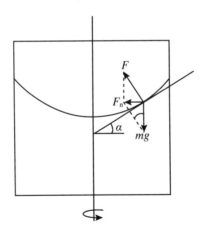

图 4.18

从矢量图(图 4.18)中,我们可以得到液面切线和水平面之间夹角 α 的正切值为

$$\tan\alpha = \frac{\omega^2 x}{g}$$

在曲面上具有相同 x 和 y 坐标的点有相同的正切值:

$$y' = \frac{dy}{dx} = \frac{\omega^2 x}{g}$$

该方程的一般解为 $y = (\omega^2/2g)x^2 + 常数$,这是一个抛物线方程.

(2) 很显然,我们需要把底片放到抛物面的焦点上.将抛物线的顶点作为原点建立坐标系会相对方便,在该情况下,方程可以表示为

$$y = [\omega^2/(2g)]x^2$$

焦点 y 的竖直位置为 $\dfrac{g}{2\omega^2}$,在顶点的上方.

例 13 将一张标准 A4 纸用大头针穿出一个小孔,如图 4.19 所示.

(1) 将眼睛距离纸张大约 20 cm 透过小孔进行观察,然后一点一点地拉近纸张,直到眼睫毛碰到纸张.描述和解释在拉近的过程中观察到的现象.

(2) 令纸张与眼睛距离大约为 1 cm,把针放在眼睛和小孔之间,从上方沿竖直方向缓慢下移,努力观察针后面的小孔.(为了保护眼睛,实验时可以佩戴一副护目镜,护目镜仅起保护作用.)描述和解释观察到的现象.

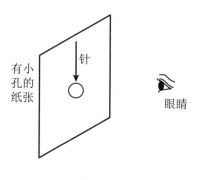

图 4.19

解析 这个实验的观测结果与针孔照相机的成像基本相似.最容易操作的实验方法是:让戳出小孔的纸张对着明亮的窗户进行观察.给定的实验条件是:眼睛的瞳孔直径大约是 2 mm,这大约是针孔直径的 4 倍.

(1) 一开始让带有针孔的纸张与眼睛相距约一臂远.如图 4.20 所示,在这个距离下,通过小孔什么都看不到,因为纸上的小孔与瞳孔相比太小了(过小的孔径角 θ_1 使我们通过小孔看不到任何物体).

图 4.20

如图 4.21 所示，当眼睛慢慢靠近小孔时（孔径角 θ_2 变大），将可以看到孔后面的物体．

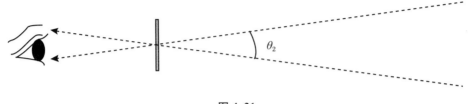

图 4.21

综上所述，我们的实验原理与针孔照相机类似．不同的是，通过小孔人眼看到的像都是正立的，而在针孔照相机中屏幕上所成的实像是倒立的．仅从图 4.20 和图 4.21 中也许我们并不能很好地理解，这需要更详尽的示意图，如图 4.22 所示．

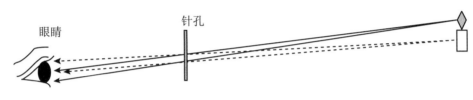

图 4.22

因为小孔有一定的直径，所以眼睛可以看到从观察物体同一部分发出的一部分光线，就好像部分物体藏在小孔后面一样．光线没有失真，成的是正立的像，只是透过的光线较少，导致其不够明亮和清晰．这是较少的光线进入到眼睛的结果．

(2) 实验中可以观察到在孔的后方较远处有一个倒立的针的像．

如图 4.23 所示，当针竖直向下移动将要开始遮挡眼睛的视线时，它首先遮挡的是物体底部的光线．另一方面，由于针与眼睛距离太近所以无法被看到．这样观察的效果和"在小孔的后方较远处有一根针在向上移动遮挡物体底部光线"一样．这就是为什么你会看到一个针的倒立的像，它看起来更像是针的影子而不是虚像．

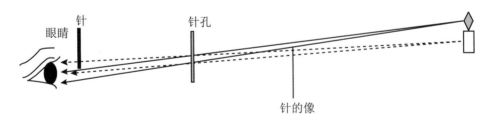

图 4.23

这两个实验说明如实记录实验现象的重要性，即使它们有时候和我们所预测的相反．

例 14 详细地解释普通光盘中的光学现象，描述尽可能多的观察结果．

解析 CD 是最令人惊奇的观察对象之一．首先，其塑料覆盖面作为平面反射镜展示了几何光学的光学现象，其次阳光在表面上散射产生了美丽的波动光学现象．

要说 CD 最显著的光学现象，可以将其理解为入射光在环形光栅上的衍射现象，特定波长在特定角度下的强烈反射现象和进一步的相长干涉现象.因此,我们根据观察光盘列举出以下光学现象:太阳光的反射、散射、衍射、干涉等.

光盘表面上分布着大量的同心圆轨道,轨道间的距离是非常小的(约几微米),这就是为什么当太阳光或者灯泡发出的光照射这些轨道时它就如同一个反射式衍射光栅的原因.

因为光盘的光栅是圆形的而非直线的,因此其衍射图像并不是一系列的直线光谱和平行谱线(区域具有相同的颜色),而是一系列的同心圆光谱.只有当线性偏振光沿光盘旋转轴入射时,才有可能看到完整的圆形光谱,通常我们只能看到扇形光谱或者是圆弧光谱,如图 4.24 所示.根据衍射理论,衍射随着波长的增加而增大.这就是为什么 CD 会产生沿径向方向从紫色到红色分布的光谱,如图 4.24 所示.

多数实验结果取决于实验装置的排列:光源位置、光束和 CD 表面的角度、观察者的位置,等等.有时候,如果入射到光盘表面的角度很高,我们甚至只能看到一个从光盘中心到周边的线形光谱,如图 4.25 所示. CD 上出现的干涉条纹可以用来探测、研究和测量光.

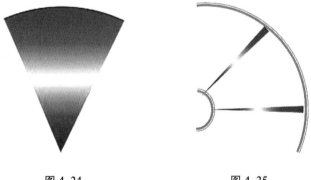

图 4.24　　　　　　　图 4.25

例如,如果我们知道 CD 表面轨道之间的距离为 d，那么我们可以利用光栅来测得任意光源发出的光的波长.反过来,我们可以使用已知的特定波长的光来测量轨道之间的微小距离.

例 15　H 和 L 两兄弟在后花园中有一个晾衣绳.他们曾经拿这个巨型"单弦吉他"做过实验,如果骤然用一根木棍击打绳子,会发现有两个绳波从冲击位置相互背离地跑开,请解释这一现象.

他们所描述的波叫作行波.当它们在绳上传播的时候好像在滑动,波的形状保持不变.行波的函数形式为

$$f(x,t) = f(x + ct)$$

或

$$f(x,t) = f(x - ct)$$

如果仔细观察,你会发现第一种函数形式的波其波形为 $f(x)$，且向右传播(x 随时间均

匀增加).第二种函数形式的波的波形不变,但向左传播(x 随时间均匀减少).

行波有以下有趣的特征(这些是线性系统的特征):

(a) 一列波乘以因数 a($a>1$ 或 $a<1$),振幅会变大或变小但波形不变.

(b) 两个不同形状的行波叠加起来仍具有波动的性质(在波的重叠区域里各点的振动的物理量等于各列波在该点引起的物理量的矢量和).

(1) 如果 H 和 L 突然用一根木棍在晾衣绳上快速击打出一个"凹痕"$f(x)$,请根据行波上述的两个特点解释打击后为何会出现两个朝相反方向传播的绳波.(不需要运用过多的数学知识.)

(2) 如果晾衣绳两端被固定,波传到绳子的两端会发生什么现象?

(3) 将晾衣绳的一端绑在一个圆环上,圆环套在一根竖直立杆上,假设圆环与杆子间没有摩擦,可以自由上下滑动,圆环质量可以忽略不计.这是一个不同的边界条件.当绳波传播到此末端时,将会发生怎样的现象?

解析 (1) 我们假设用木棍击打绳子以后形成了一个如图 4.26 所示的图像,其"凹痕"可以表示为 $f(x, t = 0)$.

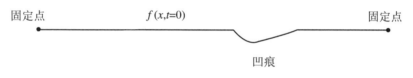

图 4.26

根据本例中给出的两个性质,"凹痕"$f(x, t = 0)$ 可以看成两个传播速度大小相等、方向相反(一个向左、一个向右)的形状相同、振幅为其一半的脉冲波瞬时叠加的结果:

$$f(x, t = 0) = \frac{1}{2}f_1(x) + \frac{1}{2}f_2(x)$$

其中

$$f_1(x, t = 0) = f(x, t = 0) \quad \text{且} \quad f_1(x, t) = f(x - vt)$$
$$f_2(x, t = 0) = f(x, t = 0) \quad \text{且} \quad f_2(x, t) = f(x + vt)$$

击打绳子的"凹痕"瞬间分解成上述两个行波,这可以解释"打击后出现两个朝相反方向传播的绳波"的现象.

(2) 当晾衣绳两端固定时,会对波的传播产生一些限制,实际波函数 f_1, f_2 在两个固定端的值始终为零,即

$$f_1(x = L_1, t) = 0$$
$$f_2(x = -L_2, t) = 0$$

其中,$L_1, -L_2$ 是绳子左、右两端固定点和打击点的距离.在实验的过程中,下面的假设可以满足行波上述的两个性质.

如图 4.27 所示,对于任意的波 f_2,虚设有一列"反面波"与其相向而行,两波叠加后总是为零,这满足固定端的条件.

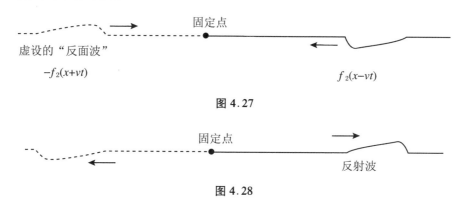

图 4.27

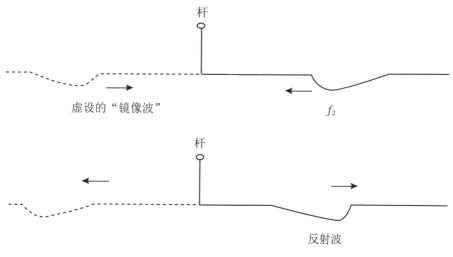

图 4.28

从数学角度来看,固定点位于中间并将两列波的传播连接起来,既然中间的点一直没有位移,不妨将其固定起来,这即为晾衣绳的一个固定端.所以一个真实的波 f_2 向左传播到达固定端后的反射波可以看成虚设的"反面波"通过固定点继续右行形成的,如图 4.28 所示.

(3) 同理,对于波 f_2,虚设有一列"镜像波"与其相向而行,这可以解释绳波传播到滑动环后的反射问题.此情景不再受到行波上述两个性质的约束:对于光滑轻环,竖直方向并不受力,只受到水平方向的力.因此圆环受水平方向上绳子的拉力作用,故绳子水平.这就需要两列波叠加在一起时,在杆子处绳子切线总是水平的(任何波与其镜像对称的波叠加后总是这样的).这就是为什么要虚设镜像对称的"镜像波"的原因.

将这两列波叠加,波峰相遇时,其高度达到振幅的两倍.所以小环在杆上上升的最大高度也是波 f_2 振幅的两倍,而反射波会以原来的波形再传播回去,如图 4.29 所示.

图 4.29

例 16 两束平行的波长为 $\lambda = 500$ nm 的单色光以入射角 $\alpha = 30°$ 射入一个半透镜 1 和平面镜 2，如图 4.30 所示.部分光由半透镜 1 反射，部分光由固定的平面镜 2 反射，反射光线通过凸透镜 L 到达位于透镜焦平面处的探测器 D.探测器的信号与所收到的波强度成正比，如果半透镜 1 以 $u = 0.01$ cm/s 的速度向上移动，探测器收到的信号峰值的频率为多少？

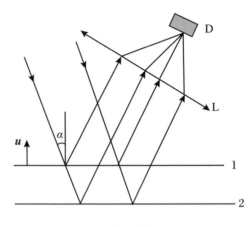

图 4.30

解析 建立如图 4.31 所示的坐标系，半透镜 1 的坐标为 z，过 A 作波面交另一入射光线于 B，光线 BDL 和光线 ACL 的光程差为

$$\Delta = AC + CD - BD \tag{1}$$

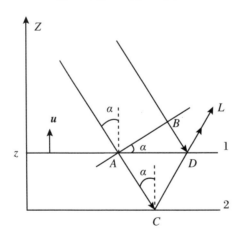

图 4.31

其中

$$AC = CD = \frac{z}{\cos\alpha} \tag{2}$$

$$BD = AD\sin\alpha = 2z\tan\alpha\sin\alpha = \frac{2z\sin^2\alpha}{\cos\alpha} \tag{3}$$

联立式(1)~(3)可以得到

$$\Delta = \frac{2z}{\cos\alpha} - \frac{2z\sin^2\alpha}{\cos\alpha} = 2z\cos\alpha$$

当 $2z\cos\alpha = m\lambda(m = 0,1,2,\cdots)$ 时,探测器接收到的信号最强烈.探测器在连续两次探测到信号峰值的时间间隔中半透镜 1 移动的距离为

$$\delta_z = \frac{\lambda}{2\cos\alpha}$$

所以探测到信号峰值的时间间隔为

$$T = \frac{\delta_z}{u} = \frac{\lambda}{2u\cos\alpha}$$

故接收到的频率为

$$f = \frac{1}{T} = \frac{2u\cos\alpha}{\lambda} = 364 \text{ Hz}$$

例 17 天文学家观察到了频率为 60.0 MHz 的直射电磁波和从海平面上反射的电磁波.如果观察点离海平面的高度为 20.0 m,求出观测点接收到电磁波能量最大值的第一个点的角度 θ.

解析 如图 4.32 所示,一路电磁波从辐射源以与水平面夹角为 θ 的方向直射到接收点.另一路电磁波经水面 P 点反射后到达接收点.

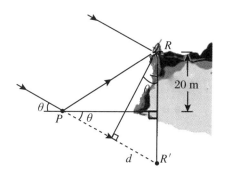

图 4.32

第一次干涉发生在差为

$$d = \lambda/2 \tag{1}$$

处,此处已经考虑了半波损失.从 P 到 R 和从 P 到 R' 的距离是相等的,R' 是观测点的镜像.根据几何相关定理,图 4.32 中标出的角度 θ 是相等的,因为它们是两个在 R' 点共角的直角三角形的对应角.

因此,波程差为

$$d = 2 \times 20.0 \text{ m} \times \sin\theta = 40.0 \text{ m} \times \sin\theta$$

波长为

$$\lambda = \frac{c}{f} = \frac{3.00 \times 10^8 \text{ m/s}}{60.0 \times 10^6 \text{ Hz}} = 5.00 \text{ m}$$

将 d 和 λ 代入式(1)可得

$$40.0 \text{ m} \times \sin\theta = \frac{5.00 \text{ m}}{2}$$

解出角 θ：

$$\sin\theta = \frac{5.00}{80.0} = 0.0625$$

即 $\theta = 3.58°$.

例 18 两个点光源之间的距离为 d，它们发射出波长为 λ 的球面波. 如图 4.33(a)所示,我们检测在 z 轴上光的强度,求出在 z 轴上加强点(亮斑)的位置. 若在垂直于 z 轴方向上放置一个光屏,求出光屏上的亮斑点的位置,以及 z 轴上减弱点(暗斑)处光的强度.

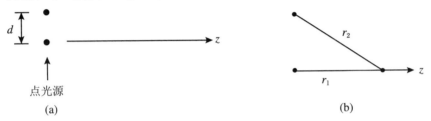

图 4.33

解析 为了找到 z 轴上的加强点,两光源到该点的光程差应为光波长的整数倍(图 4.33(b)).

$$r_2 - r_1 = m\lambda$$

根据几何关系有

$$\sqrt{d^2 + z^2} - z = m\lambda$$

解得

$$z = \frac{d^2 - m^2\lambda^2}{2m\lambda}$$

其中，$m = 1, 2, \cdots$. 由于 $z > 0$，所以

$$d^2 - m^2\lambda^2 = (d - m\lambda)(d + m\lambda) > 0$$

可得

$$m < \frac{d}{\lambda}$$

因此，z 轴上加强点(亮斑点)的数量是有限的，对应 m 的值为 $m = 1, 2, \cdots, \text{int}\left(\frac{d}{\lambda}\right)$，其中 $\text{int}(x)$ 是比 x 小的最大整数.

沿垂直于 z 轴的位于 $z = D$ 处的直线屏上寻找亮斑，亮斑应该位于

$$d\sin\theta = n\lambda$$

处，其中 n 是整数.

对于 $z=D$ 处的直线屏,两光源到 y 处的波程差为整数倍时出现亮斑(图 4.34),即有

$$d\sin\theta = d\frac{y}{\sqrt{y^2+D^2}} \approx \frac{dy}{D} = n\lambda$$

解得

$$y = \frac{n\lambda D}{d}$$

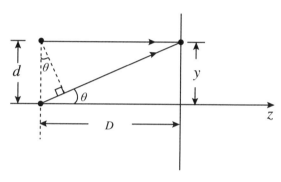

图 4.34

也就是说,在与 z 轴正交的方向上亮斑的间距会随着 D 的增大而增大.当 D 足够大时,将不会出现亮斑.

同理,两光源到 z 轴某点的光程差为半波长的奇数倍时出现减弱点(暗斑):

$$r_2 - r_1 = \left(m+\frac{1}{2}\right)\lambda$$

解得

$$z = \frac{d^2 - \left(m+\frac{1}{2}\right)^2\lambda^2}{2\left(m+\frac{1}{2}\right)\lambda}$$

由于 $z>0$ 的限制,m 的值可以取为 $m=0,1,2,\cdots,\mathrm{int}\left(\frac{d}{\lambda}-\frac{1}{2}\right)$.

设有一个最靠近波源处的减弱点,记为 $z_{\min}$,例如 $m=\mathrm{int}\left(\frac{d}{\lambda}-\frac{1}{2}\right)$.在 $z=z_{\min}$ 处的强度可以表示为

$$\begin{aligned}I(0,0,z_{\min},t) &= \frac{1}{2}\varepsilon_0 c\,|E|^2 = \frac{1}{2}\varepsilon_0 c\left|\frac{E_0}{r_1}\mathrm{e}^{\mathrm{i}(kr_1-\omega t)} - \frac{E_0}{r_2}\mathrm{e}^{\mathrm{i}(kr_2-\omega t)}\right|^2 \\ &= \frac{1}{2}\varepsilon_0 cE_0^2\left\{\frac{1}{r_1^2}+\frac{1}{r_2^2}-\frac{2}{r_1 r_2}\cos[k(r_1-r_2)]\right\} \\ &= \frac{1}{2}\varepsilon_0 cE_0^2\left(\frac{1}{r_1^2}+\frac{1}{r_2^2}-\frac{2}{r_1 r_2}\right)\end{aligned}$$

其中，$r_1 = z_{\min}$，$r_2 = \sqrt{z_{\min}^2 + d^2}$.

例 19 每次发生日食时，都会有一部分人眼睛受伤甚至致盲，因为他们直视了太阳.即使在太阳被遮挡着时也不能保证绝对安全.

为了保证安全，在看太阳的时候你需要一副工人在焊接时为了防止焊接发出的强光伤到眼睛所佩戴的眼镜.当然也有其他的滤片或者眼镜，但是这些眼镜不一定足以保护你的眼睛，因为一些看不到的红外线或者紫外线同样会对眼睛造成伤害.

当你用放大镜在太阳下点燃木头或者纸屑的时候，也许你并没有意识到你的眼睛正处于危险之中.

眼球的大小与用拇指和食指比划 OK 时"O"的大小差不多.已知阳光直射时单位面积上功率大约为 $3 \text{ kW} \cdot \text{m}^{-2}$，眼睛的焦距约为 3 cm.

(1) 在日照情况下，眼球通过虹膜控制瞳孔的直径大约为 2 mm.估算出直视太阳时进入眼球的辐射通量(即辐射功率)的像的功率(不要去做这个实验).将眼睛作为一个透镜，计算太阳在眼睛后面所成像的大小，请问在这种情况下光的强度为多少？

(2) 因为太阳光几乎是平行的，它几乎是聚焦同一个地方，所成像会很小，同时强度很大.激光也是平行光束，所以它也将聚焦在同一点.

假设一束激光其总的输出功率为 5 mW，其束腰大约为 1 mm.由于衍射，它并不会聚焦到一个点.所以，如果所有的光聚焦到眼睛里，其聚焦强度为多大？这个值对于激光来说是最大的强度.在这种情况下会造成眼睛暂时性的失明，如同闪光灯照到你的眼睛一样.

解析 (1) 太阳光通过眼球的虹膜以眼球(晶状体)作为透镜引起聚焦.聚焦平面位于眼球角膜后方 22 mm 处的位置.将眼球看成一个薄透镜，我们可以利用透镜牛顿公式建立起方程(实际上根据三角形法则就可得)：

$$H_i / H_o = f / x$$

其中，H_i 为像的高度，H_o 为物体的高度(太阳的半径约为 7×10^8 m)，f 为透镜的焦距，x 为物距(太阳到地球的距离约为 1.5×10^{11} m)，如图 4.35 所示.

在我们眼睛的聚焦平面上所成像的半径为

$$H_i = (H_o \cdot f)/x \approx 10^{-4} \text{ m}$$

因此，在聚焦平面上成像的面积为

$$A \approx \pi \times 10^{-8} \text{ m}^2$$

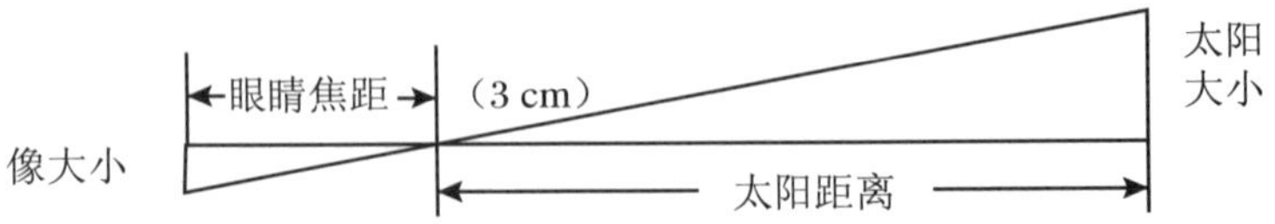

图 4.35

在日照情况下,瞳孔的直径为 2 mm,所以可以进入到眼球的辐射通量为
$$P \approx 3 \times 10^3 \text{ W/m}^2 \times \pi \times (1 \times 10^{-3})^2 \text{ m}^2 = 3\pi \times 10^{-3} \text{ W}$$
这相当于中学实验的 He-Ne 激光源的强度,在视网膜上产生的强度为
$$I \approx P/A \approx 3 \times 10^5 \text{ W/m}^2$$
大约是太阳直射强度的 100 倍. 如果闭眼不及时,这个强度将变得更大,差不多为 1000 kW/m².

(2) 激光光束几乎平行,将聚焦于一点. 事实上光要发生衍射,这会使得焦点稍微显得模糊些.

计算公式为
$$d = 2\lambda f/a$$
其中,d 为焦斑直径,λ 为波长,f 为焦距,a 为透镜的通光直径.

通常,我们将 f/a 称为焦距比数(光圈值). 在我们的问题中,$\lambda \approx 700$ nm(红光),$f = 3$ cm,$a = 1$ mm,那么 $d = 42$ μm.

当功率为 5 mW 的激光光束全部聚焦到这点时,其平均强度可表示为 3.6×10^6 W/m².

讨论:对于衍射,除非是无限大的平面波,对于一个真实的波,有普遍关系:
$$\Delta x \Delta k \approx 1$$
其中,Δx 为位置的不确定因子,Δk 为波矢的不确定因子,与动量有关,它的方向是传播方向. 对于一个平面波,Δx 是无限的,所以 Δk 趋近于零. 我们可以准确地表示出波的传播方向,但是不能(同时)确定它的具体位置. 当一个平面波通过一个狭缝或者眼睛的瞳孔,孔的大小限制为 Δx,所以 Δk 不能为零. 波没有任何的动量损失. 通过狭缝,将会发生的现象是:波的传播不再沿着直线,而是会发生衍射. 同样的事情会发生在小孔处:孔越小光衍射得越明显,所以说小光源会有一个较小的焦距比数.
$$\tan\theta = (a/2)/f$$
其中,θ 是光传播时的半角宽度,所以 d 可以表示为
$$d \cdot \tan\theta \approx 1$$
其中,$d = \Delta x$(宽度),$\tan\theta = \Delta k$(延展),这是有意义的.

例 20 现在家庭影院十分常见. 虽然根据如今的条件想要设置一个家庭影院是十分容易的,但是想要得到一个较好的音响效果,在安放音响设备时需要考虑房间的几何形状. 考虑一个最简单的家庭影院设计,如图 4.36 所示,假设两个扬声器的距离为 $2d$,扬声器到对面墙面的距离为 L. 假定扬声器是点声源,即每个扬声器发出同样的单频纯正弦波(要么是极其无聊的电影声响,要么是紧急报警声),同时墙壁不反射任何声音.

(1) 给出对面墙壁上声音最大强度位置 P 处关于 d 和 L 的函数表达式,其中 y 是 P 与墙壁中间点位置的距离(不能假设 $d \ll L$).

(2) 如果 $L = 5$ m,$d = 3$ m,两个扬声器可以产生同相频率为 320 Hz 的声波,计算在对

面墙壁上的声音强度最大的前三个点与墙壁中间点的距离.(空气中的声速为 331 m/s).

解析 在这个问题中,两个扬声器之间的距离 d 与它们到墙壁之间的距离 L 相比, d 并不能被忽略.如果两个扬声器发出声波到 P 点的波程差是波长的整数倍,那么在 P 点会发生振动加强的现象.

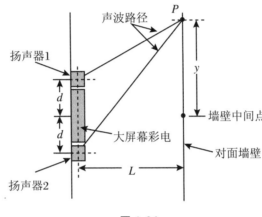

图 4.36

(1) 两个扬声器到达 P 点的距离可以根据勾股定理得到.扬声器 1 到 P 的距离为

$$d_1 = \sqrt{(y-d)^2 + L^2}$$

扬声器 2 到 P 的距离为

$$d_2 = \sqrt{(y+d)^2 + L^2}$$

因此,波程差为

$$y \geqslant 0: \delta = d_2 - d_1 = \sqrt{(y+d)^2 + L^2} - \sqrt{(y-d)^2 + L^2}$$

$$y \leqslant 0: \delta = d_1 - d_2 = \sqrt{(y-d)^2 + L^2} - \sqrt{(y+d)^2 + L^2}$$

对于相长干涉,波程差应该是波长的整数倍($\delta = m\lambda$):

$$y \geqslant 0: \sqrt{(y+d)^2 + L^2} - \sqrt{(y-d)^2 + L^2} = m\lambda = m\frac{v}{f} \tag{1}$$

$$y \leqslant 0: \sqrt{(y-d)^2 + L^2} - \sqrt{(y+d)^2 + L^2} = m\lambda = m\frac{v}{f} \tag{2}$$

其中,$m = 0,1,2,\cdots,\infty$.

在上面的两个方程(1)和(2)中,m 为干涉级次,$m=2$ 意味着波程差为波长的 2 倍, f 为声波的频率,v 为波速,λ 为波长.

(2) 将 $L=5$ m,$d=3$ m,$f=320$ Hz,$v=331$ m/s 代入上面的方程(1)和(2),解出 y:

$$y \geqslant 0: \sqrt{(y+3)^2 + 5^2} - \sqrt{(y-3)^2 + 5^2} = m\frac{331}{320}$$

$$y \leqslant 0: \sqrt{(y-3)^2 + 5^2} - \sqrt{(y+3)^2 + 5^2} = m\frac{331}{320}$$

当 $m=0$ 时,第一次出现最大值:

$$y \geqslant 0: \sqrt{(y+3)^2+5^2} - \sqrt{(y-3)^2+5^2} = 0 \cdot \frac{331}{320} = 0$$

$$y \leqslant 0: \sqrt{(y-3)^2+5^2} - \sqrt{(y+3)^2+5^2} = 0 \cdot \frac{331}{320} = 0$$

$y=0$ 处出现第一个最大值,第二个、第三个最大值在 $m=1$ 时出现:

$$y \geqslant 0: \sqrt{(y+3)^2+5^2} - \sqrt{(y-3)^2+5^2} = 1 \cdot \frac{331}{320} = \frac{331}{320}$$

$$y \leqslant 0: \sqrt{(y-3)^2+5^2} - \sqrt{(y+3)^2+5^2} = 1 \cdot \frac{331}{320} = \frac{331}{320}$$

因此,最接近中间点的强度最大的前三点为

$$y \in \{-1.02 \text{ m}, 0 \text{ m}, 1.02 \text{ m}\}$$

例 21 我常常在 7 月 4 日这天去纽约州罗切斯特的研究所观赏烟火,我发现一些有趣的现象:当烟火爆炸散开的时候,声音犹如大炮声.与此同时,建筑物会演奏起音乐.从不同的建筑物上反射发出的声音听起来就像驾驶着汽车行驶在有格栅的桥面上时发出的声音.

如图 4.37 所示,这是因为在罗切斯特的建筑物屋顶有一些长长的竖直状肋拱(可以类比于光栅),声音可以在这些肋拱中传播,遇到窗户后就会分开.其中"梆梆"的声音会在每个竖直条状物上逐个反射,反射的声音传导到我这里有一定的周期性,这就好像用一支铅笔扫过梳子时发出的声音.

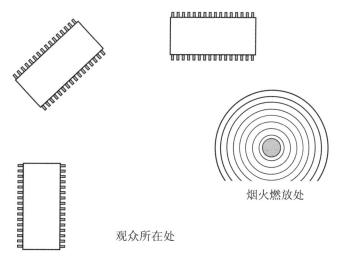

图 4.37

(1) 已知声速为 c_s,求听到的反射声的频率.已知建筑物肋拱竖直条状物的间距为 D,建筑物和烟火爆炸点的距离为 L_1,建筑物和观众的距离为 L_2,为了简化讨论,不妨设距离 L_1, L_2 很大.建筑物到烟火爆炸点和观众两处连线与建筑物平面法线的角度分别为 θ_1, θ_2.

(2) 和白光包含了多种频率的单色光一样，实际上烟火爆炸声也是含有多种频率的声音的，假设所有的声音只是在建筑格栅处发生衍射，在观众位置处会听到哪些频率的声音？

解析 （1）距离比较大时，这个问题将变得相对简单．此时声波可看成平行的，处理方法与薄膜干涉（如水面上的油膜）类似，需要考虑传播路径的差异．类似于光线，图 4.38 给出了声波入射和出射的角度 θ_1，θ_2．图 4.39 用图线画出了两列波的波程差：用虚线表示出波面，用加粗线表示出两波线的波程差．声波在入射到建筑光栅和被其反射时都产生了波程差．

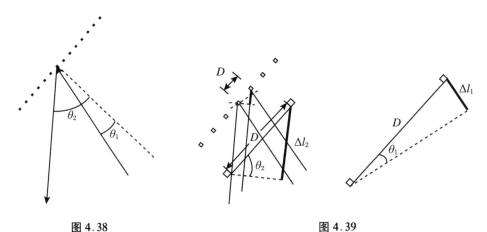

图 4.38　　　　　　　　　　图 4.39

放大的细节图分别显示了入射和出射的波程差 Δl_1，Δl_2，总波程差为 $\Delta l_1 + \Delta l_2$：

$$\frac{\Delta l_1}{D} = \sin\theta_1, \quad \frac{\Delta l_2}{D} = \sin\theta_2$$

$$\Delta l = \Delta l_1 + \Delta l_2 = D(\sin\theta_1 + \sin\theta_2)$$

波程差导致时间延迟了 T：

$$T = \frac{\Delta l}{C_S} = \frac{D}{C_S}(\sin\theta_1 + \sin\theta_2)$$

实际上，在逐根肋拱上的逐次反射都将产生一个时间延迟 T，这使得观众听到的爆炸声像是一系列脉冲，T 为脉冲的周期，所以其脉冲频率为

$$\nu = \frac{1}{T} = \frac{C_S}{D(\sin\theta_1 + \sin\theta_2)}$$

对于建筑物，竖直状肋拱间距约为 2 m（约一个窗口大小），其中

$$C_S = 300 \text{ m/s}, \quad \theta_1 = 22°, \quad \theta_2 = 45°$$

代入数据可得 $\nu = 140$ Hz．这个频率也许有点低，但总没有低于巴赫《D 小调托卡塔与赋格》中著名的 40 Hz．

如果 L_1，L_2 不是很大，那么有趣的事情将会发生：每次波程差产生的时间延迟 T 都将不一样，会随着肋拱条状物位置的不同发生改变，要么增大要么减小．结果就是：你听到的反

射声的频率将发生一些略微的变化,即所谓的"频率啁啾"效应,就像鸟叫的"啁啾".

(2) 烟火爆炸声中有很多频率会被建筑格栅衍射,和光遇到了衍射光栅的情景相似(例如室内光从光盘衍射出去).在给定的地点,能听到的声音波长符合衍射光栅的波长方程:

$$n\lambda = D \cdot (\sin\theta_1 + \sin\theta_2)$$

其中,n 为衍射光栅的级数.

一般的声音都是由发音体发出的复合音,其中基音频率最低,波长最长,其他的泛音则波长将会比较短一些,频率将会比较高一些,这些泛音决定了不同的音色,使人辨认出不同的乐器.对于烟火爆炸,其基音频率为

$$\nu = \frac{c_s}{\lambda} = \frac{c_s}{D(\sin\theta_1 + \sin\theta_2)}$$

例 22 一个波长为 $\lambda = 0.5$ mm 的平面波垂直入射到一个开有 4 条平行狭缝的光栅,其狭缝宽度 $d = 0.2$ mm,狭缝之间的距离 $D = 5$ mm.

(1) 求第一极小值的方向.

(2) 如果关闭其中一条狭缝,求该情况下第一极小值的方向.

解析 (1) 图 4.40(a) 给出了一个实验设计,光栅衍射给出各个主极大之间有 $N-1$ 个极小,$N-2$ 个次极大.N 为狭缝的数量,极大和极小在这里是指强度的极大和极小.

主极大发生在

$$d\sin\phi = \pm n\lambda \quad (n = 1, 2, 3, \cdots) \tag{1}$$

极小的光程差条件满足方程

$$(d + D)\sin\phi = \pm\frac{\lambda}{N}, \pm\frac{2\lambda}{N}, \pm\frac{3\lambda}{N}, \cdots, \pm\frac{(N-1)\lambda}{N}, \pm\frac{(N+1)\lambda}{N}, \cdots \tag{2}$$

第一项可作为第一极小值,因为它更接近于中心最大值.第一极小值的方向根据式(2)可以表示为

$$\phi_1 = \arcsin\frac{\lambda}{(d+D)N} = \arcsin 0.024 = 1.38°$$

(2) 如图 4.40(a)所示,不妨关闭第三条狭缝.我们可以把每个狭缝看作一个线光源,两束光干涉的增强或减弱可以用其光程差或相位差来表述.

假设第一条狭缝与第二条狭缝的光波的相位差为 ϕ,第一条狭缝与第四条狭缝的光波的相位差为 3ϕ.其振幅矢量图可以用图 4.40(b)表示,为了计算强度在该点是增强还是减弱,考虑透过每个狭缝的光的强度都相同,设为 1.需要考虑任意位置处光波的振动矢量之和.

x 和 y 分量可以表示为

$$x: E_x = \sin\phi + \sin 3\phi$$
$$y: E_y = 1 + \cos\phi + \cos 3\phi$$

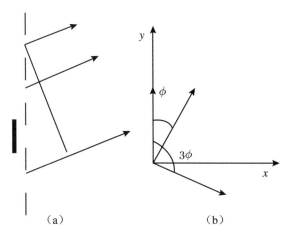

图 4.40

强度与 E^2 成比例,所以我们得到

$$I = (1 + \cos\phi + \cos 3\phi)^2 + (\sin\phi + \sin 3\phi)^2$$
$$= 1 + \cos^2\phi + \cos^2 3\phi + 2\cos\phi + 2\cos 3\phi$$
$$\quad + 2\cos\phi\cos 3\phi + \sin^2\phi + \sin^2 3\phi + 2\sin\phi\sin 3\phi$$
$$= 3 + 2(\cos\phi + \cos 2\phi + \cos 3\phi)$$

由上式可知,通过作图或者求一次导数令其为零可以得到最小值:

$$(\cos\phi + \cos 2\phi + \cos 3\phi)' = -\sin\phi - 2\sin 2\phi - 3\sin 3\phi = 0$$

如果 $\sin\phi \neq 0$,我们可以得到

$$6\cos^2\phi + 2\cos\phi - 1 = 0$$

结果为

$$\cos\phi = \frac{-1 \pm \sqrt{7}}{6}$$

$$\cos\phi_1 = -0.6, \quad \phi_1 = 127°$$

$$\cos\phi_2 = 0.275, \quad \phi_2 = 74°$$

第二个角更接近于 0° 的方向,所以它为第一极小值. 对于角 ϕ_2,我们可以根据相位差来计算其空间角度相应的方向:

$$\phi_2 = \arcsin\frac{\phi_2 \lambda}{2\pi(d + D)} = 1.13°$$

例 23 光波和其他任何电磁波一样,如果其矢量 E 和传播方向总是在同一平面上,则可以称为线性或者平面偏振光,这个平面被称为偏振平面. 线偏振光通过某些物质时,其振动面将以光的传播方向为轴发生旋转,这称为旋光现象,而这种物质我们称为旋光物质,普通糖溶液就是一种旋光物质.

光振动面的旋转角 φ 与通过旋光物质的长度 l 成正比:$\varphi = \alpha l$. 其中,α 为旋光率,对于同一物质可以认为是不变的.如果一束平面偏振光束通过旋光物质时被反射回来,则将以相反的方向原路通过同一旋光物质,其偏振面回复到初始状态.

1845 年,法拉第发现当线偏振光在介质中传播时,若在平行于光的传播方向上加一强磁场,则光振动方向将发生偏转,偏转角度 φ 与磁感应强度 B 和光穿越的介质长度 l 的乘积成正比,即 $\varphi = \beta l B$. 这被称为法拉第旋转,其中比例系数 β 称为费尔德常数,它表征物质的磁光特性,与介质材料、温度及光波频率有关. 法拉第旋转中旋光方向只与磁场方向有关,而与光的传播方向无关.

如图 4.41 所示,一束平面偏振光通过一个处于外加磁场(磁感应强度为 B)的右旋物质,容器的长度为 l, α 和 β 已知,求射出时该光束偏振面总的旋转角.

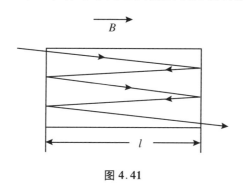

图 4.41

解析 在旋光物质中光通过 5 条光路,如图 4.41 所示,在光束从左到右的奇数路径中,偏振面在旋光物质中顺时针旋转的角度为 $\Delta\varphi_{\text{sol}}$. 在旋光物质的偶数光径中,偏振面依然是顺时针旋转,只是传播方向相反. 所以射出时在旋光物质中光束偏振平面旋转的角度为

$$\varphi_{\text{sol}} = 3\Delta\varphi_{\text{sol}} - 2\Delta\varphi_{\text{sol}} = \Delta\varphi_{\text{sol}} = \alpha l$$

磁感应强度 B 的方向恒定,所以磁场中偏振面的旋转角为

$$\varphi_{\text{mag}} = 5\beta l B$$

故总的旋转偏振角为

$$\varphi = \varphi_{\text{sol}} + \varphi_{\text{mag}} = (\alpha + 5\beta B) l$$

例 24 光是一种电磁波,是创建彼此的交变电场和交变磁场在空间的传播. 电场强度 E 和磁感应强度 B 以及波的传播方向是相互垂直的. 电场和磁场被限制为平行某些方向上传播的波被称为线性极化波(线性偏振波).

太阳光混合了多种色光,它是自然光不是偏振光. 自然光通过偏振器(晶体、有机薄膜)后,只有电矢量平行于偏振器透振方向的光能够通过(由于在光和物质相互作用过程中主要是光波中的电矢量起作用,所以我们常用电矢量作为光波中振动矢量的代表). 如果光波的电矢量方向和偏振器的透振方向之间角度为 θ,入射的线偏振光强为 I_0,根据马吕斯定律,我们可以计算出通过偏振器的透射光光强:

$$I = I_0 \cos^2 \theta$$

太阳光是非偏振光,通过单偏振片后其强度降为原来的一半,因为$\cos^2\theta$的平均值为$\frac{1}{2}$.然而偏振片通常是不理想的,在传播的过程中透明材料会吸收部分光线.

现在我们让太阳光经过两个相同的偏振片,穿过第一个偏振片后透射光的光强变为入射光强的 $\eta_1 = 30\%$,经过两个偏振片后其强度为入射光强的 $\eta_2 = 13.5\%$.求在上述实验中两个偏振片的透振方向间的夹角.

解析 入射光经过两个偏振片时光强都发生了衰减,由于电矢量 E 与偏振片偏振方向并不一致,根据马吕斯定律它的强度会减弱.

对于非偏振光:

$$I = \frac{1}{2} I_0 \tag{1}$$

对于电矢量 E_0 和透振方向有一个角度 θ 的偏振光:

$$I = I_0 \cos^2\theta \tag{2}$$

激光通常是线性偏振光.

光通过偏振片时与偏振片发生相互作用,会被其吸收一部分电磁波能量.这种强度的减弱在所有材料中都会发生,甚至那些看上去是透明的材料.

为了定量表示吸收强度,我们可以使用吸收系数 R 或者透射系数 τ.如图 4.42 所示,太阳光通过一对偏振片,用 I_S 来表示太阳光的强度,通过第一个偏振片后透射光的强度变为

$$I_0 = \frac{I_S}{2}\tau \tag{3}$$

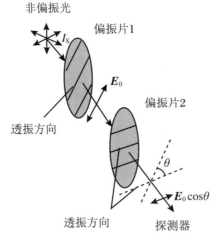

图 4.42

通过第二个偏振片后透射光的强度为

$$I = I_0 \cos^2\theta \, \tau \tag{4}$$

联立(3)(4)两式可得

$$I = \tau^2 \frac{I_s}{2} \cos^2\theta \quad (5)$$

题设中已知

$$I_0 = \eta_1 I_s \quad (6)$$

$$I = \eta_2 I_s \quad (7)$$

联立(3)(6)两式可得

$$\tau = 2\eta_1 \quad (8)$$

联立(5)(7)两式可得

$$\cos^2\theta = \frac{2\eta_2}{\tau^2} = \frac{2\eta_2}{4\eta_1^2}$$

$$\cos\theta = \sqrt{\frac{\eta_2}{2\eta_1^2}} = \frac{\sqrt{3}}{2}$$

$$\theta = 30°$$

例 25 在一个漆黑的暴风雨夜晚,你发现自己在森林里迷路了,你来到了一个小木屋前.进入木屋后,发现一位驼背的老妇在角落里俯身看一只水晶球.你想要逃离木屋时,听到了外边的狼嚎.回头看了一眼那个吉卜赛人,还是决定面对狼群碰碰运气,但是此时门已经关上了.你没有别的方法,只能慢慢地靠近那位老妇,猜想她的水晶球上聚焦着什么.

(1) 如果水晶球的直径为 20 cm,$n = 1.5$,老妇站在距离球心 1.2 m 的地方,当你朝她走去,老妇的像聚焦在什么位置?

(2) 定量描述这位驼背老妇的像,而不是仅仅告诉我她是可怕的.

(3) 老妇走向水晶球,慢慢靠近她那皱巴巴的脸.在某些位置,你无法看到她的像.物距是多少时,这位吉卜赛人无法成像?

解析 (1) 为了解决这个问题,我们需要用一个方程来描述光线是如何折射的:

$$\frac{n_1}{S_o} + \frac{n_2}{S_i} = \frac{n_2 - n_1}{R}$$

其中,n_1 与 n_2 是两种介质的折射率,R 是曲面的曲率半径,S_i 是像距,S_o 是物距.解得像距为

$$S_i = \frac{n_2 R S_o}{(n_2 - n_1)S_o - n_1 R}$$

在第二个表面上

$$\frac{n_2}{2R - S_i} + \frac{n_1}{x} = \frac{-(n_2 - n_1)}{-R}$$

其中,x 是我们想要求的像距,其他变量都与之前含义相同.因为在第一个表面上形成一个像,所以第二个物距为 $S_o = 2R - S_i$.解得 x 为

$$x = \frac{n_1 R(2R - S_i)}{(n_2 - n_1)(2R - S_i) - n_2 R}$$

代入 $n_1=1.0, n_2=1.5, S_o=1.2\text{ m}, R=10\text{ cm}$,求得 $S_i=36\text{ cm}, x=6.9\text{ cm}$. 因此像在球外距离水晶球 6.9 cm 处.

(2) 像是倒立、缩小的实像.

(3) 若这位吉卜赛人无法成像,意味着 $x\to\infty$. 相应地
$$(n_2-n_1)(2R-S_i)=n_2R$$
$S_i=-10\text{ cm}$,则 $S_o=5\text{ cm}$. 换句话说,吉卜赛老妇的脸几乎要贴着水晶球了.

例 26 如果你们中任何一人学习物理,只要开始学习杨氏双缝干涉实验,就会一直谈论下去. 现在让我们开始讨论该实验. 这个实验的原理是让一列波通过两条缝,然后观察屏幕上的干涉图样. 该实验使用了激光,但是这个实验可以用任意的物质波,如电子波或水波.

(1) 如果激光的波长为 λ,那么屏幕上观察到的图像是怎么样的?用变量 x, h, D, λ 表示屏幕上干涉图样的强度,其中 x 是干涉条纹到屏幕中心的距离,h 为双缝间距,D 为屏幕到双缝的距离. 解决这个问题,需要两个假设,即 $D\gg x, x\gg h$. 狭缝处的激光电场强度矢量为
$$E=E_0\text{e}^{i\varphi}$$
其中,$i=\sqrt{-1}$,$\varphi=\dfrac{\text{路程}}{\lambda}$ 是狭缝处波的相位.

我提供几个处理复数的小贴士. 我们在此类问题中引入了复数,使数学问题变得更简单. 在问题的最后,可以去除等式的虚部,得到实部答案. 以下是一些复数计算规则:

(i) $\text{e}^{i\varphi}=\cos\varphi+i\sin\varphi$;

(ii) $\text{e}^{i\varphi}\times\text{e}^{i\delta}=\text{e}^{i(\varphi+\delta)}$;

(iii) 强度 $=E\times E^*$;

(iv) $E^*=E_0\text{e}^{-i\varphi}$,为 E 的共轭复数.

(2) 激光光源位于两条缝的中心处. 如果激光被移动,进入双缝的波相位相差 π 弧度,则图像将发生什么变化?

解析 (1) 首先计算波到屏幕经过的路程,记作 r_1:
$$r_1=\sqrt{D^2+\left(x-\dfrac{h}{2}\right)^2}$$

当 $h\ll x$ 时,
$$r_1=D\sqrt{1+\dfrac{x^2-hx}{D^2}}$$

当 $D\gg x$ 时,
$$r_1=D\left(1+\dfrac{x^2-hx}{2D^2}\right)$$

同理,

$$r_2 = D\left(1 + \frac{x^2 + hx}{2D^2}\right)$$

两列波的光程差为 $r_2 - r_1 = \frac{hx}{D}$，相位差为 $\Delta = \frac{2\pi xh}{\lambda D}$．穿过狭缝的波在屏幕上叠加合场强为

$$E_{\text{总}} = \frac{E}{2}e^{i\varphi} + \frac{E}{2}e^{i(\Delta + \varphi)}$$

其中，由于波击中狭缝时分裂成两束，因而出现两个部分．注意：相对于另一列波，其中一列波的相位移动 Δ．乘上它的共轭复数，求得光强：

$$I_{\text{屏}} = \frac{E^2}{2}\left[1 + \cos\left(2\pi\frac{xh}{\lambda D}\right)\right]$$

(2) 如果移动激光器，使到达狭缝时的光波相位差变为 π，场强变为

$$E_{\text{总}} = \frac{E}{2}e^{i(\varphi + \pi)} + \frac{E}{2}e^{i(\Delta + \varphi)}$$

乘上它的共轭复数，可得

$$I_{\text{屏}} = \frac{E^2}{2}\left[1 - \cos\left(2\pi\frac{xh}{\lambda D}\right)\right]$$

由该公式可知，原来干涉图样的加强处将变为相消处，反之，相消处将变为加强处．

例 27 你正在进行一项关于战略防御计划（SDI）导弹防御系统的可行性研究．思考基于地面激光防御洲际弹道导弹的能力，用强大的 CO_2 激光器在来袭导弹上钻孔从而摧毁它们．该激光器可输出功率为 50 W、直径为 1 mm 的光束．导弹在距离防御系统 10 km 的地方，光束每传播 1 km，强度损失 3%．导弹外壳是 3 cm 厚的铝．导弹的表面温度为 $-50\ ℃$，必须升温到它的沸点 2500 ℃才能将其击穿．铝的密度为 2.34 g/cm³，比热容为 0.9 J/(g·℃)．

(1) 激光需要多少时间才能烧穿导弹的外壳，从而摧毁它？假设所有的激光都达到导弹，并集中在直径为 1 mm 的点上．

(2) 激光的瞄准系统精度要达到多少，才能使激光不偏离目标点？

(3) 提出可以在该激光防御系统中保护导弹的三种方式．

解析 (1) 解决这个问题，必须知道使铝沸腾汽化需要多少能量，激光提供这些能量最快需要多少时间．需要汽化的铝的体积为 $V = \frac{\pi}{4}d^2h$，其中 d 是圆点直径，h 是厚度，铝的质量为 $M = \rho V$．汽化这么多铝需要的热量为 $Q = CM\Delta T$，其中 C 为比热容，ΔT 为温差．代入数据得 $Q = 126.5$ J．激光束功率衰减为 $P = 50 \times 0.97^{10}$ W $= 36.9$ W，由 $W = Pt$ 得当激光束达到导弹上，还需 3.4 s 才能烧穿导弹的外壳．

(2) 在 3.4 s 内，需要整束激光都瞄准同一个点．假设激光束移动不能超过半径给出的精确范围：

$$\tan\theta < \frac{5\times 10^{-4}}{10^4}$$

每秒移动的角度必须小于 $8.4\times 10^{-7}°$.

(3) 为了抵御这种攻击,你可以:旋转导弹,加厚外壳,把外壳做成可反射的,增加外壳的比热容,使用假弹头.或者如有一些同学所说的:不要发射导弹,利用隐形装置,炸掉激光系统.最后,不要让这些家伙控制了洲际弹道导弹.

例 28 我们在麦片纸盒上见过自己最喜欢的卡通人物的全息图像,现在不看卡通片了.但是现在尤其在周六,我们还是会看一些动漫……回到问题中来.作为一个某种程度上为之自豪的物理学痴迷者,我不会只是欣赏这些图片,而会试着搞清楚它们是怎么形成的.我现在就要把我作为"书呆子"的好奇心全部放在你身上,嘿嘿.

(1) 全息是指根据观察者的视角而改变的3D图像.在全息板拍摄的图像的维数是多少? 这与普通的2D电影有什么区别?

(2) 绘制一种可以用来制作全息图的实验装置图.解释接下来会发生什么.

(3) 当普通胶片曝光、显影后,会形成负底片.之所以称为负底片,是因为暗区与亮区在显影过程中被交换了.当光线通过底片到达相纸上时,就形成了裱在相框中的正相片.在全息照相中,全息底片是负的还是正的,这并没有区别.请解释原因.

解析 (1) 全息图与正常图不同之处在于除了胶片上的振幅信息,全息图还记录下了相位信息.一张没有给出深度的相片只记录了光强强弱.另一方面,全息图只是记录了图像的干涉图样.图片中关于深度的信息以干涉图样的形式被保存在板中.

(2) 制成一张全息照片,需要把一束激光分解成一束参考光束和一束目标光束.目标光束从物体上反射回来,与参考光束形成干涉.由于物体有深度,反射光束到达全息底片时有不同的相位,它与均匀的参考光束发生干涉,从而形成物体的干涉图样.如图4.43所示.

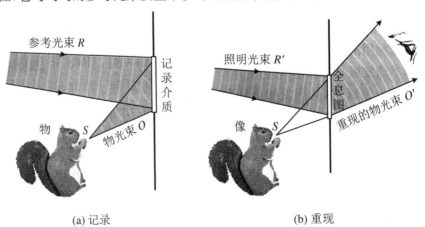

(a) 记录　　　　　　　　(b) 重现

图 4.43

(3) 由于全息板记录的是干涉图样,原理与普通胶卷不同,故没有正、负底片的说法.

例29 我要对一个非常沉闷的问题致以诚挚的歉意:它再也不会发生了.有两个焦距为 f_1 与 f_2 的薄透镜,相距为 d.一般来说,透镜组的焦距会由于像的位置的不同而不同.对多于一块透镜的透镜组,定义一个后焦距,一个前焦距,即两种可能的焦距长度.

(1) 确定这个透镜组的后焦距与前焦距.

(2) 当 $d = f_1 + f_2$ 时,会发生什么?

(3) 当 $d = 0$ 时,焦距为多少?是哪一侧的相距还有关系吗?

解析 (1) 首先根据透镜成像规律计算后焦距.对于第一个透镜,由

$$\frac{1}{f_1} = \frac{1}{S_{i1}} + \frac{1}{S_{o1}} \Rightarrow S_{i1} = \frac{S_{o1}f_1}{S_{o1} - f_1}$$

即第一个透镜的像的位置.

同理,对于第二个透镜,有

$$S_{i2} = \frac{S_{o2}f_2}{S_{o2} - f_2}$$

由于透镜间距为 d,可以写作 $S_{o2} = d - S_{i1}$.当 $S_{o1} \to \infty$ 时,

$$\text{后焦距} = S_{i2} = \frac{f_2(d - f_1)}{d - f_1 - f_2}$$

从另一个方向,经过相同的分析得到

$$\text{前焦距} = \frac{f_1(d - f_2)}{d - f_1 - f_2}$$

(2) 若 $d = f_1 + f_2$,注意到前、后焦距均为无穷大,即平行光入射,系统另一边出射仍为平行光.

(3) 若上述方程中 $d = 0$,则

$$\text{后焦距} = \text{前焦距} = S_{i2} = \frac{f_2 f_1}{f_1 + f_2}$$

换句话说,像在哪一侧都没有关系.我们可以写为

$$\frac{1}{f} = \frac{1}{f_1} + \frac{1}{f_2}$$

这只是对薄透镜的一种改进.

例30 有时候,一些极小的问题会令你怀疑:最初为什么要做奥林匹克题.定性回答以下几个问题.

(1) 我相信你们中一大部分曾经去过安大略湖北部,看见过北极光.是什么引起了北极光?为什么它们在加拿大北部最强?

(2) 我们都曾经是孩子(除了佩卡),并且可能唱过"一闪一闪亮晶晶,满天都是小星

星".是什么让星星闪烁?行星与月球会闪烁吗?

(3) 如果有一天,你在海边漫步,并且见到了一个贝壳,正好把它放在你的耳边,你可以听到大海的声音.是什么引起了这个现象?

(4) 如果闪电击中了一棵树,它可以毫发无伤,也可以被彻底粉碎.为什么有些树会被摧毁,有些树却没事?结果发现相比较于其他品种的树,橡树是最容易被摧毁的.为什么?

解析 (1) 极光是一种绚丽多彩的等离子体现象,其发生是由于太阳的带电粒子流(太阳风)进入地球磁场,在地球南北两极附近地区的高空,夜间出现的灿烂美丽的光辉.在南极被称为南极光,在北极被称为北极光.地球的极光是来自地球磁层或太阳的高能带电粒子流(太阳风)使高层大气分子或原子激发(或电离)而产生的.极光常常出现于纬度靠近地磁极地区的上空,一般呈带状、弧状、幕状、放射状,这些形状有时稳定,有时做连续性变化.极光产生的条件有三个:大气、磁场、高能带电粒子.在加拿大地区最强的原因是北极的磁场中心在加拿大的北部地区.

(2) 星星会闪烁的原因是进入我们眼睛的光线穿过的大气层是无规律的.这是由于太阳对大气的不均匀加热,大气引起光线的随机折射,看起来就像是闪烁.大物体(如月球)也会产生闪烁现象,但是很难发现.

(3) 贝壳内部的声音实际上是通过贝壳的空气流与贝壳内部空气共振发出的自然共鸣.由于空气流不恒定,偶尔引起的共振会给人以大海中波涛的印象.

(4) 当闪电击中一棵树时,雷电中的电流需要一条通向地面的通路.如果树皮是湿的,电流就可以从树的外表面通过,从而使树不受伤害.如果相反,树没有湿,电流需要从树内部,沿着树干通过.当这个情况发生时,树干过热、膨胀,最终将树炸成细条状.橡树的树皮很粗糙,很难找到一条通路使电流顺着树皮流入地面.因此橡树更容易被闪电击毁,一旦被击中,它们就很可能被摧毁.

例31 万达·斯蒂尔巴特是世界级的杂志摄影师.她的工作是拍摄高质量的照片,通常为超模、摇滚乐队、电影明星和政客拍摄时尚杂志封面.人们能从机场和火车站买到这些杂志.这是一种很惬意的生活,但是她想要更多.理解宇宙的奥秘听起来很酷,因此万达想要开始研究天体物理.万达拥有一台高档相机,她的实验室课程包括拍摄夜空中的星球.万达想知道她能否利用一个精密设计的固定焦距镜头来完成这项工作.该问题中的镜头焦距为 60 mm,距离透镜为 15 m 远的物体可以被聚焦.星体的距离要比 15 m 远得多,可认为是无穷远.她的透镜的孔径可调.孔径多大时,遥远星球发出的可见光($\lambda = 550$ nm)的衍射模糊与相应散焦模糊大致相同?

解析 根据透镜成像原理,可以计算成像传感器距透镜的距离 v:

$$\frac{1}{v} + \frac{1}{u} = \frac{1}{f}$$

则像距为
$$v = \frac{uf}{u-f}$$

其中,f 是焦距,u 是物距.

由瑞利判据:$\theta = \dfrac{1.22\lambda}{D}$,其中 θ 是最小分辨角,λ 是波长,D 是小孔直径,由此可以计算衍射模糊直径为
$$d = \theta v = \frac{1.22\lambda v}{D}$$

根据几何关系可计算得到散焦模糊直径为
$$d' = \frac{(v-f)D}{f}$$

由衍射模糊直径等于散焦模糊直径,得
$$D = \sqrt{\frac{1.22\lambda vf}{v-f}} = \sqrt{1.22\lambda u}$$

当 $\lambda = 550$ nm 时,得到 $D = 3.2$ mm.

例 32 作为一名兴趣广泛的学生,你正在英国做一些关于赛马的博彩研究.现场观看了一场赛马比赛,随身携带了一个价值 500 美元的有远距镜头的相机.你看到埃里克和保罗骑着赛马沿着直道朝着你的方向快速跑来,你决定用相机把这个场景拍下来.通过远距镜头相机从正前方观察时,发现赛马身体的长度好像变短了.请解释这一现象.

解析 远距镜头就像是一个望远镜,通过增大视角的方式使远处的目标变近.我们近似将马的身体看成一个长方体,四只脚垂直位于长方体下表面的四个顶点处,假设前腿间距和后腿间距均为 0.5 m,前腿和后腿间的距离(马的身长)为 2.0 m.

如果我们直接用眼睛在马的正前方比较近的距离(10 m 处)观察,前腿间距的视角约为 $\theta_{f1} = \dfrac{0.5}{10} = \dfrac{1}{20}$(rad),后腿间距的视角约为 $\theta_{h1} = \dfrac{0.5}{10+2} = \dfrac{1}{24}$(rad),这里的两个视角有着明显的差别,可以显著地反映马的实际身长.

如果我们直接用眼睛在马的正前方比较远的距离(100 m 处)观察,前腿间距的视角约为 $\theta_{f2} = \dfrac{0.5}{100} = \dfrac{1}{200}$(rad),后腿间距的视角约为 $\theta_{h2} = \dfrac{0.5}{100+2} = \dfrac{1}{204}$(rad),这里的两个视角的差别很小,不能显著地反映马的身长.也就是说,我们在很远的地方观察,看到马的身长与实际身长相比很小.

如果我们用放大倍数为 10 的远距镜头相机在马的正前方比较远的距离(100 m 处)观察,马的前腿间距和后腿间距仍为 0.5 m,前腿间距的视角为 $\theta'_{f2} = \dfrac{0.5}{100} \times 10 = \dfrac{1}{20}$(rad),后腿

间距的视角为 $\theta'_{h2} = \dfrac{0.5}{100+2} \times 10 = \dfrac{1}{20.4}$(rad). 与我们直接用眼睛在 10 m 远处观察的结果相比较,用远距镜头看到的马前腿到人的距离还是 $\dfrac{0.5}{\theta'_{f2}} = \dfrac{0.5}{1/20} = 10$ m,马后腿到人的距离则变为 $\dfrac{0.5}{\theta'_{h2}} = \dfrac{0.5}{1/20.4} = 10.2$ m,后腿竟然在前腿后方 0.2 m 处,所以你用远距镜头相机看到的马明显变短了.

第5模块 原子物理与相对论

例1 中子束通过一块厚度为 1 mm 的镉板后,其粒子数损失了原先的 15%,中子的速度并没有改变. 如果中子束通过一块厚度为 10 mm 的镉板,中子会损失多少?

解析 通过 1 mm 厚度的镉板后,中子的损失量与初始值的比为

$$a = \frac{N_\text{损}}{N} = 0.15$$

因此,穿过镉板后的粒子数为

$$N_1 = (1-a)N$$

通过第二块厚度为 1 mm 的镉板后的粒子数为

$$N_2 = (1-a)N_1 = (1-a)^2 N$$

那么通过厚度为 10 mm 的镉板(即所谓的镉过滤器)后的中子数与初始值的比值为

$$N_{10}/N = (1-a)^{10} = 0.85^{10} \approx 0.2$$

例2 氖光灯是在一个充满氖气的玻璃灯泡中安放两个电极. 由于两电极间存在电压,电子从阴极加速. 电子撞击并激发氖离子. 一小段时间后,被激发的氖离子回到最稳定的状态(基态),同时放出光子,这样就使得氖光灯发出鲜艳的红光.

两个电极可以当作一对分开放置的大圆盘,间距 $d = 3$ mm. 每个氖原子的电离能为 $I = 21.5$ eV. 电子与氖原子碰撞前,电子移动的平均距离 $l = 0.4$ mm. 问这只氖灯开灯时需多大的电压?

解析 当两电极之间的电压为 U 时,电场强度为 $E = \dfrac{U}{d}$. 在这个电场内,电子受到的力为 $F = Ee$(e 是电子电量),运动加速度为

$$a = \frac{F}{m} = \frac{Ee}{m} = \frac{Ue}{md} \tag{1}$$

其中,m 为电子质量.

由于电子发生完全非弹性碰撞后速度为零(可以根据两个粒子的质量做出此判断),电子的动能 $mv^2/2$ 转移到气体原子上. 为了点亮灯泡,这个能量必须超过或者至少等于气体的电离能:

$$\frac{mv^2}{2} = I \tag{2}$$

根据匀加速运动的运动学关系和式(1)，我们可以得到碰撞前电子的最大速度为

$$l = \frac{v^2}{2a}$$

$$v = \sqrt{2al} = \sqrt{\frac{2Uel}{md}} \tag{3}$$

联立式(2)(3)，可以求得 U：

$$\frac{Uel}{d} = I$$

$$U = \frac{Id}{el} \approx 160 \text{ V}$$

例 3 有一些物理学家认为，存在相互作用力不同于我们宇宙的其他宇宙．想象有一种宇宙中没有长程电磁力，因此唯一的长程力是引力．假设它内部存在质子、中子、电子，它们的质量与我们宇宙中的质子、中子、电子的质量相等，但相互之间没有电磁力．一个氢原子仍然由一个电子与一个质子构成，电子和质子之间只有引力作用．

（1）前面提及的没有电磁力的假想宇宙与现实宇宙相比较，氢原子的能量有什么区别（用电子伏特 eV 表示）？若在假想宇宙中的普朗克常量和引力常数（包括其他除了电磁学的物理学定律）与我们宇宙中的相同．

（2）若假想宇宙与我们的宇宙的大小是一样的（半径为 10^{10} 光年）．那么在假想宇宙中，引力可以束缚住氢原子吗？已知引力常量 $G_N = 6.673 \times 10^{-11}$ m³/(kg·s²)，电子质量 $m_e = 9.1094 \times 10^{-31}$ kg，原子质量 $m_p = 1.6726 \times 10^{-27}$ kg，普朗克量 $h = 6.626 \times 10^{-34}$ J·s $= 4.1357 \times 10^{-15}$ eV·s．

解析 （1）根据原子轨道的量子化条件，轨道角动量是量子化单位普朗克常量除以 2π 的整数倍，即

$$L_n = m_e v_n r_n = n \frac{h}{2\pi} = n\hbar \quad (n = 1, 2, 3, \cdots)$$

根据玻尔的氢原子理论，在假想宇宙的氢原子中电子受到的引力提供其匀速转动需要的向心力，即

$$G_N \frac{m_e m_p}{r_n^2} = \frac{m_e v_n^2}{r_n}$$

根据量子化条件解得

$$r_n = \frac{n^2 \hbar^2}{G_N m_e^2 m_p}$$

电子的总能量（动能和势能）为

$$E_n = \frac{1}{2} m_e v_n^2 - G_N \frac{m_e m_p}{r_n}$$

$$= \frac{1}{2} G_N \frac{m_e m_p}{r_n} - G_N \frac{m_e m_p}{r_n}$$

$$= -\frac{1}{2} G_N^2 \frac{m_e^3 m_p^2}{n^2 \hbar^2}$$

$$= \frac{-0.26 \times 10^{-77} \text{ eV}}{n^2}$$

基态($n=1$)与第一激发态($n=2$)的能量差为

$$\Delta E = -2.6 \times 10^{-78} \text{ eV} \times \left(\frac{1}{2^2} - \frac{1}{1^2} \right) = 2 \times 10^{-78} \text{ eV}$$

这比我们宇宙中对应的能量(10.2 eV)小79个数量级.

(2) 能级 $n=1$ 的基态时,这种(引力束缚的)氢原子半径最小:

$$r_1 = \frac{\hbar^2}{G_N m_e^2 m_p} = 1.2 \times 10^{29} \text{ m} = 1.2 \times 10^{13} \text{ 光年}$$

这个数值要比宇宙半径还大3个数量级,因此仅由引力束缚的氢原子在虚拟宇宙中不存在.

例4 1989年一种新的原子"质子偶素"首次被创造出来.它包含了质子和反质子(质量、电荷量和质子相同,但带负电).

计算在"质子偶素"从 $n=2$ 的激发态跃迁到 $n=1$ 的基态过程中释放出来的光子能量. 已知静电力常量 $k = 9.0 \times 10^9$ N·m²/C,原子质量为 $m_p = 1.6726 \times 10^{-27}$ kg,普朗克常量为 $h = 6.6261 \times 10^{-34}$ J·s.

解析 计算可以参考玻尔的氢原子模型.玻尔模型描述的是经典的电子运动,即带有负电的电子绕着质子旋转.我们可以分别计算出跃迁前、后两定态的原子总能量,两能量之差等于释放的光子能量.根据经典假设,总能量即为双点电荷系统的电势能和动能之和.

"质子偶素"和氢原子最主要的区别在于原子中两粒子的相对质量.在"质子偶素"中,质子和反质子有着相同的质量 m,因此可以认为它们都在围绕原子的质心以速度 v 做匀速圆周运动.质心位于质子和反质子连线的中点,设转动半径为 r,质子和反质子的运动学方程式是一样的:

$$\frac{mv^2}{r} = \frac{ke^2}{4r^2} \tag{1}$$

其中, $k = 9 \times 10^9$ N·m²/C² 为静电力常数,e 为元电荷.

"质子偶素"的总动能可以表示为

$$E_{kin} = 2 \times \frac{mv^2}{2} = \frac{ke^2}{4r} \tag{2}$$

"质子偶素"系统所具有的势能为

$$E_{pot} = \frac{-ke^2}{2r} \tag{3}$$

所有相互吸引物体系的系统势能都是负值(取物体间距无穷远处为零势能面).

根据式(2)、式(3)可得，总的能量为

$$E = -\frac{ke^2}{4r} \tag{4}$$

为了计算旋转的轨道半径，我们需要利用玻尔理论中轨道角动量量子化假设：

$$2mvr = n\hbar \quad (n = 1, 2, 3, \cdots) \tag{5}$$

联立(1)(5)两式可以得到轨道半径 r，r 与量子数 n 有关.

$$r_n = \frac{n^2 \hbar^2}{kme^2}$$

因此，最后能量公式中出现了量子数. 本例中我们可以计算当 $n = 2$ 和 $n = 1$ 时两个定态的能量，两者之差等于光子的能量：

$$\Delta E_{21} = E_2 - E_1 = \frac{-k^2 e^4 m}{4\hbar^2}\left(\frac{1}{4} - 1\right) = \frac{3k^2 e^4 m}{16\hbar^2} = 9.36 \text{ keV}$$

例 5 由于电磁波带有线性动量，它们会给物体表面施加压力. 如果强度(即坡印廷矢量大小)为 S 的电磁波完全被物体表面吸收，垂直入射时单位面积表面上的辐射压力(即光压)P_r 为

$$P_r = \frac{S}{c}$$

其中，c 为真空中的光速，$c = 3 \times 10^8$ m/s.

假设空间中有一距离太阳为 3.75×10^{11} m、半径为 r 的球形颗粒. 在这一点上太阳的辐射强度为 214 W/m²，颗粒的密度为 1.50 g/cm³. 已知引力常量为 $G = 9.0 \times 10^9$ N·m²/kg²，太阳质量为 $M = 2 \times 10^{30}$ kg.

(1) 请求出该粒子达到平衡时(即空间中粒子的加速度为0)的条件.

(2) 如果粒子处于不平衡状态，请推导出给定空间点的粒子的加速度公式.

解析 (1) 粒子所受万有引力公式为

$$F_g = \frac{GMm}{R^2} = \frac{GM}{R^2}\left(\rho \frac{4}{3}\pi r^3\right)$$

其中，M 为太阳的质量，r 为粒子的半径，R 为粒子和太阳间的距离. 粒子上所受辐射压力为

$$F_{\text{rad}} = \frac{S\pi r^2}{c}$$

辐射压力和万有引力的比值为

$$\frac{F_{\text{rad}}}{F_g} = \frac{1}{r}\frac{3SR^2}{4cGM\rho} \propto \frac{1}{r}$$

根据上述讨论，当 $F_g = F_{\text{rad}}$ 时，有

$$r = \frac{3SR^2}{4cGM\rho} = 3.78 \times 10^{-7} \text{ m}$$

(2) 由牛顿运动定律 $F_{\text{rad}} - F_g = ma$，得

$$a = \frac{3S}{4\rho cr} - \frac{GM}{R^2}$$

例6 辐射压力对于"星际尘埃云、彗星尾巴、恒星和行星系统的形成"是一个非常重要的参数.一旦气体、尘埃坍塌或者恒星爆炸,它们产生的辐射会吹走小的尘埃粒子.求尘埃粒子半径 R 至少为多大时才会被太阳吸引(不考虑其他恒星、行星对尘埃粒子的吸引,尘埃粒子的密度为 3 g/cm³).已知引力常量为 $G_N = 9.0 \times 10^9$ N·m²/kg²,太阳质量 $M_\odot = 2 \times 10^{30}$ kg,太阳光度(单位时间内太阳平均辐射总量)$L_\odot = 3.845 \times 10^{-6}$ W.

解析 光子的动量和能量可以表示为

$$p_\gamma = \frac{h}{\lambda} \quad \text{和} \quad E_\gamma = \frac{hc}{\lambda}$$

每秒产生的光子的数量可以表示为

$$N_\gamma = \frac{L_\odot}{E_\gamma} = \frac{L_\odot \lambda}{hc}$$

当任何一个光子打到尘埃上时,尘埃可以吸收其动量,所以在距离太阳为 r 处,单位面积上所具有的压力可以表示为

$$P_\odot = \frac{N_\gamma p_\gamma}{4\pi r^2} = \frac{L_\odot h \lambda}{hc 4\pi r^2 \lambda} = \frac{L_\odot}{4\pi c r^2}$$

在半径为 R 的半球状尘埃上总的压力为

$$F_L = P_\odot \times S = P_\odot \pi R^2 = \frac{L_\odot \pi R^2}{4\pi c r^2} = \frac{L_\odot R^2}{4cr^2}$$

半径为 R、密度为 ρ 的尘埃,其质量为

$$m = \frac{4}{3}\pi R^3 \rho$$

当光的压力小于太阳对其的吸引力时,尘埃将会被吸引.所以

$$F_L < F_G$$

$$\frac{L_\odot R^2}{4cr^2} < G_N \frac{mM_\odot}{r^2}$$

$$\frac{L_\odot R^2}{4cr^2} < G_N \frac{\frac{4}{3}\pi R^3 \rho M_\odot}{r^2}$$

$$R > \frac{3L_\odot}{16\pi c G_N \rho M_\odot} = 1.9 \times 10^{-7} \text{ m}$$

所以,尘埃必须大于 0.2 μm 以至于它可以落入太阳中.这就是小的星际尘埃在恒星爆炸的时候被吹走的原因.辐射压力对星际尘埃影响的另一个很好的例子是三叶星云.

例7 真空中的电磁波其电场强度可以表示为

$$E = E_0 \cos(\omega t - kz)x + E_0 \sin(\omega t - kz)y$$

求波的传播方向和波的动量.

解析 (1) 电磁波在 z 轴方向以 $v_{相} = \dfrac{\omega}{k} = c$ 的相位速度传播,其中 c 为光速.

(2) 假设波由被称为光量子的量子能量包组成.根据量子理论,每个光子具有的能量为

$$\varepsilon = pc$$

如果波沿着 z 轴方向传播,则电磁波有一个线动量:

$$P_z = \frac{E}{c}$$

(波的总能量为 $E = IAT$,其中 I 为波的强度,A 为面积,T 为时间.)

(3) 如果波和一个粒子发生相互作用,该粒子带电量 $q > 0$,质量为 m,同时被限制在 xOy 平面($z = 0$),那么该粒子的运动可以被描述为

$$F = ma = qE$$

或者说

$$ma_x = qE_x \Rightarrow m\frac{\mathrm{d}^2 x}{\mathrm{d}t^2} = qE_0\cos(\omega t) \tag{1}$$

$$ma_y = qE_y \Rightarrow m\frac{\mathrm{d}^2 y}{\mathrm{d}t^2} = qE_0\sin(\omega t) \tag{2}$$

积分可得

$$x(t) = -\frac{qE_0}{m\omega^2}\cos(\omega t), \quad v_x(t) = \frac{qE_0}{m\omega}\sin(\omega t) \tag{3}$$

$$y(t) = -\frac{qE_0}{m\omega^2}\sin(\omega t), \quad v_y(t) = -\frac{qE_0}{m\omega}\cos(\omega t) \tag{4}$$

满足上述方程,粒子所具有的角动量为

$$L = r(t) \times p(t) = \frac{q^2 E_0^2}{m\omega^3}\hat{z} \tag{5}$$

关于 z 轴,其中 $r(t) = x(t)\hat{x} + y(t)\hat{y}$,$p(t) = m(v_x(t)\hat{x} + v_y(t)\hat{y})$ 是粒子的位置和动量.因此电磁波有对 z 轴的角动量.

例 8 已知在电磁波中电场强度的角频率 $\omega = 2 \times 10^{16}$ s^{-1},振幅调制角频率为 $\Omega = 2 \times 10^{15}$ s^{-1},随时间按以下规律变化:

$$E = E_0[1 + \cos(\Omega t)]\cos(\omega t)$$

其中,E_0 为常数.此电磁波使得氢原子的电子脱离原子核的束缚而电离出来(电离能 $W = 13.5$ eV).求这些电离出来电子的动能.已知狄拉克常量 $\hbar = 6.58 \times 10^{-16}$ eV·s.

解析 普通调幅方式是用低频调制信号去控制高频正弦波(载波)的振幅,使其随调制信号波形的变化而呈线性变化.为了找到单频调制的普通调幅波的频谱,我们必须设法将给定的方程转化为正弦波或者余弦波方程之和:

$$E = E_0[1 + \cos(\Omega t)]\cos(\omega t) = E_0\cos(\omega t) + E_0\cos(\Omega t)\cos(\omega t)$$

$$= E_0\cos(\omega t) + \frac{1}{2}E_0\cos[(\omega-\Omega)t] + \frac{1}{2}E_0\cos[(\omega+\Omega)t]$$

可见,频谱中包含了三个频率分量:ω(载波),$\omega+\Omega$(上边频),$\omega-\Omega$(下边频).

如果我们用光辐射的量子描述,相应的三种光子具有的能量分别为

$$W_1 = \frac{h(\omega-\Omega)}{2\pi} = \hbar(\omega-\Omega)$$

$$W_2 = \hbar\omega$$

$$W_3 = \hbar(\omega+\Omega)$$

其中,$h = 6.63\times10^{-34}$ J·s 为普朗克常量,$\hbar = \frac{h}{2\pi} = 1.05\times10^{-34}$ J·s $= 6.58\times10^{-16}$ eV·s 为约化普朗克常量,也叫狄拉克常量.

计算光子的能量并和原子的电离能加以比较,如果光子的能量小于电离能,则光子不能电离原子,即电子脱离不了原子核的束缚.

为了简化计算利于比较,我们用电子伏特为单位来计算光子的能量.

$$W_1 = 1.19 \text{ eV}$$
$$W_2 = 13.2 \text{ eV}$$
$$W_3 = 14.5 \text{ eV}$$

前面两列波不能使氢原子电离,第三列波则可以,其电离出来的电子的动能为

$$E_k = W_3 - W = 14.5 \text{ eV} - 13.5 \text{ eV} = 1 \text{ eV}$$

如果能量以焦耳为单位,则电子动能为 $E_k = 1.6\times10^{-19}$ J. 为了计算方便,在原子物理中能量往往以电子伏特为单位表示.

例9 二极管是具有单向导通性的电子元件,半导体二极管是如今最常见的,其前身是具有两个电极的真空二极管. 一类常见的真空二极管如图 5.1 所示,它以钨丝作为阴极,且阴极处在圆筒状阳极的轴上,亦即阳极围绕在阴极周围. 钨丝(灯丝)同时充当加热装置以及阴极. 通过钨丝的电流做功产生的焦耳热,导致真空管中的热电子发射. 由于钨丝周围的金属阳极带正电,故正极将会吸引上述激发的电子. 然而,当电极极性反转时,电子不容易从未被加热的阳极金属表面游离出来. 因此,任何反向电流都可以被忽略. 综上可知,显然需要两路电流分别接在不同电极上,钨丝上通过的电流为 I_f,且其两端的电压为 U_f,U_a 被加在阴极和阳极两端引导发射电子穿越二极管以提供二极管中的直流电流.

图 5.1 真空二极管模型图

在此问题中,发热端/钨丝是阴极(直接加热).

最初阳极电压为零,通过钨丝的电流为 $I_f = 10$ A,其两端的电压 $U_f = 8.0$ V. 这样的电流使钨丝加热升温到温度 T_0. 在某学生施加某一阳极电压之后,他注意到钨丝发光有所不

同,这也意味着其温度发生了变化.

已知,当钨丝的温度达到 T_0 时,二极管产生的功率 P_a 为 1.2 kW,阳极电压 $U_a = 5.0 \times 10^3$ V,钨丝的逸出功为 $W = 4.5$ eV,元电荷为 $e = 1.6 \times 10^{-19}$ C.发射电子的初始动能非常小.在给二极管施加阳极电压 $U_a = 5.0 \times 10^3$ V 之后,需将钨丝电压调高多少(用 U_{fx} 表示),才能使钨丝稳定工作在温度 T_0?

解析 根据问题的陈述,与钨丝的逸出功相比,我们可以忽略发射电子的动能.钨丝每秒发出的电子数量为

$$n_a = I_a/e$$

其中,流过阳极的电流为

$$I_a = P_a/U_a$$

已知,元电荷为 $e = 1.6 \times 10^{-19}$ C,二极管产生的功率为 $P_a = 1.2 \times 10^3$ W,阳极电压为 $U_a = 5.0 \times 10^3$ V.二极管处于稳定工作状态时,钨丝产生的功率为 P_f:

$$P_f = \frac{(U_f + U_{fx})^2}{R_f} = I_f U_f + n_a W \qquad (1)$$

其中,钨丝电阻为

$$R_f = U_f/I_f$$

式(1)可以重写为

$$(U_f + U_{fx})^2 = \frac{U_f}{I_f}\left(I_f U_f + \frac{P_a W}{e U_a}\right) \qquad (2)$$

用给定的数据代入式(2)得

$$U_f + U_{fx} = 8.054 \text{ V}$$

可得

$$U_{fx} = 5.4 \times 10^{-2} \text{ V} = 54 \text{ mV}$$

例 10 由于火星上的太阳能电池板发电能力有限,美国航空局用了另外一种系统为"好奇号"(2012 年 6 月在火星上着陆)供电.这种系统叫多任务放射性同位素热电发生器,它以一种放射性的材料——PuO_2 作为发电能源.PuO_2 中的 Pu 元素是 ^{238}Pu 的同位素,半衰期是 87.7 年,衰变方式为 α 衰变,每发生一次 α 衰变释放出 5.593 MeV 的能量."好奇号"所需的功率是 2000 W.那么,在任务开始时需要质量为多少的 PuO_2 来为"好奇号"供电呢?(氧原子质量为 15.99 u,1 MeV = 1.602×10^{-13} J.)

解析 需要的功率为 $P = 2000$ W,^{238}Pu 的半衰期为 $T = 87.7$ 年 $= 2.76 \times 10^9$ s,每次 α 衰变放出的能量为

$$E = 5.593 \times 10^6 \text{ eV} = 8.95 \times 10^{-13} \text{ J}$$

阿伏伽德罗常数 $N_A = 6.022 \times 10^{23}$ mol^{-1},A 为放射性强度的绝对值,N 为 Pu 的粒子数,λ 为衰变常数,有

$$\lambda = \frac{\ln 2}{T}$$

则 α 衰变的放射性强度为

$$A = \left| -\frac{dN}{dt} \right| = \lambda N$$

"好奇号"所需功率为

$$P = \frac{E \mid dN \mid}{dt} = E\lambda N = \frac{EN\ln 2}{T}$$

$$\Rightarrow N = \frac{PT}{E\ln 2} = 8.90 \times 10^{24}$$

每个 PuO_2 分子的质量为

$$238 \text{ u} + 15.99 \text{ u} \times 2 = 270 \text{ u}$$

所以 PuO_2 的摩尔质量为

$$u = 0.270 \text{ kg/mol}$$

故在任务开始时需要的燃料 PuO_2 的质量为

$$M_{\text{fuel}} = \frac{N}{N_A} u = 14.8 \times 0.270 \text{ kg} = 3.996 \text{ kg} \approx 4.00 \text{ kg}$$

例 11 我们通常用半衰期 T 来描述放射性元素辐射衰变的快慢,半衰期被定义为这种元素的原子核半数发生衰变所用的时间.

天然铀矿石包含有 $\eta_1 = 99.28\%$ 的 ^{238}U 和 $\eta_2 = 0.72\%$ 的 ^{235}U,^{238}U 的半衰期为 $T_1 = 4.47 \times 10^9$ a,^{235}U 的半衰期为 $T_2 = 0.70 \times 10^9$ a,假设在地球诞生时地球上这两种同位素的数量是相等的,请估算地球的年龄.可以查阅物理手册找到你所需要的数据.

解析 放射性衰变定律有几种不同方式的表述,其中最简单的可以表示为

$$N = N_0 \times 2^{-\frac{t}{T}}$$

其中,N_0 为 $t = 0$ 时刻同位素的数量,N 为时间 t 后没有发生衰变的原子核数量,T 为半衰期.

根据题意,起初两种同位素的 N_0 是相等的,假定地球的年龄与衰变时间为 t,我们可以计算现在所具有的两种同位素的原子核的数量:

$$N_1 = N_0 \times 2^{-\frac{t}{T_1}} \tag{1}$$

$$N_2 = N_0 \times 2^{-\frac{t}{T_2}} \tag{2}$$

同时

$$N_1 = \eta_1 \times (N_1 + N_2) \tag{3}$$

$$N_2 = \eta_2 \times (N_1 + N_2) \tag{4}$$

联立式(1)和(3)、式(2)和(4),可得

$$N_0 \times 2^{-\frac{t}{T_1}} = \eta_1 \times (N_1 + N_2) \tag{5}$$

$$N_0 \times 2^{-\frac{t}{T_2}} = \eta_2 \times (N_1 + N_2) \tag{6}$$

方程组有两个未知量 t 和 N_0,将(5)(6)两式相比可以得到

$$2^{t\left(\frac{1}{T_2} - \frac{1}{T_1}\right)} = \frac{\eta_1}{\eta_2}$$

两边取对数可得

$$t\left(\frac{1}{T_2} - \frac{1}{T_1}\right) = \log_2 \frac{\eta_1}{\eta_2}$$

所以

$$t = \frac{T_1 T_2 \log_2 \frac{\eta_1}{\eta_2}}{T_1 - T_2} = 5.90 \times 10^9 \text{ a}$$

(注:地球年龄的最新数据为 4.90×10^9 a.)

例12 ^{14}C 年代测定法是利用两种碳同位素的比值来测定有机样品年代的方法,二氧化碳分子中 ^{14}C 和 ^{12}C 的比值在有生命的生物体内约为 1.3×10^{-12}. 生物死后,它不再从大气中吸收 ^{14}C,由于 ^{14}C 会发生 β 衰减,这将导致 ^{14}C 和 ^{12}C 比值的下降. 已知 ^{14}C 的半衰期为 5730 a. 下面给出两个放射性衰变定律的方程:

$$N = N_0 e^{-\lambda t}, \quad N = N_0 \left(\frac{1}{2}\right)^{\frac{t}{T}}$$

其中,N 为经过衰变时间 t 后剩余的原子核数,N_0 为原子核的初始数目. $\lambda = \ln 2 / T$ 为衰变常数;T 为半衰期,是放射性元素的原子核有半数发生衰变时所需要的时间. 放射性强度(也叫"放射性"活度) R 是变化的,它是原子核数对时间的导数:

$$R = \left|\frac{dN}{dt}\right| = N_0 \lambda e^{-\lambda t} = N\lambda = R_0 e^{-\lambda t}$$

R_0 为 $t = 0$ 时刻的放射性强度.

放射性碳测年代技术一直很成功地被应用于 25000 年内的许多有机文物的年龄测量.

在古城的废墟中发现了一块质量为 25 g 的木炭,测得木炭样品的 ^{14}C 每分钟衰减 250. 请问这块木炭对应的树已经死去多久了?

解析 首先,让我们来计算 ^{14}C 的衰变常数:

$$\lambda = \frac{0.693}{T} = \frac{0.693}{5730 \times 365 \times 24 \times 3600 \text{ s}} = 3.83 \times 10^{-12} \text{ s}^{-1}$$

^{14}C 的原子核数可以分两步计算得到,首先 25 g 木炭中 ^{12}C 的原子核数为

$$N = \frac{6.02 \times 10^{23} \text{ mol}^{-1} \times 25 \text{ g}}{12 \text{ g/mol}} = 1.25 \times 10^{24} \text{ 个}$$

假设 ^{14}C 和 ^{12}C 的比值是 1.3×10^{-12},我们可以看到 ^{14}C 在 25 g 木炭中的原子核数为

$$N_0 = 1.3 \times 10^{-12} \times 1.25 \times 10^{24} = 1.63 \times 10^{12} \text{(个)}$$

因此,初始的放射性强度为

$$R_0 = \lambda N_0 = 3.83 \times 10^{-12} \times 1.63 \times 10^{24} = 6.24(\text{s}^{-1}) = 374(\text{min}^{-1})$$

现在可以利用初始的放射性强度和任意时刻的放射性强度的关系来计算出木炭的年龄：

$$e^{-\lambda t} = \frac{R}{R_0} \qquad (1)$$

对式(1)两边取自然对数可得

$$-\lambda t = \ln \frac{R}{R_0} = \ln \frac{250}{374} = -0.403$$

$$\Rightarrow \quad t = \frac{0.403}{\lambda} = 1.05 \times 10^{11} \text{ s} = 3.33 \times 10^3 \text{ a}$$

例 13 火星探路者计划的"索杰纳"火星车带了 3 个小型放射性钚加热器来保持自身电子器件的温度．那么人体内的放射现象可以让人保持在什么温度呢？

在人的身体里有两个大型的天然放射性源，它们是放射性同位素——碳-14 与钾-40．(碳-14 由宇宙射线不断轰击地球大气产生，而钾-40 是太阳系的原始组成部分．)人的身体中大约 10^{-12} 的碳是碳-14，钾元素质量的 0.0117% 是钾-40．一个碳-14 原子衰变时释放的能量为 0.16×10^6 eV，而一个钾-40 原子衰变时释放的能量为 1.3×10^6 eV．两种衰变都是 β 衰变，从人体内逃逸出来的中微子携带出的能量约占衰变释放的总能量的一半，另外一半的能量在电离辐射时储存在人体内．对于一般人，碳占体重的 19%，钾占体重的 0.3%．已知 ^{14}C 的半衰期为 5730 年，^{40}K 的半衰期为 1.277×10^9 年．

(1) 人体内碳与钾的总放射性活度(即衰变速率——每秒衰变的原子数)为多少？

(2) 在衰变中，人体内单位时间储存的能量(以瓦特为单位)为多少？

(3) 假设人体处于休眠状态，并被放置在宇宙空间中，而人体内部的碳-14 与钾-40 是保持人体温度的唯一热源，则人的表面温度为多少？已知人体表面积约为 2 m²，斯特藩-玻尔兹曼常量 $G = 5.6704 \times 10^{-8}$ W/(m²·K⁴)．

解析 (1) 放射性活度 A 为

$$A = \frac{N}{\tau_{1/2}/\ln 2}$$

其中，N 为原子数量，$\tau_{1/2}$ 为放射性同位素的半衰期．

同位素的原子数量等于同位素的质量除以单个原子的质量：碳-14 的相对原子质量为 14，钾-40 的相对原子质量为 40．

对于一个质量为 70 kg 的人，两种同位素的质量分别为

$$m_{^{14}\text{C}} \approx 70 \text{ kg} \times 19\% \times 10^{-12} \approx 1.33 \times 10^{-11} \text{ kg}$$

$$m_{^{40}\text{K}} \approx 70 \text{ kg} \times 0.3\% \times 0.0117\% \approx 2.46 \times 10^{-5} \text{ kg}$$

因此，放射性活度为

$$A_{^{14}\text{C}} \approx \frac{1.33 \times 10^{-11} \text{ kg}}{5730 \text{ a/ln2} \times 14 \text{ amu} \times 1.66 \times 10^{-27} \text{ kg/amu}} = 2193/\text{s}$$

$$A_{^{40}\text{K}} \approx \frac{2.46 \times 10^{-5} \text{ kg}}{1.277 \times 10^9 \text{ a/ln2} \times 40 \text{ amu} \times 1.66 \times 10^{-27} \text{ kg/amu}} = 6363/\text{s}$$

因此，总的放射性活度为 $A_总 = 8600/\text{s}$.

（2）大约一半的能量储存在人体内，因此，每个放射性元素的储能功率为

$$P_{^{14}\text{C}} = \frac{1}{2} A_{^{14}\text{C}} \times 0.16 \times 10^6 \text{ eV} \times 1.60 \times 10^{-19} \text{ J/eV} = 2.8 \times 10^{-11} \text{ W}$$

$$P_{^{40}\text{K}} = \frac{1}{2} A_{^{40}\text{K}} \times 1.3 \times 10^6 \text{ eV} \times 1.60 \times 10^{-19} \text{ J/eV} = 6.63 \times 10^{-10} \text{ W}$$

因此在衰变中，人体内单位时间储存的能量为 $P_总 = 0.7 \text{ nW}$.

（3）热平衡时，人辐射热的功率 P 等于产热功率，因此，当人体温度为 T 时，有

$$T = \left(\frac{P}{\varepsilon A \sigma}\right)^{1/4}$$

其中，A 为人体的表面积（大约 2 m^2），σ 为斯特藩-玻尔兹曼常量．尽管人体的表面辐射系数 ε 小于 1（黑体的表面辐射系数为 1），但是随着温度升高，开 4 次方后，它也不会有太大的变化，因此我们将它近似为 1.

因此

$$T \approx \left[\frac{0.7 \text{ nW}}{2 \text{ m}^2 \times 5.670400 \times 10^{-8} \text{ W/(m}^2 \cdot \text{K}^4)}\right]^{1/4} = 0.3 \text{ K}$$

而实际上宇宙微波背景辐射为 2.7 K，高于人体自身内在的温度，所以人的体温将升高．

例 14 当你成为物理学家时，将有机会在多伦多大学物理系完成以下实验．

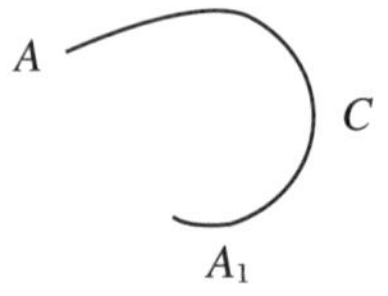

图 5.2 为一个粒子在威尔逊云室的运动轨迹图．云室里包含氢气和乙醇的混合气体，另外还有一些水蒸气，将其放入磁感应强度为 1.3 T 的磁场中．磁场垂直于轨迹平面，质子从 A 点出发沿着 ACA_1 运动的轨迹如图 5.2 所示．

图 5.2
（1）提供一种能在轨迹上任一点确定质子动能的方法，并求出轨道上 C 点的动能．

（2）阐述曲率半径沿着轨迹在减少的原因．

（3）如果我们知道 A 点是两个质子和 α 粒子轨道的起点，问是哪种原子核在 A 点发生了衰变？

解析 这是一个实验轨迹分析问题，为了解决这个问题，我们需要借助图 5.2.

（1）我们知道质子的质量为 $m_p = 1.67 \times 10^{-27}$ kg，电量为 $e = 1.6 \times 10^{-19}$ C，在一个磁感应强度为 B 的磁场中以速度 v 运动时曲率半径为 R，运动方程为

$$\frac{m_p v^2}{R} = e|\boldsymbol{v}||\boldsymbol{B}|$$

由此解得瞬时速度和半径的关系为

$$|v| = \frac{e|B|}{m_p}R$$

则质子的动能为

$$E_k = \frac{m_p v^2}{2} = \frac{(e|B|)^2}{2m_p}R^2 \qquad (1)$$

因此,式(1)表明我们只要通过测量轨道的曲率半径 R 就可以得到瞬间动能值.如果不采用以下测量半径的方法,这个问题我们将无法解决.比如,需要确定 M 点的曲率半径 R 时,在轨迹上选择接近 M 的两点 L 和 N,然后分别连接 LM 和 MN,如图 5.3 所示,分别作 LM,MN 的中垂线交于 O 点,交点 O 就是曲率中心.测得的曲率半径 $R = OM$,每点曲率半径的测量不确定性会影响质子能量计算的准确性.

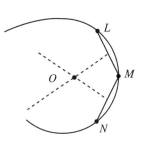

图 5.3

在图 5.2 中 C 点的曲率半径大约是 1 cm,根据式(1)可得 C 点的动能为

$$E_{kC} = \frac{(1.6 \times 10^{-19} \times 1.3)^2}{2 \times 1.67 \times 10^{-27}} \times 10^{-4} = 1.30 \times 10^{-15}(\text{J}) = 8.10(\text{keV})$$

(2) 根据式(1)可知,由于动能损失导致半径的减少,它是由高能质子电离气体分子产生的非弹性碰撞造成的.

(3) α 粒子是氦原子核,质子是氢原子核,分别用 $_2^4\text{He}$,$_1^1\text{H}$ 表示.中子与未知核发生的核反应方程式为

$$_Z^A\text{X} + _0^1\text{n} \rightarrow 2\,_2^4\text{He} + 2\,_1^1\text{H} + k\,_0^1\text{n} \qquad (2)$$

在这一步中,我们并不确定 $k \neq 0$,但是核反应产物中也许会有中子.

根据电荷守恒定律,可得 $Z = 6$.因此未知核为 $_6^{12}\text{C}$,我们要找到一个相对稳定的碳原子的同位素.从质量守恒定律我们得

$$k = 12 + 1 - 8 - 2 = 3$$

所以得到以下方程:

$$_6^{12}\text{C} + _0^1\text{n} \rightarrow 2\,_2^4\text{He} + 2\,_1^1\text{H} + 3\,_0^1\text{n}$$

质子和 α 粒子都是带电粒子,所以可以在云室中观察到它们的曲线运动的轨迹,中子是不带电的,不能在气体中产生离子,所以在云室中看不到中子.

例 15 放射性元素(如氚)可以用来制造电池.如图 5.4 所示,"电池"由一个金属球壳和尾部有放射性样品的引导杆(杆和球壳是绝缘的)组成,样品就置于球壳的中心位置,已知氚每秒 β 衰变释放的电子数量为 γ,电子射线的能量均匀分布在 $(W_{\min}, W_{\max})$ 区间.试问这个电池能得到的最大电动势是多少?外部电阻负载为多大时电池表现为电流源(而不是电压源)?以氚为放射性物质,使用恰当的相关参数,对电动势进行数值估计.

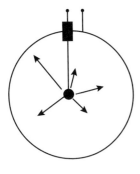

图 5.4

解析 设想将一个外电路电阻连到电池上,用 U 表示电池两极的电压.我们容易找到电池的伏安特征:显然只有动能满足 $W \geqslant eU$ 的电子才能到达导体球壳内壁.

达到稳定时,U 是不变的,球壳电荷也是不变的,因此到达球壳内壁的电子数和通过外部电路的电子数是相同的,与此同时,还有相同数目的电子流入放射性样品.

说明:如果 $eU \leqslant W_{\min}$,所有电子都能成功到达球壁,所以一秒内电子射线所带的电荷量在数值上等于电池提供的最大电流.即

$$I_{\max} = e\nu \tag{1}$$

其中,ν 为每秒撞击球壳的电子数量(等同于每秒放射性衰变放出中子的数量).

为了得到更高的电压 U,需满足

$$W_{\min} < eU < W_{\max}$$

只有当电子能量 $W > eU$ 时,才能成功到达球壳,其余则回到放射性样品上. 所以通过外部电路的电流取决于能量满足 $W > eU$ 的电子所占的比例 η. 可以给出

$$\eta = \frac{W_{\max} - eU}{W_{\max} - W_{\min}} < 1 \tag{2}$$

上式中,我们利用了电子射线的能量均匀分布的条件,此时通过外面负载的电流为

$$I = e\nu\eta$$

显然,当电流为 0 时(当外部电路有无限大的电阻时,例如断路),在电池的两极能得到最大电动势:

$$EMF = U_{\max}$$

我们得出

$$eU_{\max} = W_{\max}$$

因此

$$U_{\max} = \frac{W_{\max}}{e}$$

当达到 $U_{\max}$ 时,球壳的电量(放射性样本的电量)保持不变. 伏安特性曲线如图 5.5(粗实线)所示,从图中还可以得到不同阻值的外部电路的伏安特性曲线(细直线).

注意当 $R \leqslant R_0 = \dfrac{W_{\min}}{e^2\nu}$ 时,不管外部电路的电阻值为多少,电路中的电流值都不变. 在这种情况下,电池可以被看作一个电流源(而不是电压源,电池通常被认为是电压源).

代入数据可得:当氚作为放射性物质时,有

$$W_{\max} = 18.6 \text{ keV} = 18.6 \times 10^3 \times 1.6 \times 10^{-19} \text{ J} = 2.976 \times 10^{-15} \text{ J}$$

其中 $e = 1.6 \times 10^{-19}$ C,因此

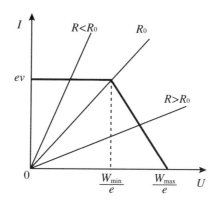

图 5.5

$EMF = 18.6\text{kV}$

例 16 恒星的碳循环是按照下列一系列的衰变顺序进行的:

$$p + {}^{12}C \rightarrow {}^{13}N + \gamma$$
$$^{13}N \rightarrow {}^{13}C + e^+ + \nu$$
$$p + {}^{13}C \rightarrow {}^{14}N + \gamma$$
$$p + {}^{14}N \rightarrow {}^{15}O + \gamma$$
$$^{15}O \rightarrow {}^{15}N + e^+ + \nu$$
$$p + {}^{15}N \rightarrow {}^{12}C + {}^{4}He$$

其中,γ 为 γ 光子,ν 为中微子,e^+ 为正电子.

请确定 1 mol 氦核形成过程中释放的能量. 已知 $m_p = 1.6726 \times 10^{-27}$ kg, $m_{He} = 6.6439 \times 10^{-27}$ kg, $m_{e^+} = 9.1094 \times 10^{-31}$ kg.

解析 上述问题是所谓的"贝特碳循环",它是汉斯·贝特在 1939 年研究温度 $T > 15 \times 10^6$ K 的恒星时首先提出的(他由此获得了诺贝尔物理学奖),这个温度足以加速恒星的主要构成部分——氢核或者质子去轰击碳核.

在一个循环周期结束后,释放的总能量可以通过计算在该反应中所有粒子的静止能量的变化量来得到. 仔细观察这组循环核反应,可以看出质子并不是核反应的产物. 碳的同位素 ^{12}C 在反应前后都存在,这就提示我们不需要考虑它(起到催化作用). 其他同位素衰变后也不是循环的最终产物.

因此,为了方便,我们可以用一个反应方程式来代替上述方程:

$$4p \rightarrow {}^{4}He + 2e^+ + 3\gamma + 2\nu$$

则形成一个 ^{4}He 的过程中释放的能量为

$$E_1 = (4m_p - m_{He} - 2m_{e^+})c^2$$

再乘以阿伏伽德罗常数,可以得到形成 1 mol 的氦核所释放的能量为

$$E = N_A(4m_p - m_{He} - 2m_{e^+})c^2$$

$$= 6.0221 \times 10^{23} \times (4 \times 1.6726 \times 10^{-27} - 6.6439 \times 10^{-27}$$
$$- 2 \times 9.1094 \times 10^{-31}) \times 8.9874 \times 10^{16}$$
$$= 2.4181 \times 10^{12} (\text{J})$$

例 17 结合能 E_b 是指将原子核完全分解成组成该核的核子所需要的能量.

(1) 假设电子在 $r_0 = 5.29 \times 10^{-11}$ m 的轨道上做匀速圆周运动,计算氢原子的结合能. (已知 $e = 1.602 \times 10^{-19}$ C, $\varepsilon_0 = 8.85 \times 10^{-12}$ F/m)

(2) 运用相关数据:$m_e = 5.48579903 \times 10^{-4}$ u,$m_p = 1.007276470$ u,$m_H = 1.007825035$ u, 1 u $= 1.6605873 \times 10^{-27}$ kg,在质量亏损中相当于 931.49432 MeV.

根据质能方程计算氢原子结合能,与(1)的结论相比较.

解析 (1) 电子绕质子转动的过程中受到静电力提供的向心力,我们可以得到电子的动能 E_k,即

$$F_E = F_C \Rightarrow \frac{1}{4\pi\varepsilon_0} \frac{|q_e q_p|}{r_0^2} = m_e \frac{v^2}{r_0}$$

$$E_k = \frac{1}{2} m_e v^2 = \frac{1}{8\pi\varepsilon_0} \frac{|q_e q_p|}{r_0}$$

势能 E_p 和总的能量 $E_{总}$ 可以表示为

$$E_p = -\int_\infty^{r_0} F_E dr = -\int_\infty^{r_0} \frac{1}{4\pi\varepsilon_0} \frac{q_e q_p}{r^2} dr = -\frac{1}{4\pi\varepsilon_0} q_e q_p \left(-\frac{1}{r^2}\right)_\infty^{r_0} = \frac{1}{4\pi\varepsilon_0} \frac{q_e q_p}{r_0}$$

$$E_{总} = E_k + E_p = -\frac{1}{4\pi\varepsilon_0} \frac{e^2}{2r_0}$$

其中,$q_e = -e$,$q_p = +e$,其结合能 $E_b = -E_{总} \approx 13.6166972$ eV,$e = 1.602 \times 10^{-19}$ C,$\varepsilon_0 = 8.85 \times 10^{-12}$ F/m.

(2) 氢原子的质量小于单个质子和电子的总质量.根据爱因斯坦质能方程,其质量亏损相对的能量为结合能.即

$$E_b = -\Delta E = -\Delta m c^2 = -(m_H - m_e - m_p)c^2 = 13.87926537 \text{ eV}$$

其中,$c = 2.99 \times 10^8$ m/s.两种计算结果相匹配,这令人吃惊.因为事实上氢原子中的电子不能看作经典粒子在绕质子做圆周运动.为了使得这种比较合理化,质量和基本常数的测量必须十分精确.

例 18 1923 年,康普顿在芝加哥发现了著名的实验现象(康普顿效应),证明了光的波粒二象性.康普顿在研究石墨中的电子对 X 射线的散射时,发现有些散射波的波长比入射波的波长略大.光子的能量为 $h\nu$,动量为 $\frac{h\nu}{c}$(其中,h 为普朗克常量,ν 为光的频率,c 为光在真空中的速度).康普顿效应可以认为是高能光子和低能自由电子做弹性碰撞的结果,电子和光子的系统能量、动量都守恒.

康普顿散射公式给出了光子在和任何物质散射后光子波长的改变,以及散射后光子的散射角:

$$\lambda' - \lambda_0 = \frac{h}{mc}(1 - \cos\theta)$$

其中,λ' 为散射光的波长,λ_0 为入射光的波长,m 为自由电子的静止质量(对应的静止能量 $mc^2 = 0.511~\text{MeV}$),θ 为光子入射方向和散射方向之间的角度.系数 $\frac{h}{mc}$ 叫作康普顿波长,对应电子时为 $0.00243~\text{nm}$.

若已知原本静止的自由电子在康普顿散射后的最大动能是 $0.19~\text{MeV}$,试求出入射 X 射线的波长.

👍**解析** 一般情况下,根据动量守恒定律,在康普顿效应中光子与静止的自由电子碰撞前、后的动量矢量如图 5.6 所示.其中,$p'_{电子}$ 为电子散射后的动量,$p_{光子}$ 为光子散射前的动量,$p'_{光子}$ 为光子散射后的动量.

光子的能量与光子的频率 ν 成正比,与波长 $\lambda_{光子}$ 成反比:

$$E_{光子} = h\nu = \frac{hc}{\lambda_{光子}}$$

其中,h 是普朗克常量.根据能量守恒定律,可以得到

$$E_K = h\nu - h\nu' = hc\left(\frac{1}{\lambda} - \frac{1}{\lambda'}\right) \tag{1}$$

我们将其和康普顿散射公式联立,得

$$\lambda' - \lambda = \frac{h}{mc}(1 - \cos\theta) \tag{2}$$

其中,散射角 θ 没有给出,但是我们可以在电子散射后的最大动能的条件下确定.根据式(1)可知频率差值最大时,电子动能最大.

对于光子,有

$$h\nu = pc$$

因此,当入射和散射光子的动量差值最大时,散射电子的动能最大.如图 5.6 所示,此时 $\theta = 180°$,即 $\cos\theta = -1$.

式(2)可以被写成

$$\lambda' - \lambda = \frac{2h}{mc} \tag{3}$$

从式(3)解得 $\lambda' = \lambda + \frac{2h}{mc}$,代入式(1)解得电子的最大动能为

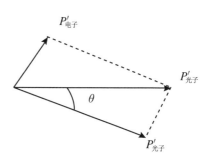

图 5.6

$$\frac{E_{Kmax}}{hc} = \frac{1}{\lambda} - \frac{1}{\lambda + \dfrac{2h}{mc}} = \frac{2h}{mc\lambda\left(\lambda + \dfrac{2h}{mc}\right)}$$

整理可得关于未知量波长 λ 的二次方程为

$$\lambda^2 + 2\frac{h}{mc}\lambda - \frac{2h^2}{mE_{Kmax}} = 0 \tag{4}$$

舍去负值,得

$$\lambda = \frac{h}{mc}\left(\sqrt{1 + \frac{2mc^2}{E_{Kmax}}} - 1\right) = \lambda_c\left(\sqrt{1 + \frac{2mc^2}{E_{Kmax}}} - 1\right) \tag{5}$$

其中,$\lambda_c = 0.00243 \text{ nm} = 2.34 \times 10^{-12} \text{ m}$,为电子的康普顿波长.

为了简化计算,我们可以以电子伏特为单位来表示式(5)的 λ,(查阅物理手册或者教科书可知)$mc^2 = 0.511 \text{ MeV}$,则

$$\lambda = 2.43 \times 10^{-12} \times \left(\sqrt{1 + \frac{2 \times 0.511}{0.19}} - 1\right) = 3.71 \times 10^{-12} \text{ (m)} = 3.71 \text{ (pm)}$$

例 19 1923 年,在路易·维克多·德布罗意的博士论文中,他提出:"因为光有波粒二象性,也许所有形式的物质都有波粒二象性."假设所有物质都具有粒子特性.德布罗意认为动量为 p 的实物粒子联系着的波的波长为

$$\lambda = \frac{h}{p} \quad (\text{德布罗意波长})$$

其中,$h = 4.14 \times 10^{-15} \text{ eV} \cdot \text{s}$ 为普朗克常量.

粒子的频率为

$$\nu = \frac{E}{h}$$

后来的电子衍射实验证实了德布罗意的假设.已知被 $U = 25 \text{ V}$ 的加速电压加速后的电子束穿过间距为 $d = 50 \text{ μm}$ 双缝后投到屏幕上,双缝和屏幕间距为 $l = 100 \text{ cm}$,求出屏幕干涉图样的相邻两个极大值的间隔.已知电子静止能量为 0.511 MeV.

解析 在本例中,干涉(衍射)图样由感光板上的明暗相间的条纹组成.在这种情况下,暗条纹对应着最大强度.已知两狭缝宽度为 d,狭缝与屏幕距离为 l,电子的德布罗意波长为 λ,则屏幕上两个相邻最大强度的距离 Δx 为

$$\Delta x = \frac{\lambda l}{d} \tag{1}$$

德布罗意波长为

$$\lambda = \frac{h}{p} \tag{2}$$

其中,p 为电子的动量.

电子的动能为 $E_k = eU = 25 \text{ eV}$,这数值远小于电子的静止能量(0.511 MeV).所以不考

虑相对论效应,则电子动量和能量之间的关系可以表示为

$$E_k = \frac{p^2}{2m} \tag{3}$$

联立式(1)～(3)可得

$$\Delta x = \frac{hl}{pd} = \frac{hl}{d\sqrt{2mE_k}} = \frac{hl}{d\sqrt{2meU}} \tag{4}$$

利用静止质量、普朗克常量,并以电子伏特为能量单位,可解得

$$\Delta x = \frac{hc}{\sqrt{2mc^2 E_k}} \frac{l}{d} = \frac{4.14 \times 10^{-15} \times 3 \times 10^8}{\sqrt{2 \times 0.511 \times 10^6 \times 25}} \times \frac{1}{50 \times 10^{-6}} = 4.91(\mu m)$$

例20 发光频率为 7.00×10^{14} Hz 的静止光源,不能使某一金属发生光电效应.当此光源以一定速度向金属靠近时,能使这种金属发生光电效应.

(1) 定性解释光源移动能产生光电效应的原因.

(2) 当所述光源速度等于 $0.280c$ 时,金属恰能发生光电效应,求该金属的逸出功.已知普朗克常量 $h = 6.62 \times 10^{-34}$ J·s.

(3) 当所述光源速度增大到 $0.900c$ 时,求光电子的最大初动能.

解析 (1) 让光源向金属移动,入射光子因为多普勒效应而具有较高的频率,对金属而言,入射光子的能量变大,故能产生光电效应.

(2) 如果 $v = 0.280c$,则

$$f' = f\sqrt{\frac{1+v/c}{1-v/c}} = 9.33 \times 10^{14}(Hz)$$

因此,金属的逸出功为

$$W = hf'$$

其中,h 为普朗克常量,且

$$W = 6.626 \times 10^{-34} \times 9.33 \times 10^{14} = 6.18 \times 10^{-19}(J) = 3.87(eV)$$

(3) 当 $v = 0.900c$ 时,有

$$f'' = 3.05 \times 10^{15} \text{ Hz}$$

且

$$E_{k_{max}} = hf'' - W$$

$$= \frac{6.626 \times 10^{-34} \times 3.05 \times 10^{15}}{1.6 \times 10^{-19}} - 3.87 = 8.78(eV)$$

例21 两个质量均为 m、速度大小均为 v_i 的粒子,沿着同一直线相向运动,碰撞后粘在一起.

(1) 如果初始速度 $v_i \ll c$,其中 c 为真空光速,计算该复合粒子的速度和质量.碰撞后,系统动能损失了多少?损失的动能转移到哪里去了?

(2) 如果 v_i 接近光速 c，计算该复合粒子的速度和质量. 碰撞后, 系统动能损失了多少? 损失的动能转移到哪里去了?

解析 (1) 该复合粒子的质量为
$$M = 2m$$
该复合粒子的速度为
$$v_f = \frac{m_2 - m_1}{m_2 + m_1} v_i = 0$$
系统动能的损失等于内能的增加, 即
$$\Delta E = 2\frac{m v_i^2}{2} - \frac{(2m) v_f^2}{2} = m v_i^2$$
复合粒子温度将升高, 这个复合粒子也有可能将会发射一个光子.

(2) 由线动量守恒定律可得碰撞后复合粒子的速度为
$$v_f = \frac{m_2 - m_1}{m_2 + m_1} v_i = 0$$
根据能量守恒定律, 该静止复合粒子有
$$E_{总初} = 2\left(\frac{m}{\sqrt{1 - v_i^2/c^2}}\right)c^2 = E_{总末} = Mc^2$$
解得
$$M \neq 2m$$
$$M = \frac{2m}{\sqrt{1 - v_i^2/c^2}} > 2m$$
其损失的部分动能转为新粒子的静止能量.

例 22 如图 5.7 所示, 一束狭窄的电子流, 假定电子束是圆柱对称的, 其半径为 r. 所有的电子具有相同的速度 v (速度远小于光速), 对应的等效电流为 I.

(1) 电子束边界处的电场强度为多少?
(2) 电子束边界处的磁感应强度为多少?
(3) 当电子束前进距离大于半径 r 的 100 倍后, 边界电子的径向(发散)速度为多少?
(4) 给定下列数据: 电流 $I = 1$ mA, $r = 100$ cm, $v = 10000$ km/s, $m_e = 9.1 \times 10^{-31}$ kg, $\varepsilon_0 = 8.85 \times 10^{-12}$ F/m 时, 边界电子发散角度为多少?
(5) 磁感应强度取决于电子运动的速度, 当速度为多少时, 电场力与磁场力相等?

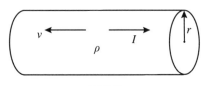

图 5.7

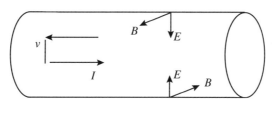

图 5.8

解析 (1) 电子束中电荷密度为

$$I = \rho v (\pi r^2) \Rightarrow \rho = \frac{I}{\pi r^2 v}$$

边界处的电场强度可以通过高斯定理得到:

$$E = \frac{\lambda}{2\pi r \varepsilon_0} = \frac{\rho \pi r^2}{2\pi r \varepsilon_0} = \frac{\rho r}{2\varepsilon_0} = \frac{-I}{2\pi r \varepsilon_0 v}\hat{r}$$

其中,ε_0 为真空介电常数.

(2) 根据安培环路定理,可以得到磁感应强度为

$$B = \frac{\mu_0 I}{2\pi r}$$

其中,μ_0 为真空磁导率.

(3) 边界的电子受到的径向力为

$$F = -e(E + v \times B)$$

$$\Rightarrow F = e\left(\frac{I}{2\pi \varepsilon_0 r v} - \frac{\mu_0 I v}{2\pi r}\right)\hat{r}$$

$$\Rightarrow F = \frac{Ie}{2\pi \varepsilon_0 r v}(1 - \mu_0 \varepsilon_0 v^2)\hat{r}$$

因为 $\mu_0 \varepsilon_0 = \frac{1}{c^2}$,其中 c 为真空中的光速,所以

$$F = \frac{Ie}{2\pi r \varepsilon_0 v}\left(1 - \frac{v^2}{c^2}\right) \approx \frac{Ie}{2\pi r \varepsilon_0 v}$$

电子径向动量的变化量为

$$\Delta P_r = F_r \Delta t = \frac{Ie}{2\pi \varepsilon_0 r v} \cdot \frac{100 r}{v}$$

$$\Rightarrow \Delta P_r = \frac{100 Ie}{2\pi \varepsilon_0 v^2}$$

$$\Delta v_r = \frac{\Delta P_r}{m_e} = \frac{100 Ie}{2\pi \varepsilon_0 m_e v^2}$$

(4) 假设 F_r, r, v 变化很小,则 $\frac{\Delta v_r}{v}$ 为

$$\frac{\Delta v_r}{v} = \frac{100 Ie}{2\pi \varepsilon_0 m_e v^3} = \frac{100 \times 10^{-3} \times 1.6 \times 10^{-19}}{2\pi \times 8.85 \times 10^{-12} \times 9.1 \times 10^{-31} \times 10^{21}}$$

$$\tan\theta = \frac{\Delta v_r}{v} \approx 0.3 \quad \Rightarrow \quad \theta = 0.3 \text{ rad} \approx 17°$$

(5) 在(3)中我们得到边界的电子受到的径向力为

$$F = \frac{Ie}{2\pi\varepsilon_0 vr}\left(1 - \frac{v^2}{c^2}\right)$$

当径向力为零时,可得

$$1 - \frac{v^2}{c^2} = 0 \quad \Rightarrow \quad v = c$$

例 23 μ子是不稳定的基本粒子,其质量是电子质量的 207 倍,带电量与电子相同. μ子可以通过宇宙辐射与大气中的原子碰撞获得.

图 5.9 比较了不同的参考系中 μ 子的移动距离. 图 5.9(a)所示为不考虑相对论,μ 子在大气中生成,以 $0.99c$ 向下移动,可以移动约 6.6×10^2 m,衰变之前 μ 子的平均寿命为 2.2 μs. 因此,很少有 μ 子能到达地球的表面. 图 5.9(b)所示为考虑相对论,在地球的观察者看来,μ 子的寿命将会延长. 因此,根据这个观察者,μ 子可运动约 4.6×10^3 m 才衰变. 这将导致大部分 μ 子可以到达地面.

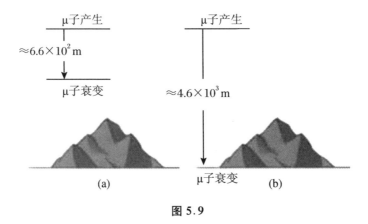

图 5.9

图 5.10 给出了在不同的参考系中观察者观测到可以到达地球表面上的 μ 子数情况.

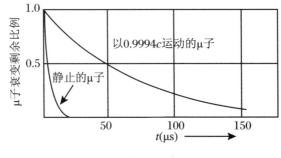

图 5.10

μ 子在地球的大气层中形成,以 $v = 0.990c$ 的速度移动距离 4.6 km 后衰变为电子、中微子和反中微子：

$$\mu^- \rightarrow e^- + \nu + \nu^+$$

（1）在 μ 子自身参照系中，其寿命是多少？

（2）在 μ 子自身参照系中，其能移动多远？

解析 选取真空光速为 $c = 3 \times 10^8$ m/s，取三位有效数字．因为 $\dfrac{v}{c} = 0.990$，所以 $\gamma = \dfrac{1}{\sqrt{1 - \dfrac{v^2}{c^2}}} = 7.09$.

（1）在地球参照系中，μ 子的寿命为

$$\Delta t_E = \frac{4.60 \times 10^3}{0.990 \times 3.00 \times 10^8} = 15.5 \times 10^{-6} \, (\text{s})$$

在 μ 子参照系中，μ 子的寿命为

$$\Delta t_\mu = \frac{\Delta t_E}{\gamma} = \frac{15.5}{7.09} \times 10^{-6} = 2.18 \times 10^{-6} \, (\text{s})$$

（2）在 μ 子参照系中，μ 子的移动距离为

$$L_\mu = L_E \sqrt{1 - \left(\frac{v}{c}\right)^2} = \frac{L_E}{\gamma} = \frac{4.60 \times 10^3}{7.09} = 649 \, (\text{m})$$

例 24 如图 5.11 所示，一个速度为 c 的光脉冲沿着 z 轴方向在相距为 L 的两平行镜面之间传播．

（1）求一个与镜子相对静止的观察者"看到"光脉冲上下往返一次所需的时间．

（2）求一个沿 y 轴以相对于镜子速度 v 做直线运动的观察者"看到"光脉冲上下往返一次所需的时间．

（3）有没有存在这样一种情况，光脉冲永远不会回到起点？

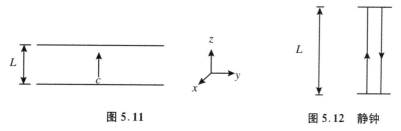

图 5.11　　　　　图 5.12 静钟

解析 （1）一个与镜子相对静止的观察者"看到"脉冲光上下直线传播（图 5.12）．上下往返一次需要的传播时间为

$$t_0 = \frac{L}{c} + \frac{L}{c} = \frac{2L}{c}$$

其中，c 为真空中的光速．

（2）沿着 y 轴方向相对于镜子以速度 v 运动的观察者"看到"镜子沿着 $-y$ 方向运动，

"看到"光脉冲的折线图如图 5.13 所示. 由光速不变原理, 光速对于所有的观察者都是相同的, 因此时间 t 为

$$2\sqrt{\left(\frac{vt}{2}\right)^2 + L^2} = ct$$

解得

$$t = \frac{2L}{\sqrt{c^2 - v^2}} = \frac{\frac{2L}{c}}{\sqrt{1 - v^2/c^2}} = \frac{t_0}{\sqrt{1 - v^2/c^2}}$$

(3) 当观察者的速度 v 接近于光速 c 时, 光脉冲往返一次所需的时间接近无穷大.

因为实物(例如观察者)并不能达到光速, 光脉冲被视为总是能返回到出发点, 虽然时间 t 可能会非常大.

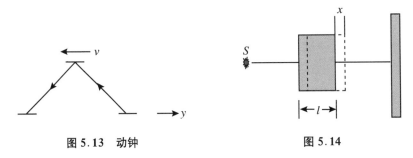

图 5.13 动钟　　　　　图 5.14

例 25　如图 5.14 所示, 从点光源 S 发出的光束经过一个静止不动的厚度为 l 的玻璃砖射到墙上.

(1) 如果玻璃砖以速度 v 靠近墙面($v \ll c$, c 为真空中的光速), 试求光束到达墙面时间的变化值(与玻璃砖静止不动时比较), 已知玻璃的折射率为 n.

(2) 能否用相对论理论解释时间的变化值.

(3) 当玻璃砖移动速度和光速在同一数量级时, 求光束到达墙面时间的变化值(与玻璃砖静止不动时比较).

解析　(1) 光在玻璃介质中的速度可以表示为

$$c_p = \frac{c}{n}$$

其中, c 为真空中的光速, n 为玻璃介质的折射率, 光通过玻璃砖的时间可以表示为

$$t = \frac{l}{c_p} = \frac{ln}{c}$$

由于玻璃砖移动的速度远小于真空中的光速, 在实验室参考系中, 相同时间间隔里玻璃砖移动的距离为

$$x = vt = \frac{nvl}{c} \tag{1}$$

与玻璃砖静止的情况相比较，x 为光在空气中传播时减少的距离. 因此，当玻璃砖向墙面移动的时候，光到达墙面的时间比原先少了

$$\Delta t = \frac{x}{c/n} - \frac{x}{c} = \frac{n(n-1)vl}{c^2} \qquad (2)$$

（2）光相对于介质的速度为 v'，介质相对于实验室参考系的运动速度为 v，根据相对论速度公式可得光相对于实验室参考系的速度为

$$v_{\text{lab}} = \frac{v' + v}{1 + \dfrac{v'v}{c^2}}$$

所以光在玻璃砖中传播时相对实验室参考系的速度为

$$c_{\text{lab}} = \frac{c_p + v}{1 + \dfrac{c_p v}{c^2}} = \frac{\dfrac{c}{n} + v}{1 + \dfrac{v}{nc}}$$

非相对论速度 v 远小于 c，所以 $\dfrac{v}{nc}$ 远小于 1，取泰勒展开的前两项：

$$c_{\text{lab}} = \left(\frac{c}{n} + v\right)\left(1 + \frac{v}{nc}\right)^{-1} \approx \left(\frac{c}{n} + v\right)\left(1 - \frac{v}{nc}\right)$$

$$= \frac{c}{n} + v - \frac{v}{n^2} - \frac{v^2}{nc} \approx \frac{c}{n} + v$$

在以上近似条件下，我们得到了经典的一维速度叠加公式. 为了得到 x，我们需要解类似于式（1）的方程：

$$t = \frac{x}{v} = \frac{l + x}{\dfrac{c}{n} + v}$$

计算结果和式（1）（2）相符，可以解得

$$x = \frac{nvl}{c}$$

当玻璃砖向墙面移动的时候，光到达墙面的时间比原先少了

$$\Delta t = \frac{n(n-1)vl}{c^2}$$

（3）在运动参考系（玻璃砖）中，设光束进入玻璃砖的位置为 $x_1' = 0$，时刻为 $t_1' = 0$，离开玻璃砖时的位置为 $x_2' = l$，时刻为 t_2'. 在实验室（静止）参考系的相应的时刻

$$t_1 = \frac{t_1' + \dfrac{v}{c^2}\cdot 0}{\sqrt{1 - \beta^2}} = 0, \quad t_2 = \frac{t_2' + \dfrac{v}{c^2}l}{\sqrt{1 - \beta^2}}, \quad \beta = \frac{v}{c}$$

在实验室参考系中的相应位置为

$$x_1 = 0, \quad x_2 = \frac{x_2' + vt_2'}{\sqrt{1 - \beta^2}} = \frac{l + n\beta l}{\sqrt{1 - \beta^2}} = \frac{l(1 + n\beta)}{\sqrt{1 - \beta^2}}$$

在实验室参考系中光束通过玻璃砖的时间为

$$t = t_2 - t_1 = \frac{t_2' - t_1' + \dfrac{v}{c^2}l}{\sqrt{1-\beta^2}} = \frac{\dfrac{nl}{c} + \dfrac{vl}{c^2}}{\sqrt{1-\beta^2}} = \frac{nl + l\beta}{c\sqrt{1-\beta^2}}$$

所以当玻璃砖向墙面移动的时候,光到达墙面的时间比原先少了

$$\Delta t = \frac{nl}{c} + t_{air} - t - \frac{t_{air}c - x}{c} = \frac{nl}{c} - t + \frac{x_2 - l}{c}$$

$$= \frac{l(n-1)}{c}\left(1 - \sqrt{\frac{1-\beta}{1+\beta}}\right)$$

其中,t_{air}为玻璃砖不动时光束发出射到墙面过程中在空气中传播的时间.

参 考 文 献

[1] 何东妹,黄晶.2008年加拿大物理协会(CAP)奥林匹克竞赛"交流电路"部分精译[J].物理教师,2009,30(6):63-64.

[2] 何东妹,黄晶.一维多次碰撞问题译析[J].中学物理,2010(1):42-44.

[3] 何东妹,黄晶.2008年加拿大物理奥林匹克竞赛"电磁学"部分精译[J].中学物理,2010(4):44-45.

[4] 黄晶,胡亦民.2008年加拿大物理奥林匹克竞赛("热力学"三题)[J].物理教学,2010(2):57-61.

[5] 黄晶,何东妹.美国高中物理奥林匹克竞赛半决赛热力学二题[J].物理教学探讨,2012(10):50-51.

[6] 黄晶,何东妹.2012年加拿大多伦多大学奥林匹克物理竞赛(热力学部分)精译[J].物理教学,2013(5):66-67.

[7] 何东妹,黄晶.2012年加拿大多伦多大学奥林匹克物理竞赛(电磁和光学部分)四题[J].中学物理:高中版,2013(11):54-55.

[8] 黄晶.2013年加拿大多伦多大学大学奥林匹克物理竞赛(普通物理学部分)五题[J].物理教学,2014(4):79-81.

[9] 黄晶.2013年加拿大奥林匹克物理竞赛(力学守恒律与相对论部分)[J].物理教学,2014(8):75-77.

[10] 矫健,黄晶.2015年美国奥林匹克物理竞赛三题[J].物理教学,2016(4):75-76.

[11] 黄晶,孙佳琪.2015年加拿大迈克尔·史密斯国家科学挑战物理问题评析[J].物理教学,2016(9):72-73.

[12] 赵凯华.新概念物理教程:光学[M].北京:高等教育出版社,2004.

中国科学技术大学出版社中学物理用书

初中物理培优讲义. 一阶/郭军

初中物理培优讲义. 二阶/郭军

新编初中物理竞赛辅导/刘坤

高中物理学(1—4)/沈克琦

高中物理学习题详解/黄鹏志　李弘　蔡子星

加拿大物理奥林匹克(第2版)/黄晶　俞超　邱为钢

美国物理奥林匹克/黄晶　孙佳琪　矫健

俄罗斯物理奥林匹克/黄晶　俞超　申强

中学奥林匹克竞赛物理教程·力学篇(第2版)/程稼夫

中学奥林匹克竞赛物理教程力学篇习题详解/于强　朱华勇　张鹏飞　程稼夫

中学奥林匹克竞赛物理教程·电磁学篇(第2版)/程稼夫

中学奥林匹克竞赛物理讲座(第2版)/程稼夫

中学奥林匹克竞赛物理进阶选讲/程稼夫

奥赛物理辅导教程·力学篇/舒幼生

高中物理奥林匹克竞赛标准教材(第2版)/郑永令

中学物理奥赛辅导:热学·光学·近代物理学(第2版)/崔宏滨

物理竞赛真题解析:热学·光学·近代物理学/崔宏滨

物理竞赛专题精编/江四喜

物理竞赛解题方法漫谈/江四喜

奥林匹克物理一题一议/江四喜

中学奥林匹克竞赛物理实验讲座/江兴方　郭小建

国际物理奥林匹克竞赛理论试题与解析(第31—47届)/陈怡　杨军伟

亚洲物理奥林匹克竞赛理论试题与解析(第1—19届)/陈怡　杨军伟

全国中学生物理竞赛预赛试题分类精编/张元元

全国中学生物理竞赛复赛试题分类精编/张元元

物理学难题集萃. 上、下册/舒幼生　胡望雨　陈秉乾

大学物理先修课教材:力学/鲁志祥　黄诗登

大学物理先修课教材:电磁学/黄诗登　鲁志祥

大学物理先修课教材:热学、光学和近代物理学/钟小平

强基计划校考物理模拟试题精选/方景贤　陈志坚

名牌大学学科营与自主招生考试绿卡·物理真题篇(第2版)/王文涛　黄晶

强基计划校考物理培训讲义/江四喜

高校强基计划物理教程:力学/邓靖武　肖址敏
强基计划物理一本通:给高中物理加点难度/郑琦
高中物理母题与衍生·力学篇/董马云
高中物理母题与衍生·电磁学篇/董马云
物理高考题典:压轴题(第2版)/尹雄杰　张晓顺
物理高考题典:选择题/尹雄杰　张晓顺
物理高考题典:计算题/尹雄杰　张晓顺
高中物理解题方法与技巧(第2版)/尹雄杰　王文涛
高中物理必修1学习指导:概念·规律·方法/王溢然
高中物理必修2学习指导:概念·规律·方法/王溢然
物理高考题精编:选择题专辑/王溢然
物理高考题精编:计算题专辑/王溢然
物理高考题精编:实验题专辑/王溢然
中学物理数学方法讲座/王溢然
高中物理经典名题精解精析/江四喜
高中物理一点一题型/温应春
高中物理一诀一实验/温应春　闫寒　肖国勇
力学问题讨论/缪钟英　罗启蕙
电磁学问题讨论/缪钟英

中学生物理思维方法丛书

分析与综合/岳燕宁
守恒/王溢然　徐燕翔
猜想与假设/王溢然
图示与图像/王溢然　王亮
模型/王溢然
等效/王溢然
对称/王溢然　王明秋
分割与积累/王溢然　许洪生
归纳与演绎/岳燕宁
类比/王溢然　张耀久
求异/王溢然　徐达林　施坚
数学物理方法/王溢然
形象、抽象、直觉/王溢然